本书受青岛大学学术专著出版基金资助

李静文 著

现代汉语意外的情理评价研究

A STUDY ON
THE EMOTIONAL AND
RATIONAL EVALUATION OF
ACCIDENTS IN MODERN CHINESE

中国社会科学出版社

图书在版编目（CIP）数据

现代汉语意外的情理评价研究 / 李静文著. -- 北京：
中国社会科学出版社, 2024.9. -- ISBN 978-7-5227
-3730-0

Ⅰ.H136

中国国家版本馆 CIP 数据核字第 20241FA655 号

出 版 人	赵剑英
责任编辑	许　琳　姜雅雯
责任校对	周　昊
责任印制	郝美娜

出　　版	中国社会科学出版社
社　　址	北京鼓楼西大街甲 158 号
邮　　编	100720
网　　址	http://www.csspw.cn
发 行 部	010-84083685
门 市 部	010-84029450
经　　销	新华书店及其他书店
印　　刷	北京君升印刷有限公司
装　　订	廊坊市广阳区广增装订厂
版　　次	2024 年 9 月第 1 版
印　　次	2024 年 9 月第 1 次印刷
开　　本	710×1000　1/16
印　　张	20
字　　数	314 千字
定　　价	118.00 元

凡购买中国社会科学出版社图书，如有质量问题请与本社营销中心联系调换
电话：010-84083683
版权所有　侵权必究

序

　　李静文的博士论文要在中国社会科学出版社出版，她来信嘱我写一篇序，我自然是非常愉快地接受任务。

　　静文 2018 年考入首都师范大学，跟我学习句法语义学。她是个有理想又脚踏实地的学生，入学之后就给自己定下了较高的奋斗目标，并为此勤奋苦读。我深知自己作为导师能力有限，建议她要充分利用北京的各种学术资源，博采众长，特别要紧跟学术发展前沿，注重提升自身理论素养。读博的几年时间，她除了听本校的课程之外，还到社科院、北大听课，参与各种学术活动，虚心向前辈请教，积极与同道交流，取得了明显的进步。《现代汉语意外的情理评价研究》就是她在 2022 年通过答辩的博士论文基础上修改而成的。我认为，该书在以下几个方面特别值得肯定：

　　首先，将语法形式与情理逻辑联系起来，分析情理对语言形式的制约，探讨意外表达的情理机制，构建汉语口语意外的情理评价表达研究框架。

　　近年来，我们一直在思考语言的说理性问题。正如一些哲学家认为的，语言使用不只是传达某种信息，而且还具有论证或说理的作用，说理也是语言的一个重要属性。中国的说理传统与西方的说理传统有所不同，中国注重的是情理，西方注重的是事理。正如赵汀阳（2016）指出的，西方思想的出发点是"物"，即自身完整的实在，万物一理而成"有序之世界"，着力于存在、实体、本质、逻辑、必然性等问题，其中，根本之理是逻辑。中国思想的出发点是"事"。事不是实体，而是实体之间的动态关系。事发于行，故因行求道。除了形而上之道，有规可循之道是礼教法度,"礼也者,理也"(《礼记》)。中国人的"理"与"礼"是相通的,"理"主要是伦常之理,这里的伦常之礼,就属于我们所说的情理。

说话要让人听懂,就得合乎道理。同时,这种"理"对话语也有塑造作用,基于"理"的表达会形成一些特定的表达方式。"理"与"情"密切相关,情的产生通常有理的基础。一般认为,汉语是主观性表达比较显豁的语言,这种主观性的来源与情理有密切关系,基于某一情理可以产生主观情感和认识,所以,从情理出发探究主观性的来源和形成机制是深化主观性研究的一个很好的路径。

"意外"是一种主观性的表达,通常是指人的"惊异""不备"等情感,它与"反预期"有密切关系,是近年来语法研究的热门课题。"意外"作为一种主观情态表达,其背后的理多数蕴含在"情理"中。以往的研究多从意外与预期的异同及意外的类型等角度展开,而对于意外这样的主观性的范畴的形成机制及表达方式却鲜有讨论。李静文的《现代汉语意外的情理评价研究》,注意评价表达背后的"逻辑"和"道理",关注说话者如何在互动交际中对意外进行合情合理的评价表达,探索语法形式与意外的情理评价功能之间的规约化关系,研究视角独特,对于揭示汉语的说理属性,深入认识汉语的主观性特点具有重要的启发意义。

其次,从"摆事实"和"讲道理"两个方面对意外的情理评价表达进行分类剖析,以虚词、话语标记、构式为研究对象,建构了意外情理评价表达的多层次系统框架,结合功能与形式两个方面,探讨了汉语口语中意外评价的情理表达特点。

该书将意外的情理评价表达分为了"摆事实"和"讲道理"两种情况。"摆事实"就是"摆明情理评价的意外事实",重在"说事";"讲道理"就是"讲明意外评价的情理逻辑",重在"说理"。通过情表现与意外评价的制约关系,对这两种情理表达方式做了进一步划分。除了理论架构外,该书还深入探讨了各种意外表达形式的特点,把一些看似关联不大的语言形式联系起来,形成一个完整的情理评价体系,把汉语"意外"范畴的研究向前推进了一步。

最后,运用互动语言学和浮现语法等相关理论和方法,分析意外评价表达的形成过程和形成动因。该书结合意外情理评价的理论框架,观察互动语境中具体语言事实的表达规律，探讨意外的情理 评价表达的规约化浮现过程，在事实描写的基础上，着意从功能语言学和互动语言学的视角予以解释，采用静态和动态相结合的分析方法，思考了位置敏感、言语行为、在线生成、现场即时、元语互动、交际意图等对意外的情理评价表达的功能影响，并通过分析语用推理的过程来探索意外表达背后蕴含的情理动因。这体现了作者既重视对语言事实的细致观察，更重视新的理论方法的运用，这种努力是很值得肯定的。

  静文为这本书确定的研究目标是，从具体的语言事实出发，探索与意外相关的情理评价的表达规律，并分析说话者是如何运用语言手段对意外进行"摆事实"和"讲道理"的。从动态的角度找到汉语口语表达背后的"中国人的思维方式"，以期能够更好地解释汉语主观情态表达的情感逻辑及功能理据。我认为，该书虽然有些观察还不够深入，解释也有待加强，但在一定程度上达到了这个目标。我希望静文能够继续努力，不断取得新的进步！

  是为序。

史金生

2024 年 7 月 28 日

目　　录

第一章　绪论 ………………………………………………………（1）
　　一　选题缘起 ……………………………………………………（1）
　　二　研究思路及目标 ……………………………………………（8）
　　三　研究方法 ……………………………………………………（9）
　　四　语料来源 ……………………………………………………（10）
　　五　研究理念 ……………………………………………………（11）
　　六　理论基础 ……………………………………………………（13）
　　七　意外的相关研究现状及述评 ………………………………（28）
　　八　本书基于情理研究意外的新角度 …………………………（37）

第二章　话题限定与意外的性质立场 …………………………（56）
　　一　引言 …………………………………………………………（56）
　　二　角色限定与意外的性质立场——以"一个 X，Y"为例 ……（58）
　　三　时间限定与意外的性质立场——以"大 X 的，Y"为例 ……（80）
　　四　小结 …………………………………………………………（96）

第三章　强化说明与意外的实现态度 …………………………（97）
　　一　引言 …………………………………………………………（97）
　　二　反情理实现的说明与态度强化——以"也不
　　　　（说/知道/想着）Y"为例 …………………………………（98）
　　三　超情理实现的说明与态度强化——以"X 才 Y"
　　　　"X 就 Y"为例 ………………………………………………（111）

四 合情理实现的说明与态度强化——以"X（还）真的Y"
　　为例 …………………………………………………… （120）
五 小结 ………………………………………………………… （134）

第四章 比较构式与意外的推理评价 …………………………… （135）
一 引言 ………………………………………………………… （135）
二 量级比较构式与意外的推理评价——以"都 Y_1 了，
　　还 Y_2 呢"为例 ………………………………………… （136）
三 极性比较构式与意外的推理评价——以"连 X 都 Y"
　　为例 …………………………………………………… （147）
四 小结 ………………………………………………………… （159）

第五章 判断句式与意外属性的确认 …………………………… （161）
一 引言 ………………………………………………………… （161）
二 否定判断与意外属性的确认——以"又不是 X"为例 …… （162）
三 肯定判断与意外属性的确认——以"X 毕竟是 X"为例 … （176）
四 小结 ………………………………………………………… （194）

第六章 因果条件与意外必然性的指明 ………………………… （196）
一 引言 ………………………………………………………… （196）
二 明示意外的唯一条件——以"要不是 X，才不 Y 呢"
　　为例 …………………………………………………… （197）
三 明示意外的必然结果——以"X 难免 Y"为例 ………… （206）
四 小结 ………………………………………………………… （219）

第七章 元话语评价与意外言行的解说 ………………………… （221）
一 引言 ………………………………………………………… （221）
二 行不副言——以"还 X 呢"为例 ………………………… （222）
三 言而无信——以"说好 X 的"为例 ……………………… （236）
四 小结 ………………………………………………………… （254）

第八章 意外的情理评价表达规律及理论思考 …………(256)
 一 情理表达和意外表达的特征差异 …………………(256)
 二 情理表现和意外评价的制约关系 …………………(261)
 三 针对意外进行情理评价的表达规律 ………………(267)

第九章 结语 ………………………………………………(275)
 一 主要结论 ……………………………………………(275)
 二 创新点和研究价值 …………………………………(279)
 三 研究不足和展望 ……………………………………(281)

参考文献 …………………………………………………(285)

后　记 ……………………………………………………(310)

第一章

绪　　论

一　选题缘起

　　语言表达总是要遵循一定的逻辑，没有逻辑的表达会让听话者感觉到语无伦次，甚至不知所云。中国人的思维有自己的逻辑，汉语的表达同样有自己的逻辑。[①] 汉语有着丰富的情态系统，这就意味着汉语重视模态逻辑（modal logic），即强调说话者对事物可能性/必然性的认识判断。而"意外"则主要用于说话人对出乎意料消息的认知评价，与情态关系密切，自然也就需要主观逻辑的解释。由于汉语缺少严格意义上的形态标记，汉语也很少用已经语法化了的非寄生的专门符号来表达意外。因此，意外范畴常常借助于其他的语用迁移形式来表达。如，

(1) 当警方展开调查的时候却发现，原来这位开着摩的的司机<u>竟然是一个高位截肢的残疾人</u>，也更想不到，他跨在摩托两边的双腿，其实是一副空空的假肢支架。（《中文台》2013 年 9 月 4 日）

(2) 生活上他异常朴素：一双破布鞋，穿烂了就用麻绳绑在脚面上继续穿……提到他的名字，<u>连敌人都忍不住称赞他。</u>（《新闻纵横》2011 年 6 月 25 日）

(3) 窦文涛：人生练达啊，对吧，轶君你觉得你在这方面怎么样。

周轶君：我不行，我那是练习，不是练达。

[①] 雷东平、胡丽珍：《汉语词汇化和语法化的多维探析》，学林出版社 2016 年版，第 25 页。

窦文涛：不是，其实周轶君也值得很多年轻人学习，就是说啊，我发现有一种，就是闯字当头。你看我们拍那个《锵锵行天下》的时候，她就在我旁边，就是北京上海一溜打电话，这个你能不能给我们获得许可，那个你能不能给我们获得许可。我当时就觉得，<u>一个嘉宾啊！对吧。又不是人家必须得做的。</u>她就是心里有团火。

周轶君：最近有个朋友也跟我讲，因为很多年没见了，见着就跟我说我的糗事，说我就像那个换了假牙去北极的科学家一样，我朋友说我肯定不去，我说我肯定去。

窦文君：对，就是你，不吝惜这个。（《锵锵三人行》2021年11月4日）

观察例（1）到例（3）发现，很明显例（1）中"竟然"表达了意外语气，很多研究者也将副词"竟然"作为意外范畴研究的测试手段。目前很多文献都将例（2）中的"连"字构式看作与"反预期"相关的意外表达，但本书认为，与例（1）相比，例（2）的"连敌人都忍不住称赞他"更多的是对"合理性"的否定，即"敌人本不应该称赞他"。有人不禁会疑惑：难道例（1）中的"竟然"就不蕴含理性思维了吗？即，"开摩的的司机是一个高位截肢的残疾人"也是不合理的。但是，本书认为，例（1）并不涉及"说理"的表达形式，而"连"字结构本身却表达了"极端事件竟然实现了"的推理形式。例（3）与前两例的表达方式有所不同，目前很少有研究者将"一个 X"和"又不是 X"作为意外表达进行研究，但是，在实际的语料中我们发现，该类结构常常可以在后续成分中补出带有"竟然"标记的意外表达，如"一个嘉宾，竟然北京上海一溜打电话，就为了获得许可"，再如"又不是人家必须做的，竟然北京上海一溜打电话，就为了获得许可"。看似"一个 X""又不是 X"也表达了意外情绪，实际上，该类表达形式是在讲明"X 不应该 Y"的道理，即在说话者的认知逻辑中，"一个嘉宾不应该北京上海一溜打电话""又不是人家必须做的，就不应该发生北京上海一溜打电话的情况"。

本书认为，前人把"意外情绪的抒发"与"针对意外的评价"混为一谈，忽略了对意外的说理性的评价研究，其实类似于例（2）和例（3）的语言表达是说话者通过讲理来传情，而例（1）则是说话者对意外情绪的直接传递。可见,"意外"与"说理"之间存在紧密的联系,从例(1)到例(3),说话者意外表达的抒情性减弱,而说理性增强。因此,本书试图从现代汉语中意外的说理性评价角度入手展开研究,以期解决当意外发生时说话人是如何对其评价的,如何利用说理的形式进行表达,"说理"的依据又是什么。

我们先来思考一下:意外作为一种主观性表达,其背后遵循的逻辑是什么?理在哪里?吕叔湘(1944)认为,"原来说话和走路不同,不是一种个人行为,而是一种社会行为"。人类的语言表达往往遵循客观规律和社会约定俗成的规矩,这些都表现为会话惯例。其中,揭示事物存在、发展和变化的某种内在规定性的逻辑,被称为"事理逻辑"。王灿龙(2020)认为,事理逻辑是一种客观存在,独立于人的认识与思维,不随人的意志的转移而转移。同时,他还指出了基于事理逻辑的语言逻辑。语言逻辑是语法系统规则之外关涉语言表达的一套规约机制,是依附于人的认知和社会文化等产生的,是语言的一种内在机制。不同的语言,其语言逻辑不尽相同。我们知道,语言是在使用中产生的,在语言研究中,特别是对句法语义的研究,除关注形式逻辑外,还需要充分挖掘不同民族语言形式蕴含的语用逻辑。要摆脱印欧语眼光的束缚,就需要从"中国特色的语言逻辑"出发,探讨说话人主观范畴背后的"理"。

(4) 房子多数是单间,面积大约二十平方米,有阳台有厕所,<u>但竟然没厨房</u>。没有厨房怎么煮饭,难道都用电磁炉?以前住得再不好,都有厅有房。(《广视新闻》2010年10月6日)

(5) 过年了,<u>竟然也不来看一下你哥</u>。(BCC语料库)

观察可知,例(4)表达了说话者对房子没有厨房的惊讶,"但竟然"体现了事物的客观存在不符合说话人的认知,前后形成转折关系。通说认为,"事理"就是事件间因果、递进、转折、顺承等关联关系。例(5)表达了说话者对过年不来看你哥的惊讶,"竟然也不"说明事实不符合说话者的情感逻辑。这种情况是主观"情理"上讲不通,而不是客观事理讲不通,而情理的约束标准往往具有民族特色。可见,例(4)"本应该有厨房,但实际上没有",倾向于客观上的转折逻辑,而例(5)"本应该来看一下你哥,但实际上没有",倾向于主观上的转折逻辑。

回过头来我们可以知道,中国人的思维模式偏向写意与抒情,中国特色的语言逻辑当然也就离不开"情理"的部分。"意外"作为一种主观情态表达，其背后的道理多数蕴含在"情理逻辑"中。

其实，早在1979年，吕叔湘、朱德熙在关于"表达"的分析中就专门讲到"逻辑"的问题，即"句子的结构是完全正确的，只是事理上讲不通，就是不合逻辑"，"有些话虽然用严格的逻辑眼光来分析有点说不过去，但是大家都这样说，都懂得它的意思，听的人和说的人中间毫无隔阂，毫无误会。站在语法的立场，就不能不承认它是正确的"。① 需要说明的是，"事理上讲不通"其实多半是不符合常情常理的句子，而这种句子在吕先生和朱先生看来是不能说的句子。换个角度来说，因为"不能说的句子"打破了一般人的认知规律，所以不合语法。如果说话者"有意"表达这种不符合常情常理的事实，即意外事实，就需要通过一些手段使得句子合法，最简单的是直接表达意外情态，如附加副词"竟然"，还有一些是间接传递对意外事实的评价和立场，如凸显性质属性的表达，"大星期天的，竟然还工作"；或者明示不如意结果的表达，"我这么辛苦，也不帮我一下"，等等。说话者通过这些语法形式表达了反情理的意外评价。

这更能说明，人类之所以不会误会"用严格的逻辑眼光来分析有点说不过去"的语言现象，除遵循了"事理逻辑"外，更多的是遵循了"情理逻辑"。② 其中，"事理逻辑"就是语义上的逻辑，就是事件间因果、顺承、细分、概括等关联关系，是人们用来叙述事件的存在、发展和变化的。"事理"更关注句与句之间的关系，如总分、扩展、解说、时序、因果、对比等。而"语用逻辑"包括语境、语感、预设、合作原则、言语行为等语用因素。这些因素控制着自然语言对逻辑思维的表达。语用逻辑的核心是"情理逻辑"，主要体现为"适宜性"的问题。所谓"情理"，就是行为、事件等所应遵循的一般的道理或约束，包括时间、地点、身份、本质属性、社会规约、常识经验等对于行为或事件的约束。

---

① 吕叔湘、朱德熙：《语法修辞讲话》，中国青年出版社1979年版，第76页。
② 需要说明的是，吕叔湘、朱德熙（1979）所说的"事理上讲不通"中的"事理"其实多半为常情常理。本书根据"语用逻辑"和"语义逻辑"，将"情理"和"事理"做了区分，而两位先生所指的"逻辑学的范畴"主要是指形式逻辑。

人们常常利用情理逻辑来对事物的存在和发展进行评价。由此可以看出，探索意外评价表达的语用规律及情感逻辑具有十分重要的意义。

从互动在线产出的视角出发，我们常常通过共时用法的差异看语言形式的浮现过程。沈家煊（2004）指出，"语法化"和"主观化"的单向性主要包括以下几个方面：真值条件→非真值条件，外部事态→内部心态，一般主观性→交互主观性。语言表达从遵循事理逻辑到遵循情理逻辑，是由主观性向交互主观性转变的过程。需要注意的是，事理逻辑本身反映的是事物客观存在和发展的规律，但是，当说话者表达对事理逻辑的认识时就带有了自我印记的主观性，而情理逻辑则本身就是被交际双方所共享的对事物的主观性认识规律，当说话者利用情理逻辑对事实进行评价时就带有了交互主观性的特征。如，

（6）因为今天太累了，我真的不能陪你去超市了。（BCC 语料库）
（7）他赌气说是去睡觉了，结果竟然真的睡着了。（BCC 语料库）

观察例（6）和例（7）我们发现，两处"真的"表达的含义并不一样。例（6）中，"真的"表达了说话者对相对客观的因果逻辑的确认，是对事理逻辑的主观强调。例（7）中，"真的"表达了说话者对"意料之外，情理之中"的事实的惊讶情绪。两者对比发现，例（7）可以与"竟然"共现，例（6）却不能。从例（6）到例（7），交互主观化的程度更高，说话者期待听话者共情，即说话者默认听话者应该具有"说是去睡觉了，但也不一定真的睡着了"的共享情理。

可见，在互动交际的过程中需要言说双方都遵守交际的规范，说话者阐述的道理也一定是听话者所共享的，当"不合理"的意外事实出现时，说话者就希望通过表达"共享情理"引起听话者共情，从而达到"不言自明"的交际目的。

对语用逻辑的探寻离不开语用推理的过程。在"招请推理"（invited inference）中，说话者常常借助交际双方所遵循的"足量""不过量"等合作原则，通过邀请或者招引的方式使听话者进行回溯推理的过程。而招请推理之所以能够"由果溯因"（肯定后件从而推出肯定前件，或否定前件推出否定后件）推理成功，其原因是交际双方潜藏的共享情理的前提。如，"又不是欺负你，无缘无故哭什么？"按照事理来讲，欺负你就必须哭，有点说不过去。但按照常情常理，受到欺负一般应该会哭，而

现在"又不是欺负你"的表达否定了前件,从而招请听话者按照不过量原则推出对后件的否定,即不应该哭。可见,这一推理过程遵循的并不是必然的、客观的真值逻辑,而是遵循了社会规约的、习俗经验的、惯常认识的非真值逻辑,凸显了交际双方的共享的"情感"规律,关注听话者的共情,具有交互主观性的特征。

本书所研究的对象范畴——意外(mirativity),是指说话者的"意料之外"的主观惊讶情绪,其语言表达手段主要有语气词"啊"、副词"竟然"、转折副词"反倒"、句式"反问句""感叹句""否定句"等。我们不禁进一步思考:这种"猝不及防""惊奇诧异"的主观情绪是怎么产生的?也就是说,说话者主观情感表达背后的机制和动因是什么?本书认为,"有所意料"的事情是人们对"可预见""可控制"的事物或状态的肯定,而"意料之外"是对事情的"不可预见""不可控制"的情感表露。其中,"不可预见"的特性与"预期"有关,是对预期的"违背","不可控制"的特性与"认知"有关,是对认知的"反叛",前者是"反预期"导致的意外,后者是"未预期"导致的意外。而人的预期常常依据"常情常理(情理)"来判断。从这里也可以看出,在语言表达中,意外的评价表达与人们的情理逻辑有很大的关系。

结合意外表达的特点及汉语情理逻辑的解释力,我们重新审视吕叔湘、朱德熙两位先生所说的逻辑表达的问题,即除对句子合法与不合法的判断涉及情理的前提外,对叙事的合理或者不合理的判断更需要涉及情理的前提。如果叙述的事情,在事理上说得过去,但是情理上说不过去,就认为是"不合理"的。如,

(8)<u>大星期天的</u>,还在工作。(BCC 语料库)

由例(8)可见,星期天在事理上是可以工作的,但是情感上却认为,星期天就是休息的,是不应该工作的。

还有一种情况是,事理上说不过去,但是情理上却能解释的现象,我们也会认为是"合理"的。预设一般是不能被取消的,但是在特殊的情况下却可以取消,如"我没见过小明,所以世上可能不存在小明"。按照事理来说,不管见过还是没见过,都存在"小明"这个人,但是按照情理来讲,人们一般认为,没有见过的就是不太可能存在的,即人们通常所说的"眼见为实"。另外,还有一些事理逻辑上自相矛盾的句子,但

在情理上却能进行解释，如"所有人都去爬山了，只有他没有去"。这种表述方式在修辞上称为"舛互"，先肯定全量再否定全量里的个别情况，其目的是凸显"他没有去"这一新信息。语言表达中还有一些虚拟的现象，如"早知道你可以拿第一名，我们应该从第一期就邀请你做嘉宾"。事理上"历史是不可以被假设"的，但是情理上却可以表达"追悔莫及"的情感。还有一些事理上没有因果逻辑根据，但在情理上可以做出解释的表达方式。如，

(9) A：她最近嗓子疼，**竟然**还吃这么辣的火锅。

　　B：重庆人毕竟是重庆人。（BCC语料库）

由例（9）可见，事理上说不通为什么可以用"重庆人毕竟是重庆人"来解释"还吃这么辣的火锅"的意外事实，但情理上我们通常认为，"因为是重庆人，所以就应该爱吃辣的火锅"。像这些表达在事理上是很难说得过去的，但是却可以在情理上找到解释的根源，即"重庆人"的典型情理特征是能吃辣的。

根据前面对"事理逻辑"和"情理逻辑"的分析，笔者认为，在"情理"上"说不过去""不合理"的事实会激发"意外"情绪，当说话者用"情理"去表达意外的时候，就是在"摆事实"，如例（8）。而"事理"上说不过去，但可以进行"情理"解释的意外情况，被称为"讲道理"，如例（9）。但无论是"摆事实"还是"讲道理"，其实都是对"意外"的"情理评价"，并不是意外情感的直接抒发。

综合上文的分析可以知道，说话者在运用语法形式表达意义和功能的过程中，既要遵循事理逻辑，更要遵循语用逻辑。而逻辑也富有情感，情感也蕴含逻辑，情理逻辑作为语用逻辑的核心是我们重点想要探讨的对象。汉语作为一种情态表达丰富的语言，其中也一定蕴含了丰富的情感逻辑。如果出现与情感逻辑不适宜的意外情况时，就会激发人们的主观评价表达。可见，"意外"与"情理"密不可分。我们有必要依据语言事实，系统地架构意外的情理评价表达框架，挖掘语用逻辑的内涵，找到汉语主观性表达背后的"中国式情理逻辑"。从情理角度来研究意外的评价表达，对分析蕴含丰富逻辑意义的汉语语法系统具有深刻的意义，而以往对这方面的研究还比较缺乏。就具体语言事实的分析、识解、建构而言，结合特定文化的语用推理来进行分析，也同样具有重要的价值。

二 研究思路及目标

意义存在于言听双方的会话里而非语句中。对话语的解释过程本质上依赖交际互动的推理。交际中句子的解读必须考虑在会话环境中听说双方"共享"的认知状态、背景知识、文化习俗等情理价值。

"意外"的表达不仅是自我惊讶情绪的直接抒发，要想引起听话者的共鸣，必须重视言谈双方共有的情感逻辑并进行恰当的语用推理。因此，本书的研究重点就是，探索说话者是如何通过共享情理对"意外"进行评价表达的。

本书采用总分总的研究思路。第一章为总论部分，回顾国内外与"意外"相关的成果并进行综合分析，说明本书的研究理念和理论基础，介绍本书的研究方法及语料来源，重点探讨前人对情理问题的相关研究，解释意外的情理评价表达的含义，并构建现代汉语中意外的情理评价系统。第二章到第七章为分论部分，按照"摆事实""讲道理"两种类型对意外的情理评价表达进行系统分析。其中，第二章到第四章分析说话者是如何通过摆事实的方式来评价意外的，又是如何引起听话者对意外情绪共鸣的。笔者认为，"摆事实"是对意外的一次评价。第二章主要以"一个X，Y"和"大X的，Y"为例说明"X"的性质与"Y"的实现在情理上不匹配的情况，分析说话者是如何通过对性质属性"X"的话题限定，来摆明对意外事实"Y"的立场评价的。第三章主要根据当前事实的"反情理""超情理""合情理"三种实现情况，探索意外的情理评价表达规律，并分别以"也不Y""X才Y和X就Y""X还真的Y"为例，分析说话者是如何通过强化语气来说明意外事实的实现的。第四章主要分析比较构式与意外事实的推理评价，并以级差构式"都Y_1了，还Y_2呢"和极性构式"连X都Y"为例。第五章到第七章主要分析说话者是如何通过"讲道理"的方式解释、解除、认识意外的。说话者利用情理对意外进行评价来达到以理服人的目的，由此认为，"讲道理"是对意外的第二次评价。第五章分析说话者是如何利用对性质属性的确认判断来解除意外情绪的，并以"又不是X""X毕竟是X"为例。第六章分析说话者是如何通过因果条件句来指明意外结果的必然性的，并以"要不是

X 才 Y""X 难免 Y"为例。第七章主要涉及"说辞"和"行为"的对抗,分析元语评价与解说意外言行的关系,说话者通过"说好 X 的""还说 X 呢"来对关于"X"的说辞进行评价,意在强调既然"说 X"就不应该实现"行为 Y",但是现在却实现了 Y,那么就说明,"言行不一"激发了意外情绪。第八章为纵向总结,主要从意外事实与情理认知的特征差异、情理评价和意外事实的制约关系、意外的情理表达规律三方面对意外的情理评价进行理论思考。最后一章为结语部分,笔者对现代汉语意外的情理评价研究进行总结,指明本书的创新点与意义,反思研究不足,并对未来的研究进行展望。

本书的研究目标是,从具体的语言事实出发,试图探索与意外相关的情理评价的表达规律,并分析说话者是如何运用语言手段对意外进行"摆事实"和"讲道理"的。从交际双方"共享情理"的角度来观察说话者对意外的评价,既关注说话者自身的主观性立场,又关注听话者的交互主观性态度,从动态的角度找到汉语口语表达背后的"中国人的思维方式",以期能够更好地解释汉语主观情态表达的情感逻辑及功能理据,同时,也为意外范畴的研究提供新的视角。

三 研究方法

任何有意义的语言表达都是说话者和一个或多个潜在听话者之间的交互状态。同样,意外的表达也不仅是说话者"自我抒情"的主观表达,其中既关乎导致说话者对意外的"底层认知逻辑",还关乎听话者是否对意外的表达具有"共情"能力。因此,我们在研究中更关注意外评价表达背后的共享情理。本书在对语言事实分析时,侧重于在互动语言学和功能语法的视角下来构建意外的情理评价系统,并侧重于探索其规约化表达的语用规律。具体而言,本书运用了以下可操作性的方法。

第一,采用理论和事实相结合的方法,梳理意外情绪表达的手段,并对与意外相关的情理评价进行系统架构。思考用"情理逻辑"对意外进行评价的理论价值,并对收集、转写的口语语料中典型的语言事实进行个案分析。由此明晰意外底层的情感逻辑,并找到其在现代汉语中的语法表现规律。

第二，采用静态和动态相结合的方法。语法是在交际中产生的，本书语料选取以口语对话为主，把意外的情理评价表达放到口语交际的互动语境中去分析。除传统的语义逻辑分析外，本书还运用动态互动的语言分析方法来观察语法规则。针对意外的情理评价表达，既分析其规约化的句法语义特征，也分析其动态的语用推理过程及交际互动动因。

第三，采用互动语言学和认知功能语法的分析方法，探索意外的情理评价表达形式和功能之间的规约化关系。在摆明意外事实方面，通过话题限定形式"一个 X""大 X 的"来分析说话者是如何针对意外的性质属性"X"进行立场表达的。通过几类主观性色彩较浓的副词"也不 Y""X 就/才 Y""还真的 Y"来分析说话者是如何强化对意外事实"Y"进行说明的。通过极差比较构式"都 X 了，还 Y 呢"和"连 X 都 Y"的分析，探索其意外的推理评价功能。另外，在针对意外进行讲道理的表达规律的探索方面，通过判断形式"毕竟是 X""又不是 X"来分析说话者是如何通过确认属性来解除意外的。又通过对因果条件句的分析，来探索说话者是如何利用"要不是 X，才不 Y 呢"和"X 难免 Y"对意外进行解释的。除此之外，当言语的约定、声称与行为的实现不一致时也会引发说话者对意外的评价，通过元语评价的分析，探索说话者是如何利用"还 X 呢"和"说好 X 的"对意外言行进行解说的。

四　语料来源

本书的研究对象主要是现代汉语口语，因此在语料选取上尽量选用那些口语性、对话性、互动性强的语料，主要凸显其互动价值。以日常口语中长期、高频使用的规范普通话作为语料采集重点。对正在流行的网络用语、方言俗语不作重点采集。

根据上述情况，笔者主要收集了与意外的情理评价表达有关的语言事实，语料来源主要有语料库语料、网络语料、文本语料、论著相关用例以及少部分自拟语料。

一是语料库语料。主要取自北京大学中国语言学研究中心语料库（CCL 语料库）、北京语言大学汉语语料库（BCC 语料库）以及中国传媒大学媒体语言语料库（MLC 语料库）。

二是网络语料。利用读秀、百度、谷歌、新浪微博、人民网、新浪网、央视网等搜索引擎对所需语料进行检索，并进一步对所得语料进行甄别，剔除那些不合格或可接受度较低的用例。

三是文本语料。以名家剧本小说的对话语料（剧本小说对话）或者口语性强的篇章为基础，加之多部影视剧的台词转写（台词）、多部综艺节目的台词转写（综艺台词），辅以日常生活中收集的用例（日常）。

四是论著相关用例。部分语料取自他人论文和著作的相关用例。

五是自拟语料。文中还有一小部分语料来自笔者经过调查研究形成的自拟语料。

五　研究理念

在语言的交际互动中，人们总是使用语言来传情达意，表达说话者对事实存在、发展的价值判断、评估和态度（Ochs, Schieffelin, 1989），这体现了说话者的主观评价。Biber 等（1999）将评价看作立场的一部分。Englebretson（2007）也认为，评价与认识和道义等同，都是立场的一个方面。Du Bois（2007）认为，评价是立场表达的互动要素，并提出了"立场三角"的分析框架。虽然目前国内外对评价的研究很多，但却很少有学者就某一范畴对评价做专题研究。而本书以"意外范畴"为评价对象进行研究，既使得评价的研究更加深入，同时也为意外的研究提供了新的视角，两方面都有所推进。

我们不禁会思考：为什么人们会对意外事实进行评价？人们主观评价的依据又是什么？人们通常按照一般的社会规约、常识经验、习惯习俗、个人意志等情理对当前信息（事实）进行认识判断，一旦违背了头脑中已有的情理就会激发意外情绪。本书认为，"不合理"的意外事实总是能够激发人们强烈的惊讶情绪，意外带有浓厚的主观性色彩，针对意外所进行的"说理性"评价也应该具有主观性特征。徐盛桓（2005）指出，含意推导运用的是合情推理。① 刘娅琼、陶红印（2011）也认为，

---

① 徐盛桓：《含意与合情推理》，《外语教学与研究》2005 年第 3 期。

"事理立场"就是说话人对事物的合理性所作出的一定判断。如果说话人认为事物是不合理的或不能令人满意的,事理立场就是负面的。许多话语研究者把这个属性称为评断立场(evaluativestance)(Englebretson, 2007)。需要说明的是,因为对事理的认知也具有主观特征,是合情的推理,所以,本书将语言表达背后的理定义为情理立场。意外的情理可以表示为:X 本应该/本不应该 Y,但当前信息(事实)却与之相悖。在具体语言事实的分析时,本书将利用情理推理对意外评价表达进行分析。

主观情态表达背后都有情理的动因,因此,人们往往会借助"说理"的力量去评价主观情绪。也就是说,对意外的情理评价更具有逻辑性,增强了主观评价的力度,同时,也关注交互主观性共情,使得交际更加顺畅。李先银(2017)指出,情理驱动的方式不同,分为正向驱动和反向驱动两种。正向驱动是情理约束的表达,是对意外事实的理性分析或者是修正听话者的不合理认知,"重在说理"。反向驱动是反情理约束的表达,是对意外事实的信息传递,"重在说事"。笔者从第二章到第四章主要论述在意外事实的告知过程中是如何通过"摆事实"来表达情理的,从第五章到第七章主要论述在意外事实发生后或者在偏离常理的认知发生后对方是如何通过"讲道理"来表达情理的。

除按照传统的方式对评价表达进行研究外,笔者还观察到,不少学者开始将评价放在对话互动中研究其动态浮现。其中,与序列位置和话轮设计有关的第二评价近年来备受关注。第二评价是指,在会话序列中位于回应位置的评价,是第二评价人所表达的对第一评价及其评价物的意见。[①] Pomerantz(1984)认为,会话中的评价主要出现在三个场合:一是交际者共同参与的会话评价,二是言者对自身所参与的活动的报道,三是在第一评价后的第二评价。[②] 本书认为,可以将其应用到对意外事实的评价分析中,其中,第一种情况下共同参与的活动可以让交际双方对意外共情,第二种情况是指说话者对意外事实的评价,第三种情况是说话者对听话者意外情绪的第二次评价,后两种情况分别为本书所说的"摆事实"和"讲道理"。第二次评价其实是对听话者意外的评价,而意

[①] 鲜丽霞:《汉语自然会话第二评价研究》,四川大学出版社 2018 年版,第 98 页。
[②] 方迪:《汉语口语评价表达研究》,社会科学文献出版社 2021 年版,第 35—36 页。

外本身就是对事实的评价。因此,我们所说的"讲道理"是"评价的评价",可以称为"元评价"。这就涉及对评价的回应,目前研究的学者有Pomerantz（1975）、Goodwin（1987）、Heritage（2002）、Heritage和Raymond（2005）等,他们更关注第二评价的序列位置、话轮组织、认识权威等互动要素,而本书仅利用其分析理念将意外的评价放在互动中进行动态分析。因此,本书的"摆事实"是对意外事实的第一次评价,"讲道理"是对听者意外评价的第二次评价,是"意外评价的评价",即"元评价"。

六 理论基础

结合具体语言事实及研究对象意外情理评价表达的特点,本书采用语用推理、主观性与交互主观性、互动语言学、浮现语法作为研究的理论基础。

（一）语用推理

前文我们已经认识到,对意外的评价需要依赖"情理逻辑"。情理逻辑是语用的逻辑,是"较为大胆、较为冒险的常识性推理"（Lemann,1998）。汉语是一种不爱搞形式主义的语言[①],会话功能和意义的解读是一种语用推理过程。吕叔湘（1979）认为,听话人听懂了一段话,是从形式到意义的过程,而从说话人讲清楚一个意思,是一个由意义到形式的过程。但无论哪个过程都需要依靠语用推理才能"听得懂""讲清楚"。因为,对意外的情理评价本身就涉及语用逻辑,换句话说,情理评价就是语用推理本身,所以,要想解读意外的情理评价离不开语用推理的分析。那么,语用推理又需要遵循哪些原则,这些原则又是如何在意外的情理评价中起作用的,需要我们进一步梳理。

1. 回溯推理

"回溯推理"（abduction）也称为"溯因推理""逆果推理"或"招请推理",是知道结果后推知原因的一种推理方式,与语义逻辑推理不相

---

① 吕叔湘:《汉语语法分析问题》,商务印书馆1979年版,第34页。

符，常常违反充分条件或者必要条件的推理规律。一是从结果出发，根据大前提推导出小前提，双方通过推理来传递和理解没有说出来的意思，是一种基于常识或常规的推理。表示为，大前提：P，Q；小前提：Q；推论：很可能是P。二是从否定前提出发，推出对结果的否定。表示为，大前提：P，Q；小前提：−P；推论：很可能−Q。这都违背了充分条件中肯定后件不一定肯定前件以及否定前件不一定否定后件的推理方式。陈振宇（2021）认为，回溯推理，是说话者站在Y的位置上，对X的情况进行回溯，根据时间原则，时间在后的事物为真，则时间在前的事物也为真。因此，回溯推理根本不是从已知到未知的探索，而是对已知的事物进行主观评价。聂小丽（2021）认为，"又"字否定句借助溯因推理，通过排除与某种言行或情状相关的可能解释来表达说话者的负面事理立场。就本书的研究对象而言，笔者将借助回溯推理来分析意外评价表达背后的情理逻辑规律。

所谓的"大前提：P，Q"，其实就是人们共享认知的"情理"，"回溯推理"是对情理认知的进一步加工，当人们发现事实与推理前提违背时就会激发意外情绪的产生。情理评价是针对意外事实不符合"大前提的认知"而言的，如"又不是什么值钱的东西，竟然拿着当宝贝"，大前提：值钱的东西才应该是宝贝；小前提：不是值钱的东西；结论：不应该当宝贝；事实：竟然拿着当宝贝。

2. 缺省推理

"着呢"除了在适量准则下表达语用含义，还可以表达在默认的缺省状态下的说话者对听话者的预期更正，即说话者默认听话者具有与自己共享的情理，实际情况却与之相反，如，"和平：新中国后扫盲，我妈多少认两个字，如今那琼瑶的小说看得溜着呢。志新：她老人家这么多岁数，还看这东西啊"。说话者（和平）默认听话者（志新）有共享的情理认知，即文盲不可能读琼瑶小说读得溜。这一"X不应该Y"的情理背景信息潜藏在交际双方的预期中不言自明，当说话者（和平）说出"溜着呢"的时候就证明当前事实引发了反情理的意外，即"竟然读得溜"。"着呢"修正了听话者的情理认知，即对"本不应该Y，但却Y了"的意外评价。而共享的背景情理部分就是我们所说的语言表达中的缺省部分，"着呢"是在缺省前提条件"X"的情况下对意外结果"Y"

的评价表达。

由此可见，缺省规则是指，对于给定的前提，如果有一组保持逻辑一致性的假设不悖于任何已知的事实或结论，那么就可以缺省地推出结论。Brown 和 Yule（1983）指出，当人们面对表面不关联不连贯的语义表征形式时，人们会通过推理来补全话语中的潜隐联结（missing links），根据已有的诸如图式、脚本、框架等认知结构，将缺省的成分补完（Brown & Yule, 1983）。Reiter（1980）认为，缺省推理是指在表明其为假的条件缺席的情况下，可以默认该命题成立。Kittay（1987）提出，缺省语境，即听话者会根据缺省推理生成缺省预设，创造一种"隐性"语境。

有学者指出，缺省推理和溯因推理相似，但缺省推理更像是缺少前提的演绎推理，而溯因推理则是从结论到前提的逆向推理。缺省推理不需要提及所有例外，是对背景知识的断言，它假定了一个预设，以默认的前提或常识为基础推理，即"一个人总是默认自己已有的知识为事实"，因此也称为"默认推理"。

本书意外的情理评价表达其实就是在默认的社会共享逻辑的前提下对事实的"不合理"性进行的强烈情感表达。情理的约束（X 应该/不应该 Y）有时候一部分是隐而不现的，比如，"一个 X""大 X 的""也不 Y""才/就 Y""还真的 Y"等单独说的时候缺省了与之相关联的情理约束，这就需要运用缺省理论对语言形式背后隐含的默认情理进行分析。

3. 语用否定

本书研究的意外遵循的是与情理有关的语用逻辑，所谓意外就是对当前事实的适宜性否定，与"语用否定"密切相关。在《不对称和标记论》中，沈家煊指出，"有标记的否定"为语用的否定，否定的是语句表达的"适宜条件"。张谊生（2015）认为，语用否定包括隐含否定、预设否定、元语否定与羡余否定。孔庆成（1995）提出，元语否定与命题无关，是对话语不合适性的否定，其最鲜明的特征是不合逻辑性、有标记性。沈家煊（1993）将语用否定分为五类。其中，根据适量准则，对一个量 X 的否定，意味着肯定一个接近于 X 的较小的量（语义否定），也意味着肯定一个接近于 X 的稍大的量（语用否定）。史金生（2021）提到，"不一日"既可以表达"不到一日"的小量，也可以表达"不只一日"稍大的量。刘娅琼、陶红印（2011）以"不、没"类反问句为研究对象，分析了否定反问句的负面事理立场功能。温锁林、申云玲（2012）分析了转喻式否定的表达功能有"意料之外，情理之中"的表达效果和新视角引发的认知升华。笔者认为，一些话语标记，如"还说呢""这话说的""不管怎么说""别说"等都是对话语表达方式的否定，属于元语否定的一种。

意外的评价，是以情理作为认知基础进行的语用否定，即说话者认为对方的认知、行为、言论是"不合常情常理"的。而语义层面的否定主要是对事物的内在属性和客观规律进行否定，属于"物理"和"事理"的层面[①]。"不合情理"的否定倾向于语用否定，因此，本书关于"意外"的情理评价表达可以用语用否定进行更好的解释。

4. 语义预设和语用预设

之所以能够激发说话者对意外的评价，是因为在说话者的头脑中事先存在共享的情理认知，而共享情理又与"预设"有很大的关联。Frege（1892）认为，有所指称的必要前提就是预设，凡是 A 真的情形，B 是真的；凡是 A 假的情形，B 也是真的，这说明，语义预设不因命题的否定而改变。另外，预设还与焦点相关，Geurts 和 van der Sandt（2004）总结了一条背景预设规则：只要焦点化产生背景信息，就存在预设对于某些个体是成立的。沈家煊（1986）论及了预设的可取消性和可投射性问题。与语用预设不同，"语义预设必须是一种不变的关系"。而语用预设是指，如果一句话 A 只有当命题 B 是交谈双方的共同知识时才是合适的，则 A 在语用上预设 B，指出预设只要跟语境假设的命题一致就够了。Levinson（1983）认为，语句 A 语用预设命题 B，当且仅当只有在 B 为交际者共知的前提下，A 是恰当的，其中有两个典型的特点，即恰当性（适宜和真诚）和共知性（相互假设）。如，"但是"和"反倒"就有所不同，"含金量低的反倒价格高"，"反倒"触发了一个预设，即"说话者有一个与实际情况相反的预期存在"。

Givón（2001）把预设（presupposition）分为逻辑预设（logic presupposition）和语用预设（pragmatic presupposition）。通常我们讲的逻辑预设

[①] 关于"物理""事理""情理"的概念区分后文将详述，此处不再赘述。

就是语义预设,而语用预设又与预期紧密相关。它们都不是命题本身,而是该命题的背景认知。但是,语义预设(预设)、语用预设(预期)还存在以下几点本质的区别:一是固有前提与认知关系协调;二是明确的命题和模糊的推理的差异;三是背景性和前景性的差异;四是可取消性和不可取消性;五是命题前提和认知前提。

由此可知,预期与语用预设密不可分,具有认知协调性、模糊推理性、前景凸显性、可取消性、认知适宜性等特点。笔者认为,与语义逻辑预设不同,预期的形成与社会共享的"情理"有关。人们常常根据常情常理对事物做出判断并评价,而常情常理的部分就是我们所说的预期。因此,对意外的情理评价的研究离不开对语用预设的分析。

5. 正常期待、正负颠倒

本书所研究的意外与人类的认知期待和反常颠倒有关系,前人学者的研究中也涉及了相关概念。沈家煊(1999)认为,把肯定句变为否定句,把否定句变为肯定句,称为"正负颠倒"。正负颠倒在语用上的结果就是与一般承认的先设相冲突。如"连他的敌人也不得不佩服他",可以说,是因为人们普遍认为敌人是最不能佩服他的人,但是如果说"连他的敌人也不会佩服他"就不合适。这与本书所讨论的意外情绪的表达密切相关,其反映了人们认知心理的"正常期待"。期待"多"称为"正向期待",即在情理上应该发生的事情;期待"少"称为"负向期待",即在情理上不应该发生的事情。

"负向期待"通常为"不期望"发生的事情,一旦发生就会产生意外,如"大过年的,还拼命工作"。而"正向期待"往往是"期待"发生的事情,一旦失望就会激发意外情绪,如"也不说帮我一下"。再如,"差点考上重点大学"是不能正负颠倒的,而"差点答错了题"是可以正负颠倒的。因为前者是人正向期待的东西,对其否定是对"前突衍推"的否定,即对"非P"的否定。而后者是人负向期待的东西,对其否定是"背衬推衍"的否定,即对"接近P"的否定。当说话者感到必要强调否定的意思以避免误解,于是就加上"羡余"的否定标记。

对意外的研究,正常期待与社会规约、个人意志有关。正常期待具有认同性、共享性、内隐性、逻辑性等情理的特点。如果一件事是说话者期望发生的但是没有发生,或者不期望发生但却发生了,那么就会激发意外。

在意外的情理评价表达范畴的具体研究中,我们还需要结合汉语的语言事实,对形式和功能的规约性表达进行深入分析。

(二)主观性和交互主观性

主观性,作为说话者的立场,普遍存在于"语言的使用"和"话语的活动"中。对意外的情理评价表达的研究也离不开主观性的分析。Lyons(1982)给主观性下了定义,"主观性是指自然语言结构及其常规表达为言语主体提供表达自我以及自我态度和信念的方式"。沈家煊(2001)提出,在话语中多多少少总是含有说话者"自我"的表现成分……从而在话语中留下自我的印记。Nuyts(1992)将主观性与交互主观性作为一组对立的概念进行阐述,主观性仅是说话者自己做出的情态的评价,不涉及听话者。交互主观性的情态评价是说话者及更多人(也可能包括听话者)共享的。Traugott(1995)认为,主观性是说话者态度、观点的基本的语义或语用表达,而交互主观性则是说话者对听话者信念或态度关注的基本的语义或语用表达。那么,意外信息是不是共享的呢?答案当然是否定的,如果是共享的背景知识就不存在意外了。但是,意外情态的表达却需要设想听话者对话语的理解及反应(Schiffrin,1990),这就涉及说话者对听话者的关注。

本书认为,意外的情理评价既体现了说话者的主观性,也体现了对听话者关注的交互主观性。所谓的"情理"是交际双方的共享认知,用情理对意外情绪进行评价有利于产生共情。情理的评价方式也体现了说话者在观察意外事实背后逻辑时的"自我印记"。因此,我们有必要以主观性和交互主观性为理论基础对意外相关的评价表达作重新思考。

下面就从立场评价、认知状态、情感态度、主观情态、视角转换五个角度来探讨在对意外进行情理评价时主观性和交互主观性是如何显现的。

1. 立场评价

与本书关系最密切的就是对立场评价的主观性和交互主观性分析。当我们说话时,立场总是存在的;在交谈中,每一个时刻都与我们和他人的立场有关(Du Bois and Kärkkäinen 2012)。立场表达(stance-taking)

既包括对说话者所述命题的态度、评价,也包括说话者对受话人的态度。这对本书研究意外的情理评价有很大的启发,首先,对意外事实的情理评价体现了说话人对当前信息的主观立场;其次,针对对方意外情绪的情理解释是说话者对受话人态度的再次评价。

立场的分类有很多。Ochs(1996)将立场定义为"社会公认的意向",并区分了认识立场和情感立场两种立场。Precht(2000)将立场分为五类:情感立场、认知立场、模糊限制语、风格立场和模态立场。其中,Finegan(1995)认为,认识立场是主观性的一个方面,Biber 等(1999)认为认识立场是用来标记说话者的确信与怀疑、事实或观点的,以及表明信息或观点来源。Stiver 等(2011)认为,目前的认识立场有三个维度:认识通达,即"谁知道什么";认识优先,即"谁知道得更多";认识责任,"谁有义务知道"。在 CA 的理解中,知识论关注的是参与者的知识状态如何与合作参与者的知识状态相关联,以及在会话过程中知识立场如何演变。换句话说,谈话中的认知立场被视为一个彻底的互动和涌现的过程。笔者认为,与意外关系最密切的就是认识立场,即人们对事实与情理匹配程度的认知。

情理认识立场,不再是个人行为的产物,像其他行为一样,也是浮现的产物,由互动的发展所塑造,同时又塑造着互动。立场是互动语境中动态建构的。Du Bois(2007)揭示了立场的五个关键性质,并认为"立场的本质是互动的,由交际参与者相互合作共同构建"。我们使用语言做的最重要的一件事情就是表达立场,这些语言表达的功能都涉及对立场的认识。交际双方能够进行立场的对话归根结底还是源于"共享的情理",情理的表达暗含了说话者的立场,而立场的"对话性"特点表明说话者在情理表达时也关注听话者对情理的接受度,要想做到观点以理服人,就要进行双方立场的协商。因此,情理评价是动态交际的产物,具有社会集体共知的特性。

汉语学界也对立场的评价性特征做了分类,如刘娅琼、陶红印(2011)中提到的立场由大到小为:话语立场、评价立场、事理立场、正面或负面评价的事理立场。罗桂花(2013)将立场分为四个部分:评价立场、情感立场、认识立场、(不)一致性立场。

基于上述分析,本书将意外的情理评价放在互动序列语境的角度去看，Du Bois（2007）提出，如果不考虑更大的会话序列语境，对立场的理解则是不完整的，并认为，"我们对事态的立场"为一级立场，"我们对自己和他人的立场"为二级立场或转移的立场。就本书而言，一级立场是对意外事实的立场，二级立场是对意外情态的立场，前者针对"事"的立场，后者针对"人"的立场。本书所研究的对象恰好涉及这两个方面，一是说话者摆明对意外事实的立场，二是针对听话者的意外情态进行说理。在立场的具体运作方面，目前学者也对立场的主观性和交互主观性特点产生了不同的观点。Lempert（2009）强调说话者的立场，主张"说话者对话语所表达的命题内容的评价"。而 Du Bois（2007）则将立场定义为："一种由社会行为主体发出的，对客体进行评价、对自己和其他主体进行定位、表达与其他行为主体的一致性（alignment），并通过显性的交际手段，对话性地实现的公开行为。"他认为，立场的分类包括评价、情感、认识和一致性四个类别。"立场三角"是对话性的共建行为（co-action），同时包括了评价客体、设置主体（自己和他人）以及主体间的认同过程，这里的立场更强调人际的互动关系，他把 Cossette（1998）的环境和 Berman 等（2002）的取向中的各要素发展为参与者框架（participant structure）。根据 Du Bois（2007）的观点，立场表达也称为立场协商（stance negotiating），这样就是从多向对立场进行表述。Haddington（2007）认为，一致立场是结盟的状态，不一致为不联盟。国内学者方梅、乐耀（2017）也指出，立场表达既包括对说话者所述命题的态度、评价，也包括说话者对受话人的态度。

这引起了笔者的关注，立场不仅表达说话者主观性的情感、认知，还可以表达交际双方不一致的立场关系，或者向听话者传递普遍的情理。运用到本书的研究中，说话者通过阐明事态背后的情理来表达对意外事态的立场评价。也就是说，当我们表达意外情理立场时，既体现了说话者自身的主观性，也体现了对听话者交互主观性的关注，"摆事实"的背后隐藏着对事物的主观态度立场，"讲道理"的同时也蕴含着对听话者立场的协商。所以，我们在分析意外情理评价时，既需要关注说话者对事实的立场认识，还需要关注说话者与受话者集体的结盟状态。

2. 认知状态

除了立场评价外，对意外的认知还涉及说话人和听话人头脑中的共享知识、背景知识或者说经验常识，这里的共享知识和经验其实蕴含了不同民族的文化，并逐渐成为规约化的语言表达形式，规约化又称习惯化。Morgan 自 1978 年就开始探讨语用规约，他将规约化分别称为"语言规约"和"语用规约"。Brown 和 Levinson（1987）认为，规约化间接是直接表达与不强迫听话者之间的折中选择，并且认为话语的规约化意义必定不同于其表面含义。Haiman（1985）所说的"规约化"（routinization）是指语境消失，语言行为不断重复形成规约。Terkourafi（2015）则认为，规约化是一个表达、语境和说话者的三方关系，表达与最小语境一同构成"框架"，规约化具有"内在评价性"。另外，其他学者也对规约化提出了不同的定义，如 Terkourafi 和 Kádár（2017）把规约化的研究分为了狭义规约化与广义规约化两类。Trask（2000）认为，语法重构和重新赋义的过程就是"规约化"（conventionalization）的过程。关于狭义规约化，Culpeper（2011）认为，"规约化的核心就是某语境、某表达有规律地共同出现"。笔者认为，语言表达经历了语境假设到规约化的过程，一开始仅仅表现为特殊情景的特殊用法，后来随着程式化提升，临时性的用法逐渐演变为规约化的固定表达。本书研究对象意外评价背后的"情理"也是这样，经过人们认知的不断强化、行为的不断实施，原本没有制约关系的事物逐渐在人脑中建立情感逻辑，形成心理背景知识库，最终成为规约化的情理认识，以此来作为表达主观性和交互主观性的依据。

进一步来看，所谓意外，就是指固有知识状态的打破。那么，到底交际双方谁掌握了这一令人惊讶的新知识呢？固有知识状态不是孤立的，而是不同的共享知识之间相互关联并逐渐规约化的结果，我们称为共享情理，如只要是中国人都知道"大过年的，应该给长辈拜年"。但，有时除人人都知道的常情常理外，还有一些突发事件或者认知局限干扰人们的主观判断。其中，突发事件就是我们对意外事实的认知，在本书中体现为对意外的"摆事实"，如"一个孩子，竟然比妈妈还懂事"；认知局限就是对常情常理的忽略，当说话者针对认知局限进行情理评价时在本书中体现为对意外的"讲道理"，如"孩子毕竟是孩子，贪玩是必然的，别要求太高"。而无论是"摆事实"还是"讲道理"都体现了说话者与听话者之间知识的不平衡状态，"摆事实"是说话者处于认知高位想要向听话者传递信息的过程，"讲道理"是说话者对听话者掌握的意外信息进行说理的过程。事件理论的应用更好地说明了这点，Heritage（1984；2012；2013；2014；2018）提出了知识论（epistemics）的概念。Labov 和 Fanshel（1977）最早区分了 A、B - Events。Kamio（1997）扩大了这一概念，系统化地表述为 A 和 B 有自己的信息域。另外，D - Events 是指可知性有争议的事件。Heritage（2012）提出［K ＋］与［K －］，即更多知识（more knowledge）与更少知识（less knowledge）的概念，有的学者也称为高认识状态和低认识状态。它们属于知识坡度的不同位置，在［K －］位置寻求新信息或者自愿从［K ＋］位置提供信息。神尾昭雄（1990）、Kamio（1997）提出了"信息界域/领域"（information territory）的理论。他们认为，当所表达的信息深入说话者的信息界域内时，直接形式是最合适的（Kamio，1997），直接形式是最直接地表达一个既定的信息，不含有任何减弱断言直接性的弱化成分。当该信息不是那么深入说话者的信息界域内时，或位于说话者的信息界域外时，非直接形式则更为合适。本书认为，当双方处于不同的信息界域时，就会出现言谈双方认知差异，而这种认知差异也是导致"意外"的原因之一。在立场中，认识立场（epistempic stance）是一个人在特定的知识领域中对信息所表现出的立场，这个立场可以是"知道"［K ＋］或"不知道"［K －］，包括程度的不同。认识状态是一个人在特定的信息领域中共享的知识权威，它通常来自访问、经验、所有权等因素。认识立场在谈话中会随着时间的变化而变化，而认知状态是一种更持久、更稳定的属性。两者的相对性与对话者有关。讲话者的认识立场可能与他们的认识状态相一致，也可能不一致。当交际双方认识状态不平衡时，就会形成"认识跷跷板"（epistempic seesaw），此时启动认识引擎（epistempic engine），促使信息由［K ＋］流向［K －］，以达到交际双方认识状态的平衡，从而推动话轮设计与会话序列的前进（谢心阳，2018；饶宏泉，2019）。在意外的情理评价表达中，所谓"认识的跷跷板"是指，处于［K ＋］状态的说话者告知处于［K －］的听话者一个与普遍认识情理不相符的意外信息，引起双方的意外共情。或者，［K ＋］状态者自愿降级为［K －］状态者，向听话者寻求意外事实产生的原因。前者是摆明一个意外事实，以叙实性作为表达的基础，常常可以加入"竟然"作为测试手段，如"我这么累,他竟然也不帮我一下"。后者是表达说话者的意外情绪,常伴随说话者的语气情态或者语用迁移形式,试图向听话者寻求一个情理原因,这时听话者的回应就是对意外情绪的情理评价,如"A 他怎么能把压岁钱全花光了啊!B 孩子毕竟是孩子"。本书认为,无论 A 事件还是 B 事件,当人们掌握了令人惊讶的新信息后都期待能够引起对方共情,所以会急迫地告知对方这一信息。而对于新信息合不合共享的情理认知,会不会引起意外,就需要说话者利用规约化的知识认知对其进行评价。判断新信息(A 事件或 B 事件)是否意外就看与共享情理(O 或 AB 事件)相比是否存在数量或方向上的偏差。

由上述分析可知,意外的产生往往与共享的认识不相符,即是反情理的。其中,情理是建立在规约化认知基础上,其交际意图在于与听话者共享这种判断,以获得对相应事件和行为的共识。说话者为了更清晰地表达对意外的评价往往会借助具有社会规约化的、共享认知的情理。因此,我们在分析意外的情理评价时需要考虑事件理论下交际双方的认识状态。

3. 情感态度

情理,本身就涉及人们的情感逻辑,而意外,又与人们的惊讶情感有关,因此,对意外的情理评价离不开说话者主观的情感态度印记。Finegan(1995)认为,命题的情感表达即态度立场也是主观性的一个方面。而汉语作为不搞形式化的语言,更注重语言的传情达意。

目前学者大多将情感态度归入立场的分类体系中,Cossette(1998)的立场模型的构成要素包括环境(enviromental)、认知(cognitive)、情感(emotional)。Berman 等(2002)构建了"话语立场"的分析框架(discourse stance),分为取向、态度和概括性三个维度。其中,态度维度与立场的含义相当。Englebretson(2007)从话语互动的角度建议将"立场"的研究分为评价、情感、认识三个方面。Keisanen(2006)从立场表达的角度研究人们如何对某一事态表现出情感、评价或认知上的确定性(或怀疑),并协调他们的观点。Hyland(2008)将立场分为三类:言据性、感情和出场。

情感的表达不仅是纯粹个人情绪的表达,还涉及社会的规约和集体的认知习惯。人类语言表达处处蕴含着主观性情感,当人们表达对"意外事实"的立场、认识、评价的时候总是会带有个人情感因素。而这些情感态度所依据的往往是社会共享的常情常理。之所以对"意外"进行情理评价，是期待听话者与自己一起意外，即期待听话者与自己共情。交互主观性更强调交际双方的共情。那么，如何说服对方与自己共情呢？笔者认为，只有找到主观情感背后的共享逻辑才能够"以理服人"，共情结合了理性逻辑和情绪直觉两个方面，情感也是有逻辑的。

通常认为，共情是自我到他者的情感或情绪化分享（Preston, 2007）。共情是第一人视角的认知投射，其投射的目的是理解他者的心理状态或感受。当说话者传递惊讶、喜悦、悲伤、愤怒等情绪时会期待听话者与自己共情。要想引起情感的共鸣，就需要赋予情感以"共享的逻辑"内涵，即情感表达背后都隐藏着深层的理性。

当说话者意识到听话者的认知与自身不同时，就会通过"以理服人、以情感人"的情理逻辑感染听话者。所谓情绪感染，必然是在共情机制作用下听话者对说话者情感的感染式回应或道义性回应。前者是情绪情感的直接共享，后者是道德、义务的理性共通。在互动会话中，情绪感染常常是在第三位置的反馈话轮中得以证明。也就是说，说话者想让听话者明白为什么自己对事实作出意外性的评价，是因为事实违反了共享的逻辑，即事实违反了情理，而用交际双方默认共知的情理对意外进行评价时能够感染听话者的情绪，激发听话者对"意外"的情感共鸣。

4. 主观情态

从情理的表达形式"X应该/不应该Y"中也可以看出，人们对情理判断所依据的社会规约、道德标准、个人意志等，涉及认识情态、道义情态、意愿情态、能力情态等各个方面，可以说，"情理"就是情态在逻辑层面的显现。陈振宇（2021）认为，"预期就是情态"，两个范畴是一回事，只不过情态更多的是从知识、评价本身的语义内容来讲，注意的是主观看法态度以及这些看法态度的强度。而预期更多的是从知识立场、评价立场在言语行为中的即时呈现与影响来讲，在情态研究的基础上，还要研究这些主观看法态度的来源（所以引入"条件"与语用逻辑），以及这些主观的东西与当前信息也就是所谓"事实"之间的关系（所以注重预期性）。预期，就是对条件的情态推量，那么就涉及认识、道义、动力、意愿四大情态范畴。张则顺（2014）还分出了"事理或情理"以及

"公众普遍预期",大致相当于我们通常说的"常理预期"。因为说话者一般默认自己是正常的社会人,故自预期默认与常理预期相等。"当然"为"表示合乎事理或情理"的合预期标记。前人对预期和情态的关系研究,给了笔者很大的启发。由此认为,"情理"就是人们对事物"理应如此"的预期,就是按照社会规约、常理常规、普遍认知的情态推测,如"X应该Y""X一定Y""X当然Y",在认识、道义、意愿、能力四种不同的情态中分别体现为"认为X是Y""X有义务Y""希望X是Y""X有能力Y"。情理而意外的评价就是对违反情理的事实进行主观情态表达,也就是说,这种表达方式给主观情态赋予了理性逻辑的意义。

就情态的分类而言,国内外学者有很深入的研究,如 Lyons(1977)将情态划分为两类:认识情态(epistemic modality)和道义情态(deontic modality)。而 Aijimer(2005)认为,立场和情态是相等的概念。情态可以分为三类:能动情态(dynamic)、道义情态(deontic)和认识情态(epistemic)。另外,Nuyts(2001)认为还有情感情态。Palmer(2001)从类型学的角度区分了命题情态和事件情态。其中,命题情态包括认识情态和证据性情态,事件情态分为道义情态和动力情态。Finegan(1995)从认识、情感、视角三个角度来探索主观性。国内学者对情感情态的研究主要体现在,沈家煊(2001)认为,主观性情态主要包括说话者的视角(perspective)、情感(affect)和认识(epistemic modality)这三个方面。沈家煊(2009)、崔希亮(2020)指出,情态研究涉及说话者立场(stance)、说话者情感(affect)、说话者判断(judgement)和说话者评价(evaluation)。可见,前人的研究在情态的分类上观点不一,但都统一于人话语表达的主观性,较少关注情态的交互主观性表达。

除说话者对事实的主观判断外,还有说话者对对方话语进行的交互主观性判断。崔希亮(2020)认为,情态大多与说话者对命题的看法有关,当然也会涉及说话者对听话者的态度。说话者态度包括说话者立场、观点、判断和预设等。因此,笔者认为,应该在互动交际中探索说话者情态表达,并进一步思考情理与听话者立场之间所形成的关联关系。

由上述分析可知,说话者表达主观情态时,在认识情态上,体现了命题层面的必然性和合理性;在道义情态上,体现了事实存在的道德价值和必须履行的责任义务;在能力情态上,明示了事态必定具有的能力;

在意愿情态上，表达了强烈的期望、意愿的主观态度。当事实与说话者的主观情态推理相违背时就会激发说话者对意外的评价。本书研究与前人研究最大的不同就是，前人只关注了预期推理过程的主观情态表达，而忽略了说话者对主观情态背后的逻辑理据的表达，也忽略了当说话者对听话者预期进行违逆表达时的交互主观性情态。因此，本书更关注在交际互动语境下说话者对意外事实进行评价的情态理据及表达逻辑。

5. 视角转换

主观情理与客观事理不同，客观事理不以人的意志为转移，因果、递进、转折等逻辑关系是事先确定好的客观逻辑。而主观情理却不是一成不变的，它常常随着主体的"视角"而发生转变，也就是说，在"X应该Y"的情理中，"X"和"Y"的关系并不是客观必然的，而是带有主观性。当我们对"意外"进行情理评价时，常常会涉及主体"视角"的转换问题。

说话者对客观情状观察并加以描述的出发点，就是说话者的"视角"。我们研究语言事实时，常常从言谈参与者视角看语言形式选择的理据。沈家煊（2001）将视角定义为，"说话者对客观事件和状态的观察角度或加以叙说的出发点"。本书认为，"X应该或者不应该Y"的情理就是说话者看问题的视角，只不过把视角加以"逻辑化"了。热奈特（Genette）在《叙述话语》中区分了三大类聚焦模式：第一，"零聚焦""无聚焦"，即无固定视角的全知叙述，叙述者＞人物。第二，"内聚焦"，即叙述者仅说出某个人物知道的情况，叙述者＝人物。第三，"外聚焦"，即像摄像机一样旁观人物言行，叙述者＜人物。申丹（2004）区分了四种视角：无限制型视角（全知视角）、内视角（包括，固定型内聚焦、转换型内聚焦、多重型内聚焦）。方梅（2017）区分了情节内人物视角和全知视角（也称"上帝视角"或"超叙述者视角"）。申丹（2004）、谭君强（2014）认为，超叙述者视角，既非情节内人物视角，亦非叙述者视角。而"情理"的表达常常是说话者站在超越叙述者自身的全能视角下进行的表述，当对违反情理的事件进行表述的时候，其实说话者已经跳出了事件本身进行摆事实、讲道理。人物视角呈现中，说话者以人物的眼睛来代替自己的眼睛，不管是第几人称视角，都有一个潜在听话者或接受人默认存在。而上帝视角（全知视角）是非人称化的，因为我们每个人都是社会中的人，都有正常的认知能力，因此人们常常把自己个人的情理认知当作集体的社会规约认知来讲道理，把说话者视角的"主观评价"当作社会规约下的"情理评价"进行表达。

除区分叙述主体的不同视角外，还需要关注不同叙述立场对视角的影响。其中，第一人称视角局限于自我的主观性，第二人称视角适用于听话者的交互性，第三人称视角则几乎可以涵盖一切客体的客观叙述。在语言表达中，听者必须与言者共视，才能进行交互主观性的理解与交流（于东兴，2018）。当我们对事实的存在与发展进行叙说时，总会考虑听话者的接受度，所以语言的表达中并不都是完全不顾他人的自说自话，还常会出现"借别人之口说自己的话"的"借言"用法，即用"你说"的形式来表达"我说"的观点立场。陈振宇（2021）认为，"你知道"就体现了共同视角下的正同盟关系，即言者提醒听者注意后续事件的表述是在我们共同预期的前提下进行的。借言的目的是对接下来要陈述的事实进行合理化证明，即论证所言道理的真实准确性，为后续事实导致的意外情绪提供原因和理据。把我的观点当成你的观点来说的方式，其实是把个人的认知当成双方的共识来叙述，增强了"规约性"和"理据性"，因此也提高了"情理值"。在调查语料中笔者发现，当说话者想要传递一个惊异信息时，常会用"你知道吗"进行提问，其实说话者的真正目的并不是提问，而是表达"我知道的惊异信息"，期待听话者参与，从而激起对方的共情。在意外的情理评价表达中，说话者默认听话者与自己共处同一背景下，即站在听话者的视角下用"显而易见"的道理来叙述事实的不合理性。

前面提到，意外除表达对事实的吃惊以外，还可能在交际互动中对听话者话语进行评价，这涉及对听话者意外情绪的解释、解除和认知。对听话者的话语评价就涉及元话语的部分，即人际交互类元话语（interactional）。这类元话语反映说话者与听话者之间的互动，其作用是吸引听话者参与到交际中来，更强调交互主观性视角。Hyland（2005）认为，元话语是受述者视角（reader/narrate oriented）或人际策略（interpersonal strategy）的产物。从"情理"的交互主观性视角出发，给听话者"讲道理"的表达方式是以尊重听话者的预期和情态为出发点对其立场观点进行第二次评价的结果，是"评价的评价"，属于人际元话语的范畴。

七 意外的相关研究现状及述评

吃惊（surprise）是人类普遍具有的情绪之一（Ekman，1980；Izard & Malatesta，1987），它可以通过身体动作、表情等多模态的形式表达。语言作为人类交际和思维的工具，当然也是表达吃惊的重要手段。Delancey（1997）提出，"意外"（mirativity）是一个跨语言存在的独立语法范畴，它标记的是令说话人吃惊的信息。学界普遍认为，意外范畴（mirativity）是指，有些语言可以利用某些特定语法手段来标记一个新的意外性（mirative）信息，从而显现言谈上的一种"惊异"（surprise）或"不备"（unprepared）的认识和感受。

关于术语的界定，国内对"mirativity"的翻译并不一致：方梅在为Payne（2011）所写的导读中译为"超预知范畴"，王健（2013）、陈振宇、杜克华（2015）译为"意外范畴"，龙海平等（2012）译为"惊讶语气"。本书采用较为普遍的"意外范畴"的名称。

从理论研究的角度，国外学者多有研究。Peterson（2000）集中探讨了说话者表达"意外"时在语言、心理和认知三个方面的特性，分析了实现意外范畴的相关语法例证。Aikhenvald等（2012）提出，"出乎意料"的对象不仅包括说话者还包括除说话者以外的听话者和主要角色，并提出了语言中的"意外策略"（mirative strategies）。Aikhenvald等（2012）、Hengeveld和Olbertz（2012）扩展了Delancey（1997）的定义，即意外范畴标记的是令说话者/听话者/主要角色（main character）意料之外的信息。以说话者、听话者、主要角色为参项，Aikhenvald等细化了意外范畴的语义，即突然发现或意识到、吃惊、始料未及、反预期、新信息。另外，不少学者还关注了意外与其他范畴的关系，DeLancey（1997；2001；2012）认为，意外标示语句所表现的信息对于发话人而言是新的或令其惊异的，而不管该信息源自亲历的还是非亲历的。Aikhenvald等（2004）详细讨论了意外范畴与示证范畴（evidentiality）的区别与联系，将意外范畴描述为：表现发话人不备的大脑知识、非预期的新信息以及随之而来的惊异感受。国内也有不少学者结合汉语事实对意外展开了研究，胡承佼（2018）认为，意外范畴有"突然发现或突然意识到"

"惊异""不备的大脑知识""反预期"以及"新信息"五类语义类型。现代汉语是缺乏形态的语言,主要是利用"附加特定语气、评注副词""采用话语标记、具体构式"等语用迁移的非形态手段来实现意外范畴。这就提醒我们,从口语交际互动的角度对意外的语法手段进行研究很有必要,即"用法先于语法"。汉语几乎没有意外表达的专门标记,也很少有专门表达意外的语法范畴,很多表达意外的语言形式都是其他范畴的语用迁移形式,这就不免有说话者的"评价""立场""态度"等主观性特点,而之所以用这样的认知立场进行评价,而不用那样的认识立场,其背后一定存在交际双方共同知晓的情理逻辑。因此,本书将结合浮现语法、语用推理、交互主观性的相关理论,深入探索汉语中"意外评价"的规约化表达,并分析其背后蕴含的情理逻辑动因。

通过上述分析,笔者初步认为,意外范畴主要表达的是人的"惊异""不备"等情绪,是指事实或者话语使人"意料之外"。意外表达,既包含说话者对于一个出乎意料的事实的信息传递,又包含对新信息的认识评价。也就是说,意外不仅具有标记新信息的示证性,更多的是反映人对于反预期(未预期)的主观情态和语气,这与主观性和交互主观性有关。DeLancey(1997)通过简要讨论这一范畴与体(aspect)、言据性(evidentiality)和情态(modality)的关系及相互影响来证明该范畴的存在。可见,意外与传信、情态、预期等概念存在千丝万缕的联系,我们有必要厘清它们之间的区别与联系,同时,从这几个角度对与意外有关的国内外研究进行评述。

(一)意外与示证的相关研究现状及述评

起初,"意外"被视为示证范畴的小类(Chafe & Nichols,1986)。直至1997年,Delancey(1997)提出,"意外"是跨语言存在的独立语法范畴。那么,到底意外与示证有什么样的关联呢?示证范畴(evidentiality),也有学者译为"可证性"(胡壮麟,1994)、"传信范畴"(张伯江,1997)、"实据性"(徐盛桓,1999)、"言据性"(房红梅,2005)等。Franz Boas(1911;1947)首次提及"示证范畴"这一语言现象。其实在国内早就有学者提出了这一概念,"传信"及"传疑"概念由吕叔湘(1944)提出,但相关研究可追溯至《马氏文通》,即所谓"传信助字

（决辞）"和"传信助字（疑辞）"。在有示证范畴（evidentiality）的语言中，经常出现的语义参数包括视觉的、感觉的、转述的、引用的、推断的和假定的。Palmer（2001）从信息的来源这一狭义角度将"证据型情态"（"示证范畴"）又细分为报道型和感知型两类。Lazard（2001）认为，人们说话时会在不做任何评论的客观陈述，或者使用示证这种有标记结构之间做出选择。作为一种有标记结构，其示证性需要靠媒介范畴加强断言。所谓媒介（mediative）范畴，是指听说、推断和意外发现（unexpected observation）。而"意外范畴"在很多语言中并没有专门手段，只是其他范畴意义（示证、时、体等）在特定语境中获得意外之义的解读。

这就是示证范畴与意外范畴的纠葛，即，有些语言中表现示证范畴的语法手段在语法化的作用下可以兼表意外范畴，特别是当该示证范畴表示"非亲历""推知"和"引述"这三种语义时（Aikhenvald et al.，2004）。另外，Aikhenvald 等（2012）总结了传信和意外两者在历史演变中的差异：第一，一手信息的缺少→说话者未参与事件且缺乏对事件的掌控→无准备和新的事件知识→意外解读；第二，说话者未参与事件→产生与事件的距离效果→呈现的信息是新的、无准备的、令人惊讶的；第三，延迟的实现（后知后觉），说话者对事后结果的新理解是无准备的，具有令人惊讶的语义特点。第一点强调了传信演变为意外时所具有的"失控"特点；第二点强调了传信演变为意外时所具有的"非亲历"特点；第三点强调了传信演变为意外时所具有的"推测"特点。Friedman（2003）认为，吃惊（surprise）、不相信（disbelief）和报道（report）三者共属于一种范畴。而有些人认为，意外是一种独立的范畴，如，Delancey（1997）首先明确区分了"意外性"（mirativity）和"意外"（mirative）两个概念，即意外性属于语义范畴，而"意外"属于语法范畴。直接和间接示证语境都可以使用意外结构（mirative constructions），该结构忽略了直接—间接这样最基本的示证范畴的区分，因此，"意外"不属于示证范畴，但他依然认为，意外范畴与示证范畴有着千丝万缕的联系。Akhenvald 等（2004；2012）认为，意外用法是从示证用法演化而来的。Hengeveld 和 Olbertz（2012）通过语言事实说明了意外标记和示证标记的无关联性，以此证明意外范畴的独立地位。

国内学者王冬梅（2010）把意外当成"结果"，示证作为"原因"。

本书同意将意外范畴看作一个独立范畴的观点，"意外"和"示证"并不是上下位的关系，"意外"更多的是听到信息之后的人们认知的结果，而"示证"更强调客观上的信息来源。就算语言形式在表示示证范畴"非亲历""推知"和"引述"这三种语义同时也表达意外，但不能因此断定这是示证与意外的概念重合。这更多的是由因（传信的是未亲知的事）及果（感到意外）的转喻效应。

从可信度的角度而言，"传信"和"意外"也存在差别。DeLancey（1997）将意外定义为，"传递对于说话者来说新的或者意料之外的信息"，含有惊讶的意思。Aikhenvald 等（2004）分析了不同的言据系统在何种情况下可以用来表达意外（除亲见及一手言据之外都可以用来表达意外）。Aikhenvald 等（2012）进一步介绍了独立于言据性范畴和实体范畴之外的意外范畴的情况。Peterson（2010）认为，带有命题性言据形式的语境决定了如何来理解言据的用法，即到底是推论还是意外。Peterson（2013）认为，言据范畴不在乎命题的真假，而意外情态则以命题真为前提，即所谓的意外情态条件。也就是说，"意外"和"传信"虽然传递的都是新信息，但是，"意外"以"信以为真"的事实为前提，"传信"却根据信息的来源在可信度上大打折扣。

从反馈的时效性的层面来看，"意外"和"传信"也存在不同。Rett 和 Murray（2013）将能够表示意外的间接言据称为意外情态言据（Mirative Evidentials，MEs），要实现意外理解，就要求言说事件和说话者当前获知事件，称为"近期限制"（recency restriction）。Vesela（2015）认为，所谓的意外言据并不存在，"言据"与"意外"是两个相互独立的范畴。"传信"范畴强调信息的来源和渠道，在时间上不一定具有新闻性，而"意外"范畴却特别强调对事实的"即时"反馈，这是意外情态范畴适用的时间条件，Rett（2013）称为近期限制原则（recency restriction）。很多研究（如 Peterson，2013）常把事件发生时间（Et）混同于反应时间（Rt）。事实上，二者的关系有三种情况：①说话者在事件发生时即做出惊讶反应，那么 Rt = Et；②说话者事后才表示惊讶，那么 Rt < Et；③说话者对假设出现的事情感到惊讶，那么 Rt > Et。笔者认为，"即时惊讶"为意外情绪的直观表达，"事后惊讶"主要体现了对违反情理的间接表达,而最后一种根据情理逻辑的推理蕴含了意外的评价。

总之,本书认为,从传递新信息的角度,意外和传信都具有"非亲历""推知"和"引述"的特点,意外和传信有着千丝万缕的联系,但意外情态并非完全依靠言据标记来体现。意外和传信的主要区别在于:"言据"强调信息来源的可靠性,期待听话者确认;"意外"强调会话参与者对确信信息即时反应,传递的则是对"失控"的新信息的惊讶情绪,期待听话者共情。

(二) 意外与情态的相关研究现状及述评

"意外"本身表达了"惊讶"情绪,"意外评价表达"主要是说话者对事实合理化程度的判断。合不合理的依据与预期的认识情态、道义情态、能力情态、意愿情态有关系。所以,"意外"与"情态"也有着千丝万缕的联系。Palmer(2001)在介绍说话者的"知情状态"(knowledge status)时指出,意外范畴就是对未知情况的认识。本书认为,说话者对意外的情理评价的范围要广于认识情态,认识情态只是说话者的观点和主观态度,而意外的情理评价还涉及受话人(the addressee)以及言谈中主要角色(the main character)的主观认识(Aikhenvald et al.,2012),并且,意外的表达还与社会规约化共享的其他情态概念相关。国内学者王林哲(2018)系统构建了意外的情态表达框架,并从意外情态的编码、理解和使用三个角度对汉语意外情态在语音、词汇、话语标记、句式、交际等不同层面的表现方式进行分析。但是可惜的是,该文虽然关注了意外情态表达策略的心理图式,但却没有进一步深究这些策略背后的语用逻辑内涵及推理机制。

从语法标记的角度而言,Aikhenvald等(2012)认为,一些语言中不同的意外情态用法会使用不同的语法标记方式,称为"意外情态策略"(mirative strategies)。Peterson(2010)认为,意外情态是一种由会话所隐含的语用现象。张谊生(2014)专门提到了"意外态副词",指出"意外态是一种主观意愿同客观事实相反、出乎意料或略感惊讶的情态"。汉语语气系统比较发达,语气是表达意外的一种外显方式,疑问、感叹等语气是意外的语用迁移形式。就具体的语言事实而言,史金生(2000)认为,当说话者认为这个预期与某种事实不符时,就可以用"呢"来申明这一事实。唐正大（2008）认为，"呢"表示出乎意料，"呢"表示的意外有"说话者意外"和"听话者意外"之分。金智妍（2011）认为，"啊"表示的意外有强弱之分，弱意外趋向于揣测问，强意外趋向于语用否定。陈垂民（1993）提出，闽南话语气词"去"跟做结果补语的"去"有关，这似乎与 Hengeveld 和 Olbertz（2012）推测的"结果体＞意外标记"途径不谋而合。因为语气最能表达情绪，所以语气词表达意外应该是一个重要的手段。强星娜（2017）也指出，汉语有丰富的语气词系统，语气词与意外表达大多与强化相关。

但也有学者指出，意外不能说就是语气的下位范畴，两者是相互关联又各自独立的。如，在对意外与感叹语气的研究中，有学者就指出，虽然意外和感叹常常共用一个标记，如疑问形式、极性焦点、强化词等，但感叹与意外并不具有一一对应的关系。García Macía（2016）认为，少数语言有不止一种意外形式，一种表示突然出现的新事件感到惊讶，另一种表示新事件与之前的预期相反。也就是说，前者断言了整个命题，而后者是有预设的。这也就是意外和感叹在功能上的区别，意外属于前者，是对整个命题的惊讶。

从传递信息的主观情态而言，言据强调信息来源和获取方式，说话者态度是附加的，只是强调来源的可信度，与认识情态（如"应该""可能"等）有所交叉。意外情态的本质是表达惊讶态度，从这个角度来说可以理解为对"可能性"或"必然性"等情态的怀疑甚至否定。也就是说，情态的表达仅仅是人们对事态的认知，而意外表达的却是在认知之上对惊讶情绪的加工，这也就激发我们思考，与意外的情理评价表达相关的功能价值。

总之，意外的语法形式，表达了说话者对新信息和与预期差异信息的主观反应，应该与情态的评价、情感、认识、立场等动态的概念紧密关联。但是，意外又是独立于这些概念的，意外是在表达评价、情感、认识和立场的同时显现出来的，而不是这些概念本身。也就是说，意外只涉及当下事件的"即时"刺激，而后续与说话者认识、视角、情感、评价相关的情态表达背后一定隐藏了内在的情理逻辑动因，即为什么会对意外事实进行负面评价？为什么意外情绪会激发反驳言语行为？为什么发生意外后说话者会修正对方的错误预期？笔者认为，这些情态表达都与意外刺激后的情理评价有关，是意外之外的情态评价，而不是意外本身的惊讶情绪。

（三）意外与反预期的相关研究现状及述评

"意外"与"反预期"一直是学界争议最多的话题。谈论反预期就离不开对预期的研究，虽然预期是一个新兴的概念，但是国外已有较多学者关注交际双方的预期情况对意外表达的影响。Aikhenvald 等（2012）在关于意外范畴的语义分类中提到了始料未及和反预期，这跟"预期"概念有所纠葛，始料未及可粗略对应于"非预期"。Hugo García（2014）指出了两类意外类型，分别以具体预期和不常见的事实为参照。笔者认为，前者属于我们讨论的反预期导致的意外，而后者为未预期导致的意外。其实，意外情绪无论是悲是喜是惧是怒，都意味着人们对失控信息的惊讶。DeLancey（1997）指出，意外信息对说话者来说是新的，还没有融入他对世界的整体图景中。也就是说，不仅"反预期"会激发意外情绪，"未预期""超预期"也会激发意外情绪，甚至"合预期"也会激发意外情绪。在 20 世纪末 21 世纪初，国内一些学者主要从句法转折和语气副词两个角度对其所表达的惊讶、诧异、出乎意料等情绪反应进行了分析。比如，吕叔湘（1944）在研究转折句时，论及"甲事在我们心中引起一种预期，而乙事却轶出这个预期"，探讨了上下两事相转折的句法现象，指出预期就是"合乎一般的"。他认为，《大学》里"视而不见，听而不闻，食而不知其味"的情况属于轶出预期。邢福义（1985）认为，凡是不符合"常态"的事件都属于"异态"，并具有洞察力地指出，是否超出常态主要是按照主观性标准来定的。郭志良（1999）继承了邢福义关于"异态"的思想，认为前后两事只要构成异态就属于转折关系。廖秋忠（1992）提出的"逆接"逻辑关系与反预期的概念相近，并把逆接分为转折、意外、实情连接三类。项开喜（1997）与俞咏梅（1999）都使用了"非预期"这一概念分析事实不合乎一般的意外情况。通过前人的研究发现，无论是反预期、超预期、未预期还是合预期都会引发说话者对事实的意外，两者关系紧密。

关于预期的系统分类问题，吴福祥（2004）对构式"X 不比 YZ"的研究是一篇值得关注的文章，他在文中介绍了 Heine 和 Traugott 等国外的观点。他认为，反预期是具有主观性的，反预期信息是与某个特定预期相反的话语信息，也就是说话者针对语境中谈及的事物或事态提出一种与听说双方预期相偏离的断言、信念和观点。他在文中将反预期信息分为三类：一是与说话者预期相反；二是与受话人预期相反；三是与双方的社会共享预期相反。他认为，预期主要有三种呈现方式：一是明确的命题形式；二是隐含；三是零形式。吴福祥的这篇文章开启了后人对预期主观性的研究，随着功能语言学、认知语言学、句法语义学的发展，人们开始将视角转移到预期的语用和认知方面，而不是单纯地分析句法结构。陆方喆（2014）按照形式和意义相结合的标准把反预期标记分为"语气、否定、转折、疑问"四类，但其中存在交叉分类的缺点。曾君、陆方喆（2016）将反预期分为"与显性预期相反""与隐性预期相反"两类。强星娜（2020）认为，反预期情状可分为反无定预期和反特定预期，并指出意外的产生与知情信息领地有关。反预期情状抽象化为三个要素：当前命题（P）、预期命题（E）和二者的偏反关系。学界一般认为，所有不符合预期的现象都是反预期，但是也有学者认为，把反预期归为偏离预期比较好。陈振宇（2020）认为，一般研究者如 Aikhenvald（2012）等，他们所说的反预期仅仅是对有定预期而言，而"非预期"实际上是针对无定预期的。他们认为，"非预期"实际上也是反预期，只不过是一个无定预期。由此可见，目前学界对预期的分类标准并不统一，而且体系比较庞杂。为了绕开这个问题，本书并不纠结于预期的分类，而是按照一般的情理对事实与预期的实现情况进行语用逻辑的分析。

如果按照信息量进行分类的话，反预期的信息量最大，合预期的信息量最小，信息量越大越容易被凸显。因为反预期所含的信息量较大，且比合预期的标记要丰富，所以学界针对反预期的研究较多。综观前人研究情况，他们主要从语法化和话语标记两个方面对反预期进行研究，关注反预期的内涵、分类、特点和话语信息标记的语法化过程，并分析了话语标记的语用功能。反预期与意外的关系紧密，通过前人的研究我们不禁思考：这些反预期规约化表达形式都是对意外情绪的直接表达吗？还是与意外相关的更外围的解释说明、预示暗含、评价立场？这需要我们进一步研究。

可见，意外的研究离不开预期的研究，前人对预期系统进行的语法标记的研究、互动功能的研究或者语法化的研究，都为我们后期研究意外系统提供了思路。需要强调的是，陈振宇（2020）系统地分析了预期的类型和特点，创建了预期的数学模型和三大检验模式，运用概率、逻辑和统计的方法构建了预期的数学模型，同时也构建了意外的语义地图。该研究将意外研究在系统构建和数理模型层面推进了一步，为后人理性分析主观情态表达开启了新的思路。在陈振宇、杜克华（2015）的研究中还重点比较了"意外"和"预期"的异同，认为意外是具有说话者主观情感和情绪的自反预期，指出需要更加关注意外带来的感叹、疑问、否定等语用迁移。李强（2021）具体讨论了意外表达"怎么"的疑问、反问和感叹的语用迁移用法。他们的研究具有开拓性，以比较独特的眼光，分析了语言中预期和意外的不同表达形式，分类细致，具有很强的系统性。但是，他们虽然关注了意外的语用迁移形式，但没有进一步探索与意外有关的其他主观性语用迁移表达，这就需要我们针对说话者对意外持有的立场、态度和评价形式做进一步探索。

需要注意的是，在意外范畴内讨论的语言现象与反预期范畴有明显的交叉。有的学者对二者做了区分，陈振宇、杜克华（2015），陈振宇、姜毅宁（2019）总结了意外和反预期存在的不同：反预期着重语用、逻辑语义，而意外更强调句子情态范畴；反预期包括与说话者、听话人、社会、前文等预期的相反，而意外只管与说话者预期相反。陈振宇（2021）认为，意外句必有自反预期的信息，但并不是所有的自反预期都会导致意外，因为意外必须有强烈的情感因素；也不是所有的意外都表示反预期。意外可以是反预期的，也可以是非预期的。

综合研究综述的梳理，笔者发现，国内外对意外的研究无论是从理论层面还是从语言事实层面都比较丰富，但是从示证、情态、反预期的角度研究意外还存在很多不足，这就给本书留下了可研究的空间。值得注意的是，学界大多没有关注意外评价表达背后的"逻辑"和"道理"，这也是本书想要深入探讨的地方。本书的重点并不在于意外情绪本身的表现形式及话语功能，而是关注说话者是如何在互动交际中对意外进行合情合理的评价表达的。因此，在前人系统研究的基础上，本书更倾向于寻找意外的情理评价表达在具体的语法事实中的规律，重点探索语法形式与意外的情理评价功能之间的规约化关系。

八 本书基于情理研究意外的新角度

（一）以往学者对情理问题的相关研究

前文已经明确了"意外"的核心语义是"惊讶"（surprise）情绪，并且国内外有不少学者针对预期的情况对意外表达的动因进行了丰富的研究。有学者认为，意外，是人在处理常规经验（general experience）与当下经验（immediate experience）之间的矛盾时的一种情绪反应（Peterson，2013）。我们不禁追问，其中的预期或者说常规经验又有哪些特点。一般认为，事物间是有逻辑联系的，预期或常规经验的表达一定暗含了"X应该/不应该Y"的逻辑判断，而当下经验与常规经验的矛盾，是当前信息与常规经验的逻辑判断不符合。并且，依据常规经验的逻辑判断并不是完全客观的，"X"与"Y"之间的逻辑推导是带有主观情态特点的。

因此，对当前事实合理/不合理的判断，不单单是意外情绪的抒发，更是对意外的"说理性"评价。并且，这种说理性评价带有主观情态特点，是"情理评价"。其实，国内学者对语言表达中的"理性评价"也早有关注，如沈家煊（2009）指出，复句表达的意思要合乎事理，不能违背事理。沈先生的观点给我们研究语言表达背后的"理"提供了思路，这启发我们在研究意外评价表达时也应该探索其背后蕴含的道理。意外作为一种认识情态，表达了说话者对事实违背合理性的认知。因此，意外更倾向于对认识事理的违背，而认识事理又是语用推理的结果。在本书的研究框架下，认识事理是指已经规约化的语用推理形式，是社会共享的情感逻辑，称为"情理"。沈先生所说的语用事理主要是指言语行为不当或者有意违反合作原则的情况，本书对此并不作过多研究。另外，在对意外的研究时离不开对负面评价的分析，因为负面评价立场的信息量大，语言形式上的标记丰富，所以，有不少学者从负面立场入手探索其背后的逻辑内涵。虽然当下经验与常规经验的矛盾还可以引起感叹、惊喜等正面的评价，但从国内外的研究综述和实际语料中我们也可以看出,这种矛盾导致的意外情绪常常具有负面评价的倾向①。如,刘娅琼、陶红印(2011)关注了反问句的负面事理立场(negative evaluative stance)的概念。他们认为,事理立场指的是说话人对事物的合理性所作出的一定判断。这种依据逻辑规律来分析主观情态表达的方式给笔者很大启发。笔者认为,"不合理"的事实将激发说话者负面意外情绪,并进一步通过"说理性"表达形式对其进行评价。其实,关于反预期与事实的合理性也有学者做过专门的研究,如陈振宇、姜毅宁(2019)认为,"应该/该/必须XP"类句子的事实性是语用上的倾向性,并按照语义和谐对自反预期进行"合理性反事实"和"不合理性事实"的解读。他们认为,语篇中"双重反预期"是为了纠正前面的一个意外,从而强调了他反预期。"合理性反事实"和"强调(他反预期)"分别表达了与意外事实相反的合理性解释以及对意外情绪的解除,两者都是通过"讲明道理"的方式向对方明示自己的主观立场。而"不合理性事实"的表达主要是通过"摆明事实"的方式向对方传递一个意外新信息。陈振宇、姜毅宇按照事实合理性去研究意外系统的方式,给我们从情理评价的角度研究意外带来了很大的启发,但是,他们的落脚点还是在对意外表达的情态分析上,而既然说话者对意外的表达是依据"X应该/不应该Y"的合理性进行的推断,那么在研究中就应该倾向于意外的"说理性"评价表达的分析。

目前,一些学者开始从具体语言事实出发,关注意外情态表达背后的"合理性"分析问题,如,李劲荣(2014)指出,"并"表示情况的出现在情理之中,"又"表示情况的出现是出乎意料。李先银、洪秋梅(2017)在分析时间—行为的情理关联与"大X的"话语模式时指出,对于无法恢复的反情理事件,说话人只能宣泄负面情感,表明立场。孟德腾(2018)认为,"这一X不要紧,Y"是假性否定构式,是说话者利用惯常的规约或者参与者的心理期待,以"Y"的反预期性来招请听话者由果溯因。胡承佼(2019)分析了意外因果句"这一XM,Y",并认为,"逻辑事理与认识立场相错位、表现发话人'惊异'或'不备'的因果句"。赵彧(2021)在分析"形容词+(的)+数量名,S"的情理违背功能时指出,在话语中,

---

① 反预期是意外情绪的原型特征,而前辈学者在研究反预期时就已经指出,虽然负面评价和反预期没有必然的等价关系,但反预期往往有负面评价的倾向性。

反情理的话语立场是表达负面评价的事理立场。看来,"意外"与"情理"之间有着密切的关系。要想对意外系统进行很好的解释离不开对情理评价的分析。但可惜的是,前人文章中仅仅关注了意外表达背后的情理动因,而没有深入探讨针对意外进行情理评价表达的规约化形式。

国外也有学者对意外情绪做类似情理逻辑的分析,如 Meyer（1997）利用心理图式逻辑对意外进行研究分析,认为意外情绪在"心理过程图式"中处于"因果分析"或"适宜性检查"的阶段。从处理惊讶各阶段的图式分析角度可以分为"基于否定的惊讶""开启分析的惊讶""经过修订或升级的惊讶"。Reisenzein（2000）认为,"意外"功能在于提醒主体意识到当前发生的图式矛盾（schema-discrepancy）。García Macía（2016）指出,惊讶心理经历了从对惊讶情境的意识到图式差异的检测（认识到惊讶情境不符合正常期望的图式）,最后对令人惊讶的情况进行评估。根据他们的研究,笔者认为,对惊讶的否定、分析、修订或升级的图式性分析,其实就是对意外进行表达,是说话者在认知图式中对意外产生原因进行的"适宜性检查"。这与我们基于情理评价来研究意外表达的想法类似。这种初始动机的搜寻其实就是在搜寻意外产生的动因,这与常识经验、社会规约化的"情理"相联系,所以,当"意外"事实呈现的时候总是以"情理"的表达为依托。在图式矛盾分析完成之后,"意外"的另一个主要功能体现出来,即"修改我们的假设",心理学上称为"信念改变"（belief change）。其中,"图式矛盾"就指当"意外"情绪发生时对事实违背常规常理的评价表达,是通过"摆明事实"来传递意外信息。"信念改变"是指说话者利用常规常理修正听话者因认知偏误而导致的过激反应（意外）,这就是通过"讲明道理"的方式对听话者的意外情绪进行解释,从而解除意外情绪。"摆明事实"和"讲明道理"都不是意外情绪本身,而是对意外的说理性评价。因此,在接下来的研究中应该更关注意外情绪的主观性"评价表达",同时,更重视对意外情绪的"共享情理"的分析。

"语言亦有情,情亦有逻辑",中国人说话当然要讲求中国人自己的情感逻辑。沈家煊（2020）在《有关思维模式的英汉差异》中指出,"汉语重动态的存在和变在,中国视名动包含为常态,汉语主要用对言格式（duispeech format）完形明义、完形生义",这启发我们,不同语言本身就蕴含不同的思维逻辑。张伯江（2017）认为,"汉语的主观性不是个孤立的现象，它实际上是汉民族总体文化特征的一个具象化的表现"。那么，中国语言的传统特色是什么？中国式的逻辑又在何处？主观性表达背后的认知规律和情感逻辑动因是什么？到底何为情理？

"情理"就是在社会规约、经验习俗、道德标准、个人意志等社会互动中逐渐固化的情感逻辑，是人们对事物"X 本应该 Y（或者 X 本不应该 Y）"的常识性认识判断，被交际参与者所共享。李先银、洪秋梅（2017）认为，"在反复的社会互动中，时间—行为、角色—行为、行为—行为的关联会固化为稳固的模式，并发生情理化"。

笔者认为，情理具有以下四个方面的典型特征。

一是集体性与个人性的统一。"理"是公认的、约定俗成的，而"情"是个人情感的抒发。"情理"与纯主观性的个人情感表达不同，情理是情感表达依据的集体意识和共享认知。陈振宇（2021）认为，"因为说话者一般默认自己是正常的社会人，故自预期默认与常理预期相等"。这样才会有"共享"的价值观，说话者说的话才会被认可，使得交际延续下去，在说理时才会"不辩而胜"。

二是恒定性和可塑性的关联。情理是既定的认知规律和语用逻辑，不随个人的情感、态度、立场而改变，也不随语境的变化而变化。但是，情理又是人规定的，与客观物理不同，不同的人会因为自己掌握的知识状态、道德观念、关注视角的不同而产生不同的评判。由此就会出现，人类大体一致的普遍认知与因人而异的立场和评价之间相冲突的情况。

三是主观性和客观性的融合。"理"分为三个部分："物理""事理""情理"。其中，"物理"是客观物质的内在规律，是静态的属性判断，前后可以用"是"进行连接；"事理"是事物发展、活动行为的客观规律，是动态的事实陈述，前后可以用"有"进行连接。而"情理"是人对事物、行为进行立场评价、情感抒发时所依据的社会规约，也属于"有"的部分，既具有人认知的主观规律性，也具有事物发展的客观规律性，这说明"情感也有逻辑"。[①] 虽然规律不能"以人的意志为转移"，但人的主观认知却可以指导实践、推动行为的发展。这也就是人类社会活动的事实可能会与人的情感认知不匹配的原因。

---

① 关于汉语语法特点中"是"和"有"的区别问题，可参见沈家煊（2021）。

四是叙实性和虚拟性的整合。人们对社会活动中的行为事件的叙述和评价需要尊重客观事实，也就是我们所说的"叙实性"。除此之外，有时还会出现"模棱""推断""假设""解释"等"酌情"的成分，甚至还会有对未来的"建议"和"劝阻"的言语行为，而这些都具有"虚拟性"的成分，是人们根据事态发展的规律和经验进行的主观叙述。由此可知，无论描述的是事实发生前的"预测"还是事实发生时的"评价"或者是事实发生后的"追加"，都需要社会规约的情感逻辑作为支撑。

综上所述，"情理"是集体性与个人性的统一，是恒定性和可塑性的关联，是主观性和客观性的融合，是叙实性和虚拟性的整合。对"意外"情绪背后蕴含的"情理"规律解读，将是我们探索主观情态表达的逻辑抓手。

（二）本书对意外的情理评价表达的界定

基于情理的分析，本书认为，意外，就是"意料之外"。其中，"意料"以"情理"（"X 本应该/本不应该 Y"）[①] 作为认知基础，"之外"为超出/不合情理的事实。合起来就是指说话者对"超出/不合情理"事实的情绪反馈，即由强烈心理反差而产生的主观情绪。

在定义情理评价表达之前，本书先对意外表达进行界定。

意外表达，既包括直观的情绪抒发还包括间接的评价与说理，前者强调意外情态的传递，如，语气词"啊"；叹词"天呢""呀"；情态副词"竟然""居然""偏偏""反倒""硬是"；疑问词"怎么""什么"；话语标记"知料想类话语标记的反问与否定形式"等。后者强调说话者对意外的"情理反思"，称为"意外的情理评价表达"。

意外的情理评价表达，是依据"X 本应该/本不应该 Y"的情理预期[②]来对意外范畴进行的说理性评价表达，其中包含"摆明情理评价的意

[①] 需要说明的是，本书所说情理的固有模式"X 应该/不应该 Y"不是传统意义上的道义情态的表达，而是指人们的预期产生的依据，既包含道义上对事实"X 应不应该 Y"的合理性判断，也包含在认识、意愿和能力方面对事实"X 应不应该 Y"的判断，即可以表达为认为、希望"X 应不应该 Y"，或者能力上"X 本来应该不应该（会/能）Y"。

[②] 需要说明的是，预期包含情理预期、事理预期、物理预期三个部分，关于三者的区别前文已有论述，此处不再赘述。另外，前人学者并不讨论预期的理据到底是什么，而本书更关注因违反预期导致意外发生的认知理据。

外事实"和"讲明意外评价的情理逻辑"两个方面，凸显说话者对当前事实认知的情感逻辑。从言语行为的角度来说，"摆事实"倾向于告知听话者一个反情理的意外事实；"讲道理"倾向于利用情理对引起听话者意外的错误预期进行反驳，或者解释一个意外事实的固有情理。虽然意外的指向不同，但两者的共同点都是针对意外进行的情理评价，具体体现为：一方面，利用当前事实关联的情理对其性质属性、实现情况、级差对比等进行评价，称为"摆事实"，向听话者摆明"不合理的事实"（如"一个 X，Y""大 X 的，Y""也不 Y""X 才/就 Y""X 还真的 Y""都 X 了，还 Y 呢""连 X 都 Y"等），这时说话者默认对方知道应该知道的情理；另一方面，利用交际双方共知的情理对意外事实的性质属性进行确认、对意外结果进行必然性解释、对意外行为进行合理化预示，称为"讲道理"，这时说话者认为对方"不明情理"（反对他者的个人预期），强调"事实的合理性"（如"又不是 X""X 毕竟是 X""X 难免 Y"），或者讲明"反事实的道理"（如"要不是 X，才不 Y 呢""还 X 呢""说好 X 的"）。① 需要说明的是，在"讲道理"部分的"还 X 呢""说好 X 的"与摆事实部分的"一个 X""大 X 的"虽然都预示了反情理意外的表达，但两者有所不同，"一个 X"和"大 X 的"具有负面评价的规约化倾向，即使没有后续语句，"一个 X""大 X 的"也可以独立表达话语否定的功能（方梅，2017；李先银，2017）。也就是说，后续反情理意外事实常常内化于"一个 X"和"大 X 的"之中，凸显了反情理事实的性质属性，是对"事"的强调。而"说好 X 的，Y"和"还 X 呢，Y"虽然也表达了说话者的意外评价，但并不针对当前事实进行强调，而是对行为和言辞合理性的强调，凸显了判断言行是否合理的情理约束，这是对"理"的强调。也就是说，单纯表达"一个 X"和"大 X 的"时可以表达意外

---

① 参考陈振宇（2017）关于反预期与事实性的关系推导图（实线箭头为自反预期，虚线箭头为他反预期）：强调事件 X 是合理的→言者的预期是 X，事实是 -X（反事实句）---> 他人的预期是 -X，事实是 X（事实句）；强调事件 X 是不合理的→言者的预期是 -X，事实是 X（事实句）---> 他人的预期是 X，事实是 -X（反事实句）。本书认为，强调事件 X 是合理的，就是在讲道理；强调事件 X 是不合理的，就是在摆事实。所谓"合理"就是一般共知的"情理"，而"不合理的事实""他人不明情理""反事实的情理认知"都会产生言者自身的意外情绪。

事实，而"说好 X 的""还 X 呢"却不能直接表达意外事实。①

　　由此，本书将依据"X 应该/不应该 Y"的情理固有逻辑模式对"X"的约束情况、"Y"的实现情况、"X/Y 的级差"的对比情况来分析说话者是如何"摆明情理评价的意外事实"的，同时，再依据情理模式中"性质属性 X"的确认情况、"结果实现 Y"的指明情况以及"言行"的匹配情况来分析说话者是如何"讲明意外评价的情理逻辑"的。本书主体部分就是按照这两种分类情况对"意外情理评价"的表达规律进行系统且细致的研究。

　　需要说明的是，虽然话语也有规约和定式，也需要遵循人之常情及常理，如果违反了会话的习惯就会引发他人的意外情绪，如跳脱、顿跌、舛互、倒反、幽默等修辞，但本书并不专门研究这种故意引发他人意外的修辞手段。原因主要有：一是"修辞"是有意识地使用语言的手段。陈望道（1997）指出，"修辞不过是调整语辞使达意传情能够适切的一种努力"。"意外"是指个人的强烈情感情绪，是发生意外情绪后的应激反应和相关情态表达，而修辞是为了清楚叙述事实信息或者表达强烈的情感立场而有意为之的语言手段，至于后续到底会不会引发听话者的意外，是无法预估的。这种"故意为之"的言语效果，是说话者站在话语之外看话语，是对话语的戏法，是"人为"的话语。然而，话语是"自然而然"的。除非是为了"陌生化"的艺术效果，人们才会主动制造意外。二是"修辞"是有意制造"意外"情绪的，而本书所说的语言策略是帮助说话者表达主观"意外"情绪的，即便制造了意外情绪也不是说话者的主要目的，其主要目的还是想"展示自我"，只是在表达自我的同时又间接"影响他人"，期待他人对此作出回应，这也是"交互主观性"的特点。三是在人类话语表达中，"逻辑"和"修辞"是合二为一的。人们利用"修辞"对其表达进行调整，其背后一定有深层的逻辑动因，这种修辞的意外效果必须建立在双方的"共享情理"之下，是说话者故意违反"共享情理"的一种方式。也就是说，与意外策略有关的语言手段不仅仅是文学修辞表达，更是一种语法表现形式。而本书所说的意外表达，主

---

① 陈振宇（2021）认为，在条件或预期句中称为"正/反预期触发语"，如"本来、说好的、毕竟、虽然"等。

要是指事实行为或言说方式对说话者情理的刺激，不涉及"故意为之"的人为制造他者意外的情况。

当我们观察具体的汉语事实时就会发现，用"情理评价"研究意外的优势，以及用"预期"分析意外的不足。用"预期"研究意外总是会有"用主观解释主观"的麻烦，找不到语言形式背后的逻辑抓手，其实，前人对预期的研究也多是从"应该/不应该"的合理性入手的，那为什么不直接观察语言形式与情理评价功能的匹配规律呢？陈振宇（2021）根据产生预期的认识主体的不同，将预期分为：自预期、他预期、常理预期、上文预期、（行为）主体预期。其实，不管预期的主体如何，其背后一定都遵循了"常规常理"。他认为，"预期就是情态表达"，可分为：意愿预期、能力预期、道义预期、认识预期。之所以有这样的预期，其实是与个人意志、经验习惯、道德标准、社会规约等情理认知有关的。陈振宇、姜毅宁（2019）认为，这事具有合理性（合乎社会情理道义的要求），则这事有很大的可能会实现（除非受到足够的阻碍）的。其中，道义情态、能力情态、认识情态三者的社会规约性较强，而意愿情态是说话者希望事情为真（祈愿），或者行为主体想做某件事（意愿），或者行为主体做事的目的（主体预期）是实现某一件事的愿望，它们的力量最微弱。笔者赞同他们的说法并认为，情感逻辑也存在关联程度强弱的差异，社会规约、道德标准、民族风俗一般来说不可违背，一旦出现情理错配的情况就会产生强烈的惊讶情绪；而个人意志、经验习惯一般来说并没有那么高的情理标准，即使出现了事与愿违的情况也不会产生那么强烈的情绪反应。另外，前人还对预期的对象进行了划分，一是话语预期，从话语的语义内容出发推出的预期；二是言语/社会活动预期，针对言语活动或社会活动的预期。这为我们接下来研究是针对意外活动进行"摆事实"还是针对意外话语进行"讲道理"提供了思路。

基于用"情理"分析意外的概念，我们还需要思考，"情理"都有哪些逻辑检验格式，这就对情理评价的有效性提出了更深的要求。前人学者从预期的条件入手对预期存在的有效性进行了研究，但也存在诸多不足。一是将预期分为类指预期和个体预期两类。陈振宇（2020）指出，以普遍状态作为条件的预期，称为"类指条件"下的"预期"，简称"类指预期"。以个体状态作为条件的预期，称为"个体（指称）条件"

下的"预期",简称"个体预期"。本书认为,情理的概念通常是"类"的概念,即说理应该是社会共享的。二是关于"有定"和"无定"预期的区分。强星娜(2020),陈振宇、王梦颖(2021)关注到了预期的逻辑模型:有定预期和无定预期。个别状态的预期称为"有定预期",因为高度依赖特定的条件 O,因此 O 一般在语篇或语境中需要得到解释(包括得到显性的表达),也就是说,有定预期依赖于之前的预期命题而存在。普遍状态的预期称为"无定预期",这时的条件是社会中的"一般情况",这些情况很多,具有不确定性,或者说非特定性,故称为"无定";同时,这些条件也具有"类指"和"通指"的性质,无定预期中条件和预期没有因果关联。本书认为,有定和无定的划分以上下文语境为前提,不能更好地解释规约化的语言表达形式,也不能更好地解释语言形式背后固化的情理认知。三是关于"所含"和"所言"预期的区分。郑娟曼(2018)指出,所含预期(what is implied)需要通过语用推理获取,而所言预期(what is said)则不需要("所言""所含"参见 Grice,1989、1991)。而本书所研究的意外的情理评价表达都蕴含了语用推理,更倾向于"所含"的概念。总之,情理是逐渐固化的"X 应该/不应该 Y"的认识,具有类指和规约化的特点,需要语用推理。判断当前信息是否违反了情理认识,就需要看"性质属性 X"和"实现结果 Y"之间的逻辑关系,一旦事与愿违就会发生意外情绪。而我们接下来需要做的就是在现代汉语中找到表达"X"或者"Y"的情理形式,并分析其针对意外进行评价的语用功能。

通过前人的研究,抛开其他从语义功能、语用环境对预期的分类,单从推理、逻辑的角度看对预期的分类,可以发现,无论从认识主体还是情态条件方面,都不能够很好地解释预期的合理性,也不能够系统反映"意外"表达背后的深层逻辑动因。而"意外就是与自预期相反的强烈情感"的判断也不能够完全解释为什么有的虚词、构式、句型没有明显的"惊讶"标记却仍然隐含意外的情绪。陈振宇(2021)认为,意外,就是事态的存在和发展与说话者认识情态、意愿情态、道义情态、能力情态的预期相反。这一观点启发我们,人类普遍存在的情态(常情常理)是激发意外情绪的源头。这就需要我们从语用逻辑角度对"意外表达"进行合理化的解释。其实,前人的很多研究混淆了意外的直接情绪抒发与意外的间接评价两者的区别,直接抒情没有情理的语言表达形式,间接的情理评价却要依托规约化的语言形式。为了能够合理解释"意外表达"的逻辑动因,为了能够更系统地关涉与意外情绪相关的评价立场表达,本书试图从现代汉语虚词、话语标记、构式、句式中探索意外评价的情理表达形式,并分析其语用规律。

因此,只有知道了激发意外表达的情理动因,才能知道说话者为什么会利用情理对意外进行评价。那么,"意外"与"情理"之间的关系是如何在语言形式中体现的?说话者对"意外"进行评价的背后又蕴含了哪些"情理"特征?对"意外"的情理评价是否仅限于对事实的摆明,有没有可能应用到对意外情绪的解释说理中?

笔者先根据不同"情理"的评判类别对其进行简要的概述,在之后章节里将对具体的语言事实做详细具体的分析。由前文分析可知,情理往往依据"个人意志""社会规约(法律法规、道德标准、风俗习惯)""经验认知(惯常习惯)""推论断言"等进行认知判断,其固有模式可以表示为"X 应该/不应该 Y"。下面将根据情理的依据分别剖析激发意外表达的情况。

首先,个人意志是人自觉地确定目的,根据目的调节支配自身行动、克服种种困难,并最终实现预定目标的心理倾向。但是,事实常常不以个人意志为转移,所以当说话者对已然事实表达个人先前的意志时,往往预示着"事与愿违"的意外情绪。也就是说,与"个人意志"有关的情理表达预示了对"意外"信息的传递。

其次,当前信息与社会规约、经验认知、推论断言的"情理错配""事与愿违""极差颠倒""言行不一"常常会激发说话者对意外事实的评价表达。

社会规约,是指集体约定好的、不可变更的权威,其中包括法律法规、道德标准、风俗习惯。在人们的普遍认知框架内,事态的发展必须按照社会规约的方式进行,即"X(不)应该 Y,X 一定(不)Y,X 必须(不)Y,X 不得不 Y"。一旦出现了违背社会规约的事实,即"X 的性质属性"与"Y 的实现结果"不匹配时,就会因情理错配而激发说话者意外评价。

经验认知,是指人们依据常识经验和惯常的习惯对事态的发展进行预先的认知和评判。一种情况是,当事实的发展与预先的经验认识情理恰好一致时，人们会因为事实的应验而感到"惊喜"或"惊恐"，从而导致"事随人愿"的意外情绪。另一种情况是，当事态发展与社会规约不一致时，其实也说明事态发展与人的主观认知不一致，因为人往往依据"社会规约的行为"来认知事物。但并非所有的惊讶情绪都来自社会集体规约的认知，也有根据纯粹的个体习惯和自身的常识经验进行的预先判断。

推论断言，是指人们除对"行为"进行社会规约及根据常识经验对事物进行预先"认知"外，还会对事态的发展进行"断言"。当对方发表的言论与实际行为相扭曲时，就因言行的对抗而对对方的言论产生"情理难容"的意外情绪，从而导致双方立场的"冲突"，进一步形成"辩驳""申明""责怪""质疑"等言语行为。

"社会规约""经验认知"和"推论断言"分别体现了"行知言"三域的不同层面，而"意外"是指，从行为层面来说，"本不应该这么做但却做了"或者"本应该这么做但却没做"；从认知层面来说，"事实本不可能完全按照主观预想的方式实现但却实现了"或者"主观认为本应该/本不应该这样但事实却事与愿违"；从言语行为层面来说，"事实本应该按照言说的情况进行但却没有这样进行"或者"按照实际的行为情况本不应该如你所说"。可见，依据"社会规约"和"经验认识"而产生的意外与说话者"知识情态""道义情态"有关，体现了"客观事实"不符合"情理"的情况。而依据"推论断言"产生的意外，是指交际对方的"言论"不符合"情理"，是"言语论断"对"情理"的颠覆。"社会规约"是人们情理认知的准绳，人们的社会活动必须按照集体规约的方式进行，一旦事实的存在和发展违背约定俗成的行为规约会激活"意外"的表达。"经验认识"和"推论断言"对人们的社会活动不具有约束力，但是却可以指导人们的实践活动，当事实完全按照个人认识进行就会出现"巧合""应验"的意外表达；当事实并不像所认知的或所言说的那样，就会因言论不当或认知局限而激活对意外的评价。"意外"是说话者"个人的主观情绪"，具有强烈的情感反应的特征，而这些情感反应背后的逻辑理据是什么，就需要我们对其深层的"情理"动因进行挖掘。

最后，要想让自己不意外或者解除他人的意外往往需要"情理回溯"，寻找合情合理的证据和原因。

当人们遇到意外的事实时，除表达意外的情绪外，还会对"意外"的事实进行"反思"或者"解释"从而解除意外。这就需要人们依赖普遍存在的"常规常理"寻求原因和理据，对意外事实进行回溯，找到"情理"的根源所在。对此，有时需要帮助他人进行补充说明，有时需要自己的恍然大悟。帮助他者解除意外往往在上一话轮中会出现他者意外性的求助，自己恍悟后的意外解除又与他人的解释有关。需要注意的是，"解除他者的意外"是说话者利用双方共享的"已知情理"进行"提醒"，这样才能让他者信服，情理胜于雄辩。"解除自己的意外"其实也涉及了"已知情理"的概念，是调动已有的、理性的认知背景所进行的自我觉悟。

光认识解除意外还不够，还需要付诸行动，所以就需要"通情达理"地给出符合普遍愿望和常规期待的言语行为。按照社会规约和常识经验，人们总是对事物的发展保持普遍一致的愿望。当出现事实不合情理的情况时，人们更希望接下来的事实会按照情理进行发展，这样就出现了因避免"重蹈覆辙"而进行的劝阻言语行为，或者期待"扭转乾坤"而进行的"建议""命令"，这符合人们"趋利避害"的情理。但不管是趋利还是避害，说话者都希望未来事态发展对自己而言少"受损"或对他人而言多"受益"，这又与面子准则和礼貌原则有关，即意外事件发生后激发的言语行为层面的"通情达理"。

综上所述，一方面，说话者对意外事实的评价常常受到情理约束的影响，如"一个X"体现为"角色性质"的情理约束，"大X的"体现为"时间属性"的情理约束。同时，说话者也利用情理来表达对意外事实的评价，如"也不Y"表达了对违反"社会规约"的意外事实的情理评价，"X才Y""X就Y"表达了对违反"经验认识"的意外事实的情理评价，"还真的Y"表达了对"恰如所愿"的意外事实的情理评价。除此之外，在元语评价层面，"还X呢"说明实际行为不符合常情常理的"推论断言"，"说好X的"说明事实违反了"个人意志"的情理约定。另一方面，说话者还可以用情理对听话者的意外情绪进行"解除说明""补充解释"，这就涉及"X毕竟是X""又不是X""要不是X，才不Y呢""X难免Y"的反意外分析。另外，言语行为层面的"建议/劝阻"属于对意外情理评价的语用后效，本书不作过多的研究。笔者认为，说话者对意外事实的情理评价是在"摆事实"，说话者对听话者意外情绪的情理评价是在"讲道理"，下文将按照这两个不同的方面对其进行系统构建。无论是处于意外的情理评价的哪个方面,说话者的主观表达都带有期待听话者"共情"的目的,而不是仅仅"自说自话"地传递自己的意外情感。通过表达"情理"的方式向听话者传递意外情绪,有利于引起对方的"情感共鸣",即"你跟我一起意外",从而达成交互主观性的目的,只有符合普遍认知情理的表达才能够连接"自我"和"他人",才能够找到共同的"话题",并保持对话的进行。

(三)意外的情理评价表达系统

通过对前人研究的分析,以及对汉语事实的观察,笔者发现,用情理进行意外评价表达分析具有重要的意义。接下来,本书就从汉语事实出发,对意外的情理评价表达进行系统的构建,以期打开意外表达的研究思路,为语言形式的主观性和交互主观性功能的探索找到新的研究视角。吕叔湘(1979)对语法分析的过程启发了我们的思考,他认为,"从听话人的角度看,听懂了一段话,是从形式到意义的过程,而从说话人的角度,先有一个意思,借助一连串声音,成为一句话,这是一个由意义到形式的过程"。听话人听懂一段话是基于先前头脑中的情理约束,而说话人要想让听话人听懂也依赖于共享的常识常理。按照吕先生的意思,听话人接触了一连串的形式后能够领会其中的含义,既要依靠会话程式还要依靠背后蕴含的"情理",说话者能够将意义转化为固有形式说出,也需要思考语言表达所遵循的"情理"规律。因此,在时时互动的交际中,"情理"的表达就显得格外重要。

在系统框架的构建方面,本书依据"X 应该/不应该 Y"的情理固有模式,从"传递信息的话语模式""情理逻辑的表达方式""意外评价的语法形式"三个层次对"意外的情理评价"的系统进行层层构建。

首先,从传递信息的话语模式角度,将意外情理评价的系统区分为说话者"说事"还是"说理"两种不同的话语模式。"说事"侧重于对意外事实的表达,通过"摆事实"的方式来说明当前的事实是如何违背"情理"的,从而引起对方的共情。也就是说,情理是隐藏在意外事实表述背后的。而"说理"侧重于对对方的意外情绪进行合理化归因、解释、说明、补充,或者讲明说话者自身对意外言行的认识。这是通过"讲道理"的方式来"以理服人"。

其次，从情理逻辑的表达方式的角度，"情理"的最简表达就是"X可以/应该/必须/不得不/通常Y"。在"摆事实"的过程中，说话者常常通过强调"X"的性质属性的方式来表达意外的情理立场，也常常通过强调"Y"的情理实现情况的方式来表达意外的情理态度，还会通过"X"或"Y"的极差推理来对意外进行评价。在"讲道理"的过程中，说话者常常通过确认属性、指明必然、解说言行的方式对意外相关的情理进行解释说明。因此，本书将"摆事实"分为"性质立场""实现态度""级差推理"三个方面，将"讲道理"分为"确认属性""指明必然""解说言行"三个方面，实现对传递信息的话语模式的二分。

最后，从意外评价的语法形式的角度，对语言事实进行细致分析。在对意外事实"性质立场"的分析中，本书选取了角色属性与实现错配的"一个X，Y"和时间属性与实现错配的"大X的，Y"为例，对语言形式的意外情理评价功能进行论证，以期通过对一量名结构和形名结构的分析找到"话题限定"与意外情理评价的关联。在对"实现态度"的意外事实分析中，本书选取了反预期的实现"也不Y"、超预期的实现"才""就"、合预期的实现"X还真的Y"三个例子作为实例进行论证，以期通过语气副词、时间副词、评注副词的分析找到"强化说明"与意外情理评价的关联。在对"级差推理"的意外事实分析中，本书选取了级差推理形式"都Y_1了，还Y_2呢"和极性推理形式"连X都Y"为对象进行论证，以期通过量级构式和极性构式找到"比较结构"与意外情理评价的关联。在对听话者意外情绪的解释说明中，本书以否定概念属性的"又不是"和肯定概念属性的"X毕竟是X"为例对属性的确认进行分析，以期找到"判断句式"与意外情理评价的关联。本书还分析了说话者利用唯一条件"要不是X才不Y呢"和必然结果"X难免Y"来对意外事实进行解释，从而解除听话者的意外情绪，以期通过现实句与非现实句的分析找到"因果条件句"与意外的情理评价的关联。另外，说话者还可以通过否定引述"还X呢"或者重申约定"说好X的"的方式来解说行不副言和言而无信的意外情绪。言说和行为的不匹配可以有两种解释，一是事实不是你说的这样，是否定"说法"；二是事实没有按照约定所说的做，是否定"做法"。说话者隐含对行为的阐述转而说明"本不应该这么说"和"约定了就应该如此"的情理意义。这一部分本书采用了"元话语"的视角对意外的情理评价进行分析。

就"摆事实"和"讲道理"的分界和关系而言，本书有以下的论证观点需要说明。当我们直陈一件事情的时候，往往会以头脑中潜在的"情理"为叙述基础进行评价。当我们就当前的"事实"向对方讲明一个"道理"的时候，也往往会利用双方共知的"情理"。前者的语用目的是告知对方一个新事件，倾向于情理的动态实现与事实的陈述，称为"摆事实"的情理表述。后者的语用目的是向对方论证一个道理，倾向于情理的静态指称与事实的评价，称为"讲道理"的情理表述。其实，"摆事实""讲道理"的分界很难说清楚，除非特别切断两者与"情理"的联系，但事实又并非如此。

按照逻辑的先后顺序，头脑中先有潜藏的"道理"再有对"事实"的评价，"讲道理"是具有社会规约性的，是对事实进行评价的"本源"，而当前事实的实现为"末流"。汉语逻辑不注重"事实实现（摆事实）"和"道理存在（讲道理）"的区别。这也就是沈家煊（2021）指出的汉语"拥有"和"存在"不分的概念。

从使用环境的角度，朱德熙（1961）利用句法环境中互补分布的概念分析了"的"的功能。完权（2021）指出，基于使用的语法是指，同一概念在不同环境中的不同用法，区分的是使用环境而不是概念性质，就本质而言还属于同一实质。笔者认为，"摆事实"和"讲道理"的区分也属于语用环境的区分，在不同的对话语境和交际序列中，倾向于表达说话人不同的语用意图。也就是说，无论是"摆事实"还是"讲道理"的统一性都是意外的情理评价的表述。

因此，这种语用互补的概念并不是分裂、对立的，而是"包含"的关系。根据沈家煊（2021）提出的英汉两种语法特点和思维方式：西方强调"分立"的范畴观，中国强调"包含"的范畴观，本书认为，"讲道理"包含"摆事实"，很多时候"摆事实"就是在讲道理，是抽象"理"在具体"事实"中的实现，它的特殊性体现在对"新信息告知"的凸显，"讲道理"又是具体"事实"在抽象"理"上的升华。因此，两者的"统一性"体现在对"应不应该做某事（有某事）"的情理激活。"摆事实"就是"讲道理"，具有告知意外事实与阐明评价道理的"二象"特征。

其中，需要说明的是，作为"摆事实"的语言形式"一个X""大X的"，单独使用时带有强烈的"说理"特点。"摆事实"本身就是"说理"和"说事"的叠加态,而且只要涉及对情理中"性质属性 X"的强调,都与"说理"有关。因为,这是说话者主动将情理推到对话的前景部分,期待听话者共情。但这两例与后文所述"讲道理"不同,主要体现在三个方面:就说话者对听话者情理认知程度的预估而言,"摆事实"是说话者默认听话者知晓这个道理,而"讲道理"之所以要挑明一个道理,是因为说话者认为听话者不知道这个道理;就行、知、言的三域来看,"摆事实"侧重于"不应该这么做事"的道理,"讲道理"讲明的是"不应该这么认知或者不应该言行不一"的道理;就主体视角而言,"摆事实"主要针对的主体是"情节内人物",即事件中的主体不应该这么做,"讲道理"主要针对的主体是"听话者",即交际对方不应该这么认知或者不应该言行不一。

"摆事实"默认听话者知道事实背后的情理,听话者与说话者的共享情理是统一的。"讲道理"包含"统一"的部分,也具有"对抗"的部分,而这个对抗的部分就是单纯地讲道理,是说话者认为听话者不知道一个普遍共知的"情理",需要说话者特别讲明。关系如图 1-1 所示。

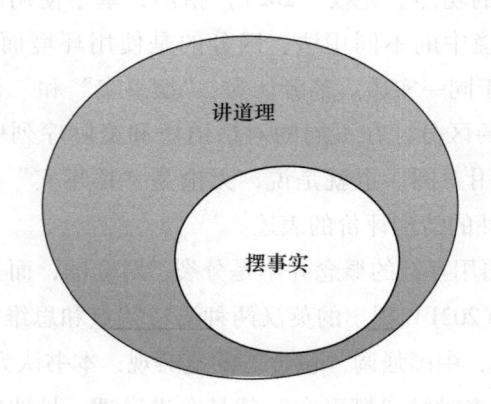

图 1-1　意外的情理评价表达中"摆事实"和"讲道理"关系图①

---

① 沈家煊先生所说的"摆事实"和"讲道理"是一个铜板的两面,是一件事情的观点,是基于语言研究的分析方法,为了说明在语言研究中事实描写与事实解释是紧密结合的。而本书只是借用了这两个"名词",并没有借用"概念"。本书是基于意外事实的表达方式而谈的,"摆事实"都是在讲意外背后的道理,而"讲道理"不都是在表达意外事实,有一部分讲道理是单纯地向对方补充说明、解释告知一个情理,属于意外事实外围的部分。

本书所说的"摆事实"就是"讲道理",两者是叠加状态,这时交际双方掌握的道理是"统一"的。而"讲道理"是不包括"摆事实"的外环,是与听话者认知"对抗"的"情理"明示,交际双方掌握的道理是"对抗"的。这就解释了为什么有些道理是不言自明的(小圆),而有些道理是需要额外解释的(外环),"讲道理"的大圆面积(小圆+外环)是"对抗"与"统一"的整合。

前人从事理立场的角度分析主观性表达,其中,事理是客观规律,是抽象的,而情理是情感逻辑,是对事物发展的具体认知。本书认为,汉语具体"情理"又包含抽象的"事理","事理"就是"情理",只有被人类认知才能抽象为所谓的客观规律,这也体现了中国哲学"体用不二""道器一也"的思想(沈家煊,2021)。

分立的概念主要体现在"情理"与"物理"相对,这也就是沈先生提出的"有"与"是"的对立,即"情理"是直陈的,"物理"是非直陈的。

由上述分析可知,按照中国式的包含逻辑和语用统一性的思想,根据对"摆事实"和"讲道理"的包含关系以及"情理""事理""物理"的区分关系的分析,就更好理解为什么本书把"情理"在意外评价表达中的运用分为具有"包含"关系的两类。一方面,"摆事实"侧重于展示一个"反情理"的意外事实的告知,说话者处于[K+]的事件地位,重在"说事";另一方面,"讲道理"侧重于对意外事实的"合理与否"进行解除说明或补充解释,重在"说理"。

与前人研究意外表达所不同的是,本书重点关注与意外表达相关的情理评价形式,即探求当事实激发意外情绪时的情理"外显"形式,以及探求意外事实发生后的情理"解释力",并不过多关注意外的直接情绪表达。笔者认为,意外的直接表达是非直陈的,带有强烈的主观情感特征,而意外的情理表达却是在社会规约的常情常理前提下对事实进行的理性评价,具有直陈特征。其目的是,依托"情理评价"表现形式更容易找到意外表达蕴含的思维模式及语用逻辑,即找到说话者进行主观性表达的道理所在,而不仅研究意外情绪的抒发。

目前对于意外的直接情绪表达的研究已经相当丰富,而几乎没有人关注"意外的评价"研究，从"情理"角度对意外评价进行的研究就更寥寥无几了。另外，目前也鲜有学者针对评价的对象范畴对"评价"进行专题研究。为了让"情理评价"的对象范畴有迹可循，本书系统归纳了意外情绪的直接表达系统，以期用来作为判断"情理评价"是否是针对意外而言的测试手段。在言谈交际的语篇、序列环境中，只要表1-1所示的意外表达形式与情理评价表达共现了，就暂且将其判断为是针对意外的情理评价表达。

表1-1 意外情绪的直接表达系统

（意外的情理评价表达的共现形式及测试手段）

词汇			短语	话语标记			句式	语调
评注副词	疑问代词	感叹、疑问语气词	感叹、否定、疑问短语	知晓类话语标记	料想类话语标记	小心类话语标记	感叹句、否定句、疑问句、被字句	上扬、短促、高亢
竟然、居然、偏偏、反倒、硬是、敢情	怎么、什么、哪、谁	啊、呀、咦、哇、呦呵、哎哟	天呢（哪）、我的妈呀、这也太、哪啊（呀）、什么啊（呀）、怎么会呢、怎么这么	谁知、不知、哪知道、怎么知道	怎料、不料、没想到、哪成想	一不小心、一不注意	感叹句、否定句、疑问句、被字句	↑、⌒、.

综上所述，现代汉语中意外的情理评价表达系统如图1-2所示。

第一章　绪论　　55

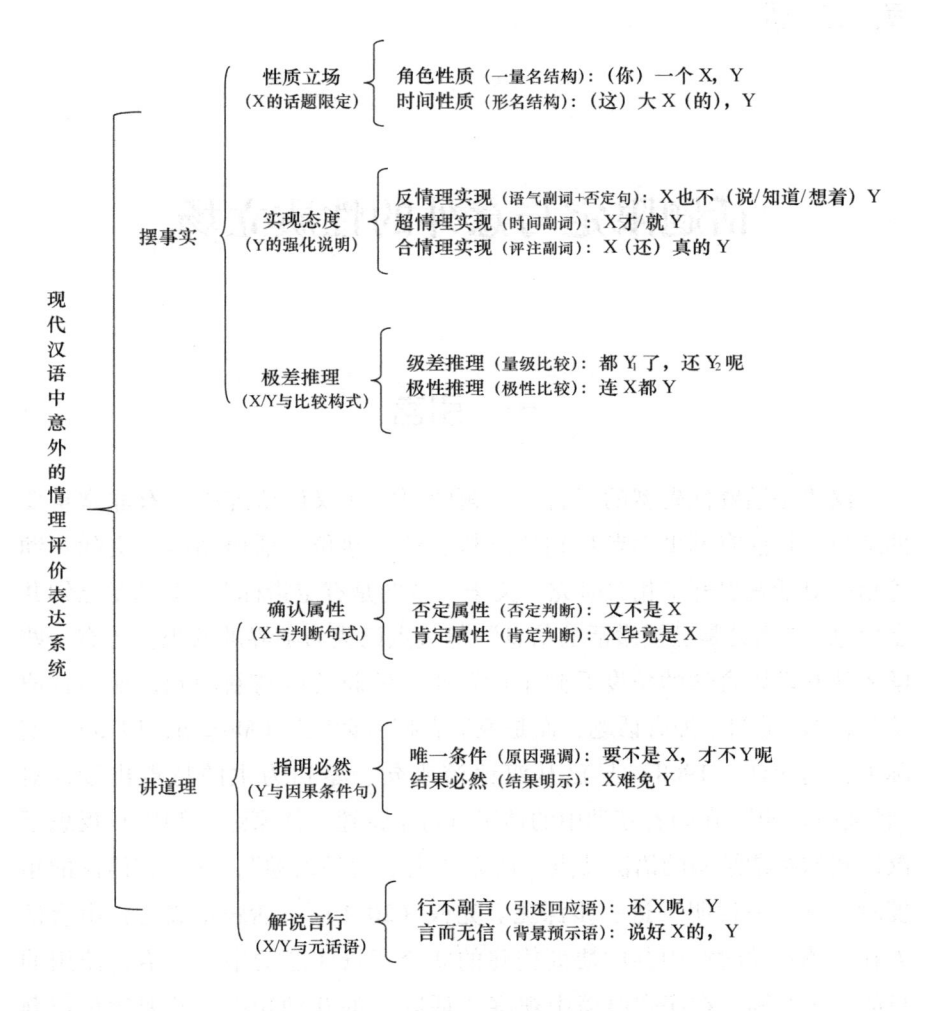

```
                    ┌ 性质立场      ┌ 角色性质（一量名结构）：(你) 一个 X，Y
                    │ (X的话题限定) └ 时间性质（形名结构）：(这) 大 X (的)，Y
                    │
                    │              ┌ 反情理实现（语气副词+否定句）：X 也不（说/知道/想着）Y
            ┌ 摆事实 ┤ 实现态度      ├ 超情理实现（时间副词）：X 才/就 Y
            │       │ (Y的强化说明) └ 合情理实现（评注副词）：X (还) 真的 Y
            │       │
 现          │       │ 极差推理      ┌ 级差推理（量级比较）：都 Y₁ 了，还 Y₂ 呢
 代          │       └ (X/Y与比较构式)└ 极性推理（极性比较）：连 X 都 Y
 汉          │
 语          │
 中          │       ┌ 确认属性      ┌ 否定属性（否定判断）：又不是 X
 意          │       │ (X与判断句式) └ 肯定属性（肯定判断）：X 毕竟是 X
 外          │       │
 的          │       │ 指明必然      ┌ 唯一条件（原因强调）：要不是 X，才不 Y 呢
 情     ─────┤ 讲道理 ┤ (Y与因果条件句)└ 结果必然（结果明示）：X 难免 Y
 理          │       │
 评          │       │ 解说言行      ┌ 行不副言（引述回应语）：还 X 呢，Y
 价          └       └ (X/Y与元话语) └ 言而无信（背景预示语）：说好 X 的，Y
 表
 达
 系
 统
```

图 1-2　现代汉语中意外的情理评价表达系统①

---

① 该系统非封闭的系统，而是一个开放的语言表达功能系统。另外，有两点需要说明。一是，"摆事实"是指"摆明情理评价的意外事实"，侧重于说事。"讲道理"是指"讲明对意外评价的情理"，侧重于讲理。后者是"说话者对听话者意外情绪的评价"或者是"说话者对之前话语的意外评价"，这是对评价的评价，即在意外情绪和之前话语的表达中已经体现了一次主体的认知评价态度。二是，括号中的内容仅仅是意外情理评价系统在语言形式上的表现，两者不是一一对应的关系，即并不是该语言的所有形式都具有意外情理评价功能。如，不是所有的话题限定都是具有性质立场的情理评价功能，只是说可以用对性质属性 X 的话题限定来表达对意外事实的情理评价。

第二章

话题限定与意外的性质立场

一 引言

汉语是话题优先型的语言。话题的研究在汉语研究中占有非常重要的地位，目前有不少学者从句法结构、信息地位、话语功能、交际互动等角度对话题展开了相关研究，关于"话题是有定指称""话题是已知共享信息""话题是已被激活的信息"等观点已成为学界的共识。还有一些学者从互动语言学的角度看到了话题研究的新角度与新问题，他们普遍认为，"不是句子拥有话题，而是说话者拥有话题"（Morgan，1975）。实际上，赵元任（1968）早已从汉语流水句、零句为主的特点出发，对"话题—说明"在问答互动中的情况进行了论述。沈家煊（2019）反思了汉语超越主谓结构的语法特点，认为"主语就是话题"，从对言语法的角度对"话题—说明"进一步深化。完权（2021）将话题定义为：由会话人在具体互动时空中共同协商构建的联合背景注意的中心。语言使用的目的在于交际，在序列语境中观察"话题"的互动功能显然要比传统静态的研究更具有应用价值。显然，他们更关注语言功能的交互主观性。从对话的角度研究话题给了我们很多启发，解决了很多传统研究无法解释的问题。但是，问题是，说话者向听话者引入一个话题的目的是什么。话题既然是双方共享的、已知的、有定的、已被激活的信息，当说话者对具有某一性质属性的事物进行限定时，又想要向听话者说明什么。说话者将话题构建为联合背景注意的中心时，又期待听话者如何回应。沈家煊也认为，"话题"可以单独作为一个话轮使用。当话题独用时，又潜藏了哪些交际双方共享的逻辑关联呢？要回答这些问题，恐怕还是要回到说话者的主观性的角度看问题。说话者都是希望自己说的话能够被理解，为了能够自己"说清楚"，也为了能够对方"听明白"①，说话者往往使用一些语言策略和手段。

在本书意外的情理评价的研究框架下，笔者开始思考：说话者是如何通过对"X"的性质属性进行话题限定，从而达到对意外的评价目的的？人们通常认为，某一性质属性"X"一定有与其角色相匹配的实现方式，在社会活动中逐渐形成了"X应该/不应该Y"的情理。"情理"是就主观性而言的，其实是说话者省力的表达方法，即借情理的力来清晰地表达自己的评价、立场、观点。就交互主观性而言，说话者利用双方共享的"可及信息"来表达情理，即"我知道你知道这个道理"，从而只需要稍作提示就可以调动听话者的知识背景，方便听话者清晰理解。情理的表达遵循了会话合作原则中的"不过量"原则。在对话中，"我"知道当"我"限定"X"的性质属性时，"你"知道"我"要表达的"应该/不应该Y"的道理。所以，当对"X"进行话题限定时，其实是在表达与之相关的情理。

"话题"与"指称"的关系比较密切，而当说话者指称一个名词事物时，说话者心中就已经有了对该事物的性质属性应该做或者不应该做某事的情理认知。也就是说，当我们凸显、强调一类事物的性质属性的时候，其实也顺带强调了与该类事物性质属性相匹配的行为实现。但是，不是所有的话题限定都有这样的功能。只有当指称事物并强调其性质属性时，才表达了话题的情理约束。因此，本书以一量名结构"一个X"和形名结构"大X的"为语法实例，探索"身份角色"和"时间角色"的话题限定与指称功能。

按照社会规约、常规常识、习俗经验，人类通常会在头脑中有一个先验的假设判断，即"性质X"应该/不应该"实现Y"。这一规约化的"人之常情"是人们在社会生活中经过反复的实践固化在头脑中的关联联想。当"性质X"没有"实现Y"时，就会因不符合情理的约束而激发意外情绪。本章的主题旨在探索：符合什么属性就做什么事，一旦越界，就会激发人的意外情绪。意外情绪只是表象，背后牵连的情理逻辑才是

---

① 关于"说清楚"和"听明白"的观点，可以参见吕叔湘（1979）。

深层动因。当我们用"一个 X"和"大 X 的"进行话题限定时，往往是向说话者讲明该身份角色或时间角色应该/不应该做的事情，或者表达对违反该情理的"意外评价"。

当前信息"实现 Y"与原本的属性"性质 X"的错配，即"X 本应该做，但是却没做"或"X 本不应该做，但是却做了"，这就激发了说话者强烈的惊讶情绪表达的欲望。为了讲清楚意外发生的原因，说话者常常借用"不言自明"的情理来表达对"性质 X"的评价。关于意外的事实是听话者不知道的，对于听话人来说是新信息，但是，意外背后的情理动因却是听话者熟知的，可及度很高，利用对"性质 X"的话题限定来调动听话者对"X"的社会规约认知，并在后续情景中配合表达与听话者对"性质 X"的预知形成"反差"的"事实 Y"，利用这种"悬殊反差感"来拉动听话者与自己意外共情。

二 角色限定与意外的性质立场
——以"一个 X，Y"为例[①]

汉语的主语就是话题。[②]"一量名"作主语时，被称为"无定 NP 主语句"，也就是说，本书的研究对象"一个 X"常作为话题出现在会话中。在特定的句式中，其数量义淡化，表现出较强的主观评价性。如张伯江、李珍明（2002）在对比"是 NP"和"是（一）个 NP"后发现，后者有更强的主观评价性。杉村博文（2009）在讨论"动 + 个 + 宾"结构时指出，"个"出现在宾语前，具有对事物或行为加以"贬值"的功能。闫亚平（2016）也认为，一部分"一 + 量"结构并不表客观计量，而是用来凸显说话者主观上的感受、态度、评价和意图等。李文浩

---

① 需要说明的是，前人学者一致认为"一个 X，Y"具有负面评价的倾向性（吉益民，2014；李广瑜，2020；史金生、李静文，2022）。而本书认为，这种负面评价倾向蕴含了情理意义，之所以具有负面评价功能是因为违反了角色属性的情理约束。因此，本书仅研究"一个 X，Y"在反情理语境下的功能义。由于"一个 X"高频使用于反情理中，所以在语境中浮现出了意外情理评价的规约化的话语模式。

② 沈家煊：《"零句"和"流水句"——为赵元任先生诞辰 120 周年而作》，《中国语文》2012 年第 5 期。

(2018)从语法化的角度认为,"NP一个"的构式义呈现为:①浮现义[＋典型];②销蚀义[－数量];③强化义[＋贬抑]。方梅(2019)认为,"一量名"指称一个新引入语篇的实体对象,标记从叙事行为到评价行为的转换,是言者显身的表达方式。在叙事语篇中,具有惯常体特征的"一量名"主语句的使用,是截断话题延续性的有标记句。"一个X"具有说话者评价功能应该是范畴化的普遍现象。这给本书很大启发,为接下来研究"一个X"的情理评价功能奠定了基础。

"一个X"不仅具有评价功能,而且前人学者一致认为,其评价义倾向于负面。吉益民(2014)认为,"PP+一个+VP的"已成为一种蕴含规约性负面语义的结构。负面状况已形成规约性语义关联。李广瑜(2020)认为,"PP+一个+VP的"所在句用于表达说话者的非认同态度和负面的立场。史金生、李静文(2022)也认为,"一个"参与构成的一些构式在口语互动环境中倾向于表达说话者的负面评价。但是,负面评价的功能概括却不能解释:说话者表达负面评价背后的道理在哪?其中又蕴含了怎样的情感逻辑?

其实,目前也有学者涉及负面评价表达"一个X"的说理性问题。刘敏芝(2010)认为,"一个"的语法化经历了"数量—无定标记—主观量标记—话语标记"的过程,在口语交际中具有评价事理的强调作用。李劲荣(2013)认为,"一个NP"则更倾向于表示某种社会价值取向或某个普遍道理,称为"宣教式",其语法意义在于表明事实的出现是在情理之中。王灿龙(2019)认为,该结构中"一个NP"是一个降级说明成分,能起到加强语力、增强表达理据性的作用。这些研究启发我们从"理"的角度研究主观评价,尤其是李先银(2021)对于"角色—行为"的研究,为我们从事实与情理匹配的角度研究"一个X"的评价功能提供了思路。如果"角色"没有做该角色应该做的行为就会因"反情理"而出现负面的评价。但是,"负面评价"只是主观态度倾向,并不是固有的功能属性。主观情态背后隐含的情理动因及其表达功能,才是本书想要重点讨论的对象,也就是说,本书更重视对意外的"情理评价",前人侧重于评价表达的"情",本书侧重于评价表达的"理"。而情理动因激发的意外评价的表达并不都是负面的,也有积极的、鼓励的、赞扬的正面评价。虽然前人学者关注了"一个X"的评价功能隐含的说理动因,但是却忽略了"一个X"的评价功能与情理逻辑的整合关系。同时，忽略了对情理评价的主体对象的探索，即什么事件会激活说话人表达负面说理评价？说话者到底为什么要利用话题限定"一个X"进行说理评价？当人们有意强调一个角色X的性质立场时，又想传递怎样的情感逻辑？恐怕，激发说话者"立场明示""负面评价""讲明情理"的原因还需要进一步探索。

鉴于以上分析，对数量名结构"一个X"的评价功能研究还有待进一步深入。前人很少就"话题限定"的角度对"一个X"的性质立场进行论证。"话题"既可以是"说事"的起点，也可以是"说理"的起点，前者称为叙述性话题，后者称为论证性话题。叙述性话题强调"事理"，论证性话题强调"情理"。接下来，本书将把"一个X"作为论证的起点对其情理评价的对象[①]进行深入挖掘，以期找到其反情理的负面评价的规约化功能。

（一）一量名结构的话题限定与人称直指

考察发现，"一个X"处于话题位置时，常引入新的谈论对象，"一个"前多有人称代词，X是表示身份等的名词，后接表评价和说明的小句Y，形成"（人称代词）一个NP，Y"构式。如，

（1）妈妈：大半夜的不睡觉，你干吗呢？

孩子：我这时候灵感来了，就得这时候踢。

爸爸：孩子应该有点爱好，你让她踢吧，又不影响什么。

妈妈：她一个女孩子，应该安安静静学习，哪有天天跑出去踢毽子的。（《乡约》2010年1月15日）

通过观察例（1）发现，妈妈认为，"一个女孩子"这一角色的典型特征就是"应该安安静静学习"，但现实情况是，"她"违背了这一情理约束，"天天跑出去踢毽子"。"哪有……的"的句式表达了妈妈对"一个女孩子天天跑出去踢毽子"进行的负面评价。"一个X"具有典型的类指角色属性，在社会规约和经验常识中，什么角色就应该做什么事情，但现实情况却并没有按照常理实现，因此激发了说话者的意外情绪。说

[①] Du Bois（2007）在立场三角中，将评价对象称为立场客体。

话者对"她一个女孩子"进行话题限定,是后续论证的起点,"一个 X"为后续说明观点提供了有力证据,即人们通常会认为,"女孩子"应该有与其角色属性相对应的性质特点。如果把"一个"换成"这个"或者去掉"一个",说服力就不强。如,

(1')妈妈:<u>这个女孩子</u>,应该安安静静学习,哪有天天跑出去踢毽子的。

妈妈:<u>女孩子</u>,应该安安静静学习,哪有天天跑出去踢毽子的。

例(1')中"这个女孩子"更具有"现场性"和"目击性"[①]的特点,是就言谈现场的"这个"而言的。"这个"具有指别性身份特征,不能表达"女孩子"的角色性质,因此,不能与表达观点的"应该 Y"连用。就指称而言,"一量名"作通指概念时可以被光杆名词替换,但光杆的"女孩子"显然不具有引起听话者联合注意的认知入场特征。完权(2016)认为,就名词性短语而言,将其与现实的认知场景相联系具体涉及直指、量化和描写三种策略。"一个 X"前可以有"单数人称代词"同位复指,而"这个 X"和光杆的"X"前却很少加"人称",这其实与"一个 X"具有个体量化、直指、描写的认知入场有关。前文在对比"女孩子"和"一个女孩子"时,提到了"一个"的个体量化特征。而其描写特征体现为"一个 X"中"X"可以加性质描写的形容词,如,加"女"凸显其女性化特征。而直指的特征就体现在能够与"单数人称"同位复指。

当"X"为"NP"时,"一个 NP,Y"中的"一个"在语境中并不表示个体数量,而是具有主观评价倾向,即"一个 NP,Y"中的 Y 表示的是对人的行为和状况的主观评判,这时在"一个"之前往往有单数人称代词,与后面的 NP 构成同位复指结构,NP 可以是典型的专有名词,也可以是表职业、亲属称谓、身份地位、性质特征等的名词。

就"一个 NP"的类指性问题,前人也多有讨论,如,李劲荣(2013)认为,"一个 NP,Y"中,内涵 NP、下位范畴、主观评价三者是对 NP 的语义制约,"一个 NP,Y"的语义重心是"一个 NP",而"一个

[①] 关于"现场性""目击性"的观点,可参见方梅(2019)。

NP"是表示类指的常见形式。白鸽（2014）则认为，该组合中的人称代词对所指实体的指称是相对直接的，而"一个 NP"更侧重指称实体的某一项属性特征。李广瑜、陈一（2016）根据内部关系、篇章同指、形式变换的不同，认为"单数人称代词 + 一个 + NP"是示类性单指。笔者认为，"一个 NP"作为类指性成分，但却作为非类指的特殊例外，表达说话者"直指个体"角色属性的主观性认知，该构式具有评价功能。该构式表达说话者对事物属性的主观性认知，可变换为"单数人称代词 + 作为/是 + 一个 NP"。如，

(2) 他<u>一个小人物</u>，就收 5 万块，顶多再坐几年牢吧，整他有什么意思。（六六《蜗居》）

(3) 他，<u>一个小人物</u>，<u>竟然</u>也如此热衷捞功名捞地位，费尽心机往上爬。（王朔《玩的就是心跳》）

对比可以发现，例（2）"他"和"小人物"之间没有停顿，"一个 NP"回指"他"，"他"是"小人物"中的一员，有小人物的特征，是示类性单指，同时也表现出说话者对"他"的主观评价。而例（3）是"他"后有停顿，"他"也可以省略，"一个 NP"是对这类 NP 的典型特征进行评价，是类指性评价，即"他"的特征与常规类指的"小人物"不相符，因此后续句出现了因违背预期而产生的负面评价，句中还用"竟然"表示说话者对违背预期的吃惊态度。也就是说，例（2）是与"他"有关的叙事，而例（3）是对"他"的"小人物"角色属性的论证。

"一个"进入该构式后，因其"小量"的语义属性，使得整个构式有了贬义色彩。例（2）仅仅说明"他"是"一个 X"中的典型成员，应该具备"X"的特征，是客观的陈述。例（3）则强调"他"是"一个 X"中的例外成员，凸显"一个 X"的角色属性特征对"Y"的情理约束，强调 X 和 Y 之间的关联关系，具有主观的评价功能。李文浩（2016）认为，客观现实与说话者主观认定的鲜明反差，便产生强烈的语力。这给我们很大的启发，但这种用法其实是客观现实与人普遍的情理错配而形成的强烈意外情绪。

本书认为，加"人称"和不加"人称"其实也是有区别的。如，

(2') <u>一个小人物</u>，就收 5 万块，顶多再坐几年牢吧，整他有什

意思。

(3') <u>一个小人物</u>，竟然也如此热衷捞功名捞地位，费尽心机往上爬。

对此发现，删掉同位复指的"单数人称"之后例（2）就不成立了，但是例（3）却仍然可以这么说。这是因为，例（2）是在叙述事件，而例（3）是在评价行为。例（2）中"他"是整个事件的主线，说话者是对"他"的描写。例（3）是说话者利用"一个小人物"的性质特征对他的行为进行立场表达。

前文提到"一个X"表评价功能时，是类指评价。类指是指称一个典型的、稳定的、规约化的集合成员。方梅（2019）认为，"一量名"包含"个体性指称"和"通指性指称"两类。通指不是指集体，而是指称集合中"任何一个NP"。本书所说的"一个X，Y"中的"一个X"虽然符合类指概念中的集合成员特征，但是却不能像类指成员那样计数，不具有类指典型性。

"一个X"不具有类指典型性体现在两个方面，一方面，之所以不能够计数是因为表达评价的"一个X"不具有现实情态特征，而是存在于人们认知心理知识库中的非现实性背景信息。

事实的表达常以陈述或者断言的形式出现。如，

(4) a. <u>一个林妹妹</u>，就知道哭哭啼啼的。（新浪微博）

b. 他忍不住自言自语："<u>一个农民</u>，不应该住那么高级的酒店。"（《22度观察》2010年8月26日）

c. <u>一个花花公子</u>，就会抄着手满街转，再找两个老百姓吼上两吼。（方方《埋伏》）

例（4）中的表达明示了社会规约化的情理，"林妹妹"的典型形象就应该是"哭哭啼啼的"；在"他"自己看来作为"农民"的角色按理不应该"住那么高级的酒店"；"抄着手满街转"就符合"花花公子"的角色特征。可见，"X"的角色特征既可以表达"应该Y"的情理特征，也具有约束"不应该Y"的情理特征。

另一方面，前面的"单数人称"与"一个X"同位复指，弱化了类指的集体指称概念，表达无论从集合中抽取任何一个个体都具有X的性质属性。这显然是通指的概念，不加"单数人称"依然表达对"X"的

评价；加上"单数人称"后让某类属性变得"可感可视"，强调现场的人物恰好就是"X"性质属性的"任何一个"。如，

(4') a. (她)一个林妹妹，就知道哭哭啼啼的。
　　b. (咱)一个农民，不应该住那么高级的酒店。
　　c. (你)一个花花公子，就会抄着手满街转，再找两个老百姓吼上两吼。

例（4'）加入"单数人称"后就让"一个林妹妹""一个农民""一个花花公子"有了可感知的对象，这是"现场直指"的用法。而人物又是在对话中进行的，所以具有互动特点的"你"就成了现场直指的惯常用法。在这里，即使不加"单数人称"同位复指，"一个X"也会在对话中感染"直指性"的用法，即仅表达对现场人物的角色性质的立场。后文将详述，此处不作过多讨论。

调查语料发现，当后续句"Y"的实现情况与前面话题"X"的角色特征错配时，说话者在后续句中就会以感叹、疑问、否定的形式表达意外情绪。这些后续句不在于叙实，而是表达了说话者推测、疑惑、惊讶的主观情态。如，

(5) 嘉宾1：我实在太紧张了，我已经几个晚上没睡觉了，我怕得不得了。
　　嘉宾2：后来我才明白，一个外国人，你竟然叫他喊从未见过面的人为爸、妈啊！除非他对自己的妻子有太多的亲情，否则是不容易的。(BCC语料库)

观察例（5）发现，在社会习俗和文化背景的情理约束中，"一个外国人"不可能会"喊从未见过面的人为爸、妈"，一旦不可能实现的情况实现了就会令人质疑。因此，说话者在回想起当时场景时感觉到羞愧，让自己的外国男朋友叫自己的父母为爸妈有点强人所难、不符合情理。在该例中用疑问的形式表达了意外情绪。

(6) 王蒙：说是现在很多企业新员工先集中背《弟子规》。
　　窦文涛：是是是，而且招聘的时候你背不过《弟子规》，你都不能到我这企业来工作。我觉得基本的这些仁义礼智信还是好的东西，这是我们的，作为中国人的一部分，不应该丢。
　　王蒙：一个《弟子规》，怎么可能把一个企业治好。

查建英：这我也觉得很纳闷，为什么要从头到尾背，因为这个东西，像《弟子规》，就是清代的秀才编出来的一种像歌谣似的，它是一个通俗版本的《论语》，是《论语》的部分，好像是根据《论语》的开头编出来的这么一个。就是说，比如孔子原来说的很多话是经典，我觉得有些道理，我们当然可以去除一些。

王蒙：对嘛，根本不合理。

查建英：不是合情合理的东西，已经不适应今天。（《锵锵三人行》2009年1月4日）

否定包含了对事实的"不接受（拒绝）"或者"不相信（怀疑）"等。观察例（6）发现，王蒙不相信也不接受《弟子规》能够治理好一个企业，因此对企业要求背《弟子规》的做法感觉到"根本不合理"，由这种不合理引发了说话者的意外。需要注意的是，"怎么可能"也表达了说话者的评价，这种评价是对意外事实的直接情绪表达，这就与"一个X，Y"的评价形式不同，本书所说的情理评价是讲明意外事实背后的社会规约动因。例（6）的不同之处在于，这是意外情绪的直接评价"怎么可能"和意外的情理评价"一个《弟子规》"的"双重评价"的整合。

（7）A：我给你做了减肥套餐，你真不吃吗？我放了你最爱的胡椒。堪比舌尖上的中国。

B：<u>一个减肥餐，**竟然**也能称得上舌尖上的中国**啊**！</u>你还是自己吃吧。（BCC语料库）

观察例（7）发现，按照常规常理，"一个减肥餐"一般不会太好吃。而A却称其为舌尖上的中国。B认为是违背情理的，将其定义为"减肥餐"，调动了听话者的知识背景，以子之矛攻子之盾，对A的言论感到惊讶，引发感叹。

显然，疑问、否定、感叹都带有强烈的主观情态，是本书在绪论中提到的意外情绪表达的测试手段，陈振宇（2015）认为，感叹、疑问与否定，可称为"意外三角"（mirative triangle）关系。以"意外"作为连接点，形成一系列"语用迁移"（pragmatic transformation）的错位现象。正是由于"一个X"的角色属性与"实现Y"的不匹配才造成了说话者意外情绪的抒发，那么为什么"Y"本身能够表达意外情绪却非要加"一个 X"，说话者冗余的表达一定有其特殊的语用目的。

前文已经说明，表示评价的"一个 X"并不是典型的类指表达，而是具有现场直指性（indexical）的特点，依赖于言谈现场。李广瑜（2020）从认知入场方面解释了直指、描写和个体化三种策略，并指出，内部的语义关联体现了说话者引导听话者形成联合注意与协同指称的认知语用诉求。这启发我们思考，"（人称）一个 X"作为一个直指的概念，可以充当话题限定"引导听话者联合注意和协同认知"，从而期待听话者关注"X"的性质属性特征，调动听话者对"X 应该/不应该 Y"的共享认知。

话题限定结构"一个 X"的现场直指性主要体现在以下几个方面。

第一，情景差异："一个 X"后续句并不具有判断性，而是根据现场情景临时激发的事件"Y"，"Y"与"X"的搭配并不固定。"Y"作为新信息被说话者拉入听话者的视野中，以此来显示与"X"的角色特征的不匹配关系。如，

(8) 那恶鬼要我接生，我自然不肯。你们想，<u>我一个堂堂男子汉，给妇道人家接生怎么成</u>？（金庸《雪山飞狐》）

观察例（8）发现，如果去掉情景不看，"一个堂堂的男子汉"是怎么也想象不到给妇道人家接生的。只有在例（8）的情景下才会出现这样违背情理的事实，因此引发了说话者的意外情绪。

第二，个体人称：类指成分前"一个 X"不能够被"你、我、他"等人称修饰。但是，表达评价的"一个 X"前就可以加人称进行量化。观察语料发现，第二人称最为常见，"你一个 X"更能体现双方"对话"的交互主观性。如，

(9) 他先把小宝抱回他写作业的桌子，轻轻拍着他的脸说："没出息，妈妈是女人，她可以哭，<u>你一个大男人，怎么能哭呢</u>。"（方方《定数》）

观察例（9）发现，"一个大男人"本来是类指用法，但是在这里却个体指称"你"，表达了对对方的劝阻，即，按照社会规约的情理，"一个大男人"的典型特征是不能哭的。

第三，说话者依赖："一个 X"表达类指概念时不会依赖说话者的主

观性评价，而具有客观规律性，但是，"一个X，Y"表达意外情绪时却依赖说话者的主观情理背景，是说话者根据社会规约、经验常识的认知，这是言者显身的结果。所以，说话者利用"一个X，Y"的情理错配关系来表达对意外事件的负面评价。"一个X"虽然具有言语社团的集体性，但是重要的是后续事件"Y"的特殊信息价值。如，

（10）A：这个可是国外的巧克力，不然给她留点。

B：<u>她一个阔气白富美</u>，<u>怎么会图你那点巧克力？</u>什么没见过，住豪宅，开豪车。你自己留着吃吧。（电视剧《欢乐颂》台词）

观察例（10）发现，"她一个阔气白富美"在说话者的认知情理中应该是落落大方、不贪图小便宜、见过世面的。通过"一个阔气白富美"和"图你那点巧克力"的情理错位表达，明示了说话者对听话者行为不符合常理而产生的意外情绪，表达了说话者的负面评价。相当于，说话者将普遍共知的"情理"拉到听话者眼前，展示给说话者，告诉听话者事实是不合理的，是说话者将自己的认知默认为社会共享的认知的一种手段。

这也能够解释，为什么"一个X，Y"除表达负面评价外，还可以用在祈使句中表达说话者对听话者的建议、安慰和劝阻，这也是言者显身的结果，是对说话者主观看法的依赖。如，

（11）A：感冒没好？出去跑个八百米回来绝对痛彻心扉，而且会痊愈。

B：那你是要我命……哀家的病不是那么简单的。

A：<u>一个感冒，</u>赶紧起来干活吧。（BCC对话语料库）

（12）A：明天要期中考试了，我还没复习好……唉，饭也不香了。

B：<u>一个小测验而已，</u>何必那么紧张，你可以的。（日常对话）

根据人的认知心理，表达负面评价的"一个"构式，通过"贬值"的方式，降低了某事和某物在他人心里的预期，从而对遭受不幸的说话者进行安慰，对担心胆怯的说话者进行鼓励。例（11）中B认为自己感冒很严重，A认为"一个感冒"按照常理来讲不应该很严重，不至于"要了命"，因此，以祈使的语气建议对方"赶紧起来干活"。例（12）中A在吃饭的时候因为明天要考试向B抱怨，B言说"一个小测验"而

已,是想明示听话者按照经验"一个小测验"不应该很难,降低了"期中考试"的重要性,以祈使语气劝阻 A 不要紧张。

第四,动态变化:"一个 X"表达类指角色属性时为静态的,而当表达评价时,却具有动态性,前者可以加"是",而后者只能隐含"有"。在意外事实的告知中,用"一个 X"来引起说话者的注意,即利用"(有)一个 X"调动听话者的认知。如,

(13)发话者:<u>一个猎豹</u>,**毕竟是**短跑冠军,再说除了用快速的奔跑来捕猎外,还很机敏,猎豹有时候也会藏在草丛或灌木丛中,等有猎物从附近经过时,就一下子蹿出来,扑向猎物。捕捉任何猎物对它来讲都不是困难。

释话者:那天看纪录片说的是,猎豹耐力很差,猎豹的生活很有规律,一般是早晨 5 点左右开始外出觅食。所以说,猎豹捕猎时的成功率并不是很高。没想到,<u>它一个猎豹</u>,**竟然**也有饿肚子的时候。(《中国新闻》2009 年 2 月 25 日)

观察例(13)发现,发话者和释话者虽然说的都是"一个猎豹",但是两处所表达的功能却不相同。发话者按照一般的认知规律说明了,"一个猎豹"应该遵循"捕捉任何猎物都不是困难"的情理。但是,"纪录片"讲述的事实却违背了"一般性的常规认知",即"猎豹"的成功率不是很高,"竟然也有饿肚子的时候"。第一处是静态的陈述,说明了"什么是一个猎豹",是对类指的情理认知;第二处表达了动态的描写,说话者利用"有一个猎豹"引起听话者的注意,说明认识是动态发展的,当前的新信息颠覆了角色属性的情理约束,而这种颠覆也触发了意外情绪。

第五,定指用法:方梅(2019)认为,就主语的指称属性而言,实际语境中的"无定 NP 主语句"的主语主要有两类:一类是个体性指称,另一类是类指性指称。笔者认为,"一个 X,Y"的情理错配表达方式其实是用无定指形式来表达定指用法。如果是定指用法,那为什么不直接用"这个 X,Y"来表示呢?不同的形式一定存在不同的功能,说话者用无指用法来代替定指,是想提示情境中定指"X"角色属性的情理约束,调动听话者的背景知识。如,

(14)发话人:我决定大学学习殡仪专业。跟死者打交道就是在积德

行善，做好事。

释话人：**你**一个女孩子，**竟然**选择殡葬职业，意味着什么？将来毕业的话，给人笑死，人家孩子学出来都当老师，当官，你学出来搞这个，这么脏的东西，以后怎么嫁人？（《面对面》2012年6月10日）

观察例（14）发现，"一个女孩子"本身为类指无定的用法，但是在例（12）中，前面加人称"你"专指听话的对方，指称个体，是有指的用法。但是，说话者依然用类指"一个女孩子"用法来指称对方，目的是说明，按照一般的情理而言，女孩子是不应该选择殡葬职业的，"你"却认为是不恐怖的、是在积善行德做好事，这一点是出乎我意料之外的，是不合情不合理的，说话者引用一个"你和我"都知晓的情理来攻击对方的认知，目的是"以理服人"。可见，"一个女孩子"和"选择殡葬职业"反差、错配的呈现方式背后蕴含了情理动因。

综合以上分析，"一个X"作为话题限定，表达了说话者对"X"的性质立场，是后续论证的起点，期待听话者联合注意"X"的角色特征。前人学者多是论证没有"单数人称"同位复指的"一个X"的评价功能，而本书认为，有了"单数人称"同位复指后多了"现场直指"的用法。那么，说话者为什么要"现场直指"呢？本书认为，是因为"现场"的"人物"与惯常认知相违背，所以要从类指中单独拎出来说一下。这表达了"一个X"在当下言谈中出现了"例外"，"单数人称"所指的主体虽然本应该是"一个X"中"任何一个"，但现在"竟然"出现了与角色不匹配的事情。另外，即使没有"单数人称"同位复指，"一个X"也被感染了"人称直指"的用法。就因为是与惯常的认知相违背的例外，所以言者显身要把"一个X"作为话题进行强调，表明对"X"的性质立场。在语料中还存在后续句是"竟然Y"或者"怎么Y""哪能Y"两种情况，前一种可以加"竟然"的情况更多的是叙述事实，而后一种加上"怎么""哪能"等表达是对意外的直接情绪表达，"一个X"和"怎么""哪能"等同时出现在对意外的评价表达中就是对意外事实的双重评价。下面就来深入剖析一下"一个X"的惯常情理约束，与违背这种约束后"一个X"的意外评价表达功能。

(二)"一个 X"的角色性质与情理约束

1. 角色期待—情景补偿

在言语交际中,说话者在说出"一个 X"前,一定存在对角色"X"的期待,"一个 X"单独出现时的适宜性取决于序列语境中是否提供了足量的信息。语境激活的角色不同,"一个 X"所关联的情理约束也就不同。也就是说,情景会给"X"角色特征一定的补偿,到底是强调"X"的哪部分典型特征需要从情景中获得。金晶(2020)提出了"背景命题"的说法,被激活的 P 一般是与语境有最大关联的那个特征。但是,这种最佳关联在会话交际中有什么样的语用效果呢?如果当前语境与社会常规常理的情理不相符时,就会触发说话者意外,说话者通过强调情理中的角色属性来隐含说明事实不合理,如例(15)a 和例(15)b。如果当前语境恰好符合情理中的角色属性时,说话者就会利用阐明情理的方式来解释或者强化听话者认识,如例(15)c。但是,这种情况不具有倾向性,这与"一个 X"常常表达负面评价有关[①]。如,

(15) a. 听话者:我想去踢足球。

说话者:<u>一个女孩子</u>。

b. 听话者:她最终战胜了歹徒。

说话者:<u>一个女孩子</u>。

c. 听话者:你天天买化妆品。

说话者:<u>一个女孩子</u>。(日常对话录音)

由例(15)可知,a 激活了"一个女孩子"的主观小量义,说话者认为,女孩子不应该去踢足球,不应该太活泼,应该安安静静地学习。b 激活了"一个女孩子"的"力量薄弱,生性胆小"的典型特征。c 激活了"一个女孩子""爱美"的天性。"一个 X"可以单独成为一个话轮,说明"一个 X"的典型特征一旦被激活就具有语境规约化特征。试想,如果不适用"一个 X"作为回应,如,a 的回应是"你不应该踢足球";b 的回应是"你不应该战胜歹徒";c 的回应是"你应该买化妆品",对比

[①] 史金生、李静文:《"一个 X"类构式的负面评价功能及其形成机制》,《语文研究》2022 年第 1 期。

"一个 X"的使用，"一个 X"更具有典型特征的说服力，语力更强，关联度更高。

也就是说，例（15）中"一个 X"在不同的语境中激活了不同的角色属性，按照情理，这些角色属性制约着听话者所说的情景的出现。在社会普遍的认知中，对"一个女孩子"具有不同侧面的角色期待，比如，期待女孩子应该是安静的、爱美的、胆小的。在不同情境下，这些"缺省"的角色期待会被一一激活，形成最佳关联。

"X"角色属性到底制约了哪种情理关联？"Y"的实现受到"X"哪种典型特征的影响？这种最佳关联是为了表达情理错位还是为了强化情理适宜？这都需要序列语境提供充足的信息。但语境仅仅赋予了"X"某种典型角色特征，至于当"X"的角色期待到底是得到满足还是扑空，就需要考虑当前事实"Y"与角色"X"的情理约束是错位的还是适宜的。其中，"角色期待—实现扑空"的情理错位的事实常常会激发意外情绪。如，

(16) A：晚上你不是吃了一个面包了，怎么还饿得发晕，不然你去医院检查一下吧。

B：我一个五大三粗的大男人，干啃一个面包，这怎么能吃饱，要来三碗面。（BCC 语料库）

观察例（16）发现，"大男人"的角色有很多种，如"有力气""理性""高大"等，而在该例语境中，听话者谈及的是食量的问题，激活了"一个男人"应该食量大的情理意义，形容词"五大三粗"共现强化了说话者对"一个男人"的角色期待，"吃一个面包"在说话者看来为主观小量义，通过"怎么"也可以判断出说话者的意外情绪，角色期待的实现扑空导致了说话者的意外情绪。需要注意的是，很多"一个 X，Y"中的"Y"并不是对意外事实的直接叙实，如果是直接叙实那么就可以加"竟然……"，而有些是加入了说话者对意外事实的评价，如"怎么……""哪能……"等。

2. 话题凸显—言者显身

前景信息是叙述的主线，背景信息是主线以外伴随的内容。方梅（2019）认为，"一个 X"引入一个新信息的功能并不是话题偏爱的形式。本书赞同该文提出的"一个 X"具有背景信息属性的观点。但是，本书

对"一个X"表示伴随状态的观点却有新的思考。如果"一个X"出现在话题链终结的位置,那么"一个X"可以回指上文出现过的主体对象,但是,当"一个X"作为一个现场直指的话题引入时,却增加了引导听话者注意的语效,调动听话者头脑中对X性质属性已有的认知,进行关联思考。李文浩(2018)指出,从语篇信息上看,"一个X"句原本属于后景信息,改成"X一个"后,上升为前景信息。"X一个"比"一个X"的信息地位凸显,会导致读者聚焦于此。本书认为,未必所有的"一个X"都表示伴随状态。"一个X"作为话题,是"引导听话者联合注意"的中心,提升听话者对"X"的关注度,凸显"X"的角色属性特征。

本书所讨论的"一个X,Y"中"一个X"也作为知识背景来凸显后续句"Y"的前景信息,并作为违背情理的角色参照,但是在这种用法中,"一个X"的背景功能逐渐提升为前景功能,说话者不断凸显"一个X"的角色属性,为的是提醒听话者"该角色属性"不应该发生却发生了(或者应该发生却没有发生)后续的"Y"。"一个X"获得了一个准焦点的功能,这种用法也解决了话题不能是焦点的问题。说话者有意提高背景信息地位来凸显角色情理约束的用法。

在实际语言的应用中,形式语义和语用功能不一定完全一一对应。陈振宇(2015)指出,"语用迁移"是形式和意义的错位现象:A类形式实际上却起着B类的意义功能。基本公式是:A类形式+C类特征→B类意义功能。从"一个X"的话题凸显—言者显身的功能视角来看,"一个X"是语用迁移的结果:话题背景信息(形式)+角色属性凸显(特征)→提示听者关注情理约束(意义功能)。

按照认知心理学的观点,当我们特意强调情理约束的时候,暗示了当前信息有可能并没有按照情理进行,即,在意外事实刺激下,说话者才会有意强调本不应该发生的情理。李文浩(2018)认为,"一个NP"不能够单独作话轮使用,但"NP一个"可以。但是在实际语料中,"一个NP"也同样可以单独作话轮。如,

(17) A:他撞坏了你的自行车,你为什么不让他赔钱?
B:<u>一个自行车</u>。(BCC语料库)

例(17)中,"一个自行车"单独作话轮,不再是话题背景信息,而

是增加了"自行车"角色属性特点，这也可以用"话题即说明"的观点解释。这时，说话者显身，提示听话者关注"自行车不应该很贵，不需要赔钱"的情理约束，从而解答听话者的疑惑，也表达了说话者认为"一个自行车还要赔钱"的意外心理。

不仅单独作话轮时"一个 X"才具有话题的凸显功能，在语篇中也同样如此。如，

(18) <u>一个文坛的大家</u>，<u>竟然</u>会用如此幽默的语言来和我们对话，从王老的身上，我们丝毫看不到装腔作势，有的只是贴近生活的质朴。(《7日7频道》2008年2月12日)

观察例（18）发现，"一个文坛的大家"并不仅作为背景出现在语篇中。说话者引入"文坛大家"的角色，是想调动听话者背景知识中角色属性的情理约束，"一个 X"由背景上升为前景信息，说话者显身。"文坛大家"与"用如此幽默的语言来和我们对话"的情理反差激发了说话者的意外，也促进了听话者对"文坛大家"的重新思考。

（三）角色情理错配构式"一个 X，Y"的立场评价

"一个"由客观的数量义转变为负面评价义是在交际互动过程中实现的，经历了由客观数量表达向主观表态发展的主观化过程。"一个"的主观化与所在构式的形成是相互作用、相互影响的，而主观化是一个连续统，处于不断的变化中。前一小节讨论了说话者对"一个 X"的"角色期待"，分析了"一个 X"的性质属性的情理约束。接下来重点分析一下当"Y 实现扑空"时"一个 X"的立场评价功能。

"一个 X，Y"分别激活"一个"的"小量"义和"整体""极性"义，逐渐形成"一个 X"的主观极量义，或者表达主观小量，或者表达主观大量。也就是说，说话者对"一个 X"是有角色期待的，当前事实"Y"违背了角色期待实现时，就导致"实现扑空"，激发说话者"意外"情绪。当说话者利用角色期待"一个 X"来对实现扑空的事实进行评价时，就是本书所说的意外的情理评价表达。

那么，"一个"表"主观小量"和"主观大量"时分别会出现哪些意外情况？这些意外情况又违反了哪种情理？两种相反的主观量极义又是如何激活说话者利用"一个 X"进行情理评价的？这些需要我们进一

步分析。

1. "主观小量角色"与"高于预期实现"的情理错配

杉村博文（2009）认为，"动+个+宾"的贬值意义可能与最小数量"一"密切相关，用"数量小"转喻"价值小"，"价值小"又可以进一步派生出"轻松、随便"的感情色彩。尹常乐、袁毓林（2018）认为，"一个N"结构的"轻松达到动作目的"义与"个"也有关系。"一个"本身是表示客观对象的个体数量，数词"一"表示最小正整数，量词"个"具有通指性，因此，"一个"常常表示小量。但是在"一个自行车，你也那么在意"中，"一个"并不表示具体的数值，不能进行个体化计量分析，而是已经固化为"评价量"，它的主观性增强，具有了"自我"痕迹。又由于"一个"原本在表示客观量时就有最小量的含义，构式"一个X"表达了对"角色X"的主观小量认知。

由主观小量又进一步引申出贬低轻蔑、讽刺嘲笑等负面评价义，这也与人类的社会文化心理有关。中国成语中经常用"一"这个表示量小、量少的词语表示贬低义，如"一毛不拔""不屑一顾""不值一提"。所以，"一个"规约化为负面评价的语用标记与其主观小量的认知有关。另外，"一个"常常跟表小、表负面的典型副词和语气词共现，如"也就一个X""一个X而已""只不过是一个X"。这种共现在一定程度上表明两者在表示小量和负面意义方面具有一致性。沈家煊（1998）指出，一个事物跟另一个事物之间的某种依存关系是人在认识世界的过程中在头脑里建立起来的"常规关系"之一。从认知心理角度看，这种常规关系就是说话者和听话者双方的心理预期，或称为正常期待。正常期待相当于一个评判的标准，如果实际情况与说话者、听话者或双方共有的社会心理预期偏离时，就会产生意外，从而进行负面的评价。如，

(19)（背景：给警犬发的毕业证书，分为初级、中级、高级，警犬要达到高级毕业，至少要半年的时间。）

赵先军：这个狗比其他狗都聪明，会搜索，会追踪，会鉴别，会看护，拒食就更不用说了，但是，现在跨越高难度障碍还有点困难，训练好久了还是不见成效。

肖东坡：<u>一个初级水平的警犬</u>，<u>怎么可能要求它达到高级毕业水平呢</u>？(《乡约》2009年10月23日)

例（19）可以看出，"一个初级水平的警犬"具有主观小量的含义，按照常情常理，"初级水平"的警犬不应该要求它像高级水平的警犬一样，而事实是赵先军强制认为，"这个狗比其他狗都聪明"，应该达到高级水平，这显然是不符合情理的。"一个初级水平的警犬"作为主观小量的角色特征要想达到"高级水平"，显然后续 Y 的实现情况高于事先的预期 X，从而激发了意外情绪。说话者利用"主观小量角色：一个 X"与"高于预期实现：Y"的情理错配的方式引发听话者的情理思考，从而期待听话者修正之前的错误认知。这里的"怎么"与"一个 X"构成了对意外事实的双重评价。

在"一个 X"表示主观小量时，负面评价义是构式直接赋予的，如"一个旧衬衫，至于这么爱惜吗"中，"一个旧衬衫"本身就是低于预期的，有瞧不起、贬低的隐含义。也就是说，当主观上认为本该是小量的事物，而客观事实却高于预期时，就会因"一个 X"的"主观小量"与实际情况的"高于预期"的不适宜而导致意外评价。如，

（20）A：你为什么不让他赔钱？

B：<u>一个自行车</u>。（日常对话）

（21）A：你看她整天风风火火的样子。

B：就是，<u>一个新人</u>，<u>竟然做了教学组组长，连领导都不放在眼里</u>。（新浪微博）

例（20）中 A 高估了自行车的价值，B 用负面评价"一个自行车"降低了自行车的价值，表达了主观小量，凸显了自行车价值低的典型特征，从而起到了安慰 A 的作用。例（21）中 B 用"一个新人"进行负面评价，凸显了新人"小量"的特征，说明新人"做教学组组长"的行为超出了 B 的预期，表达了 B 的贬低轻蔑。

2. "主观大量角色"与"低于预期实现"的情理错配

王力（1984）详细地讨论了"一"和"一个"的活用用法，认为"一个"是"表极性的形容语"，如"等我回家去，打你一个知道"。"一个"进入构式中整体表达"极性夸张"和"主观大量"与"一个"本身表"整体""极性"义有关。

当说话者在评价语境中用"一个"表达"整体"和"极性"的客观量时，常具有认识心理上"夸大"的含义，即触发说话者把事情往大里

说，从而赋予这些"一个 X"类构式极性夸张和主观大量的特征。那么，它是如何引发意外情绪并进行负面评价的呢？这与说话者的预期有关，即说话者认为本该完成的事没有完成或做了不该做的事，这时因低于预期难免会传达说话者失落、不满的情绪，产生负面评价，如"一个大名鼎鼎的明星，这点演技都没有"，其中实际情况低于说话者的预期。当"一个 X"类构式与后者的评价形成矛盾时，常常与表示意外的副词"竟然""居然"等共现，如"一个大男人，竟然这么计较""好一个三好学生，居然逃课打游戏"。这种矛盾往往能激发言语双方的交谈兴趣，这也是"一个 X"类构式负面评价义多于积极评价义的原因。"一个 X"表示主观大量时具有极性夸张义，意外导致的负面评价是更大语境带来的，如"一个大老板，这点钱都不出啊"。"一个大老板"在说话者心中是富有的人，表主观大量，具有夸张义，而说话者所表达的责怪、惊讶、讽刺义主要是通过"这点钱都不出啊"与前面的"一个大老板"的对比体现出来的。后续句的评价反映出的实际情况低于前面对"一个大老板"的主观预期。

也就是说，说话者利用"主观大量角色：一个 X"与"低于预期实现：Y"的情理错配的方式引发听话者的情理思考，从而期待听话者产生对意外情绪的共情。如，

(22) 主持人：现在这种市场比较混乱，忽悠养生的多，都不知道是真有效还是徒有虚名。
女士：对呀，<u>一个大牌子</u>，<u>竟然也敢卖假药忽悠人</u>。
主持人：啊，真没想到，大牌子竟然也做这种事。(《22度观察》2010 年 1 月 22 日)

通过观察例（22）发现，"一个大牌子"为主观大量义，按照社会规约的情理特征为：大牌子本不应该卖假药忽悠人，而事实却低于该预期：大牌子也卖假药忽悠人。"一个大牌子"的主观大量义与"卖假药忽悠人"的低于预期的实现形成情理上的错配关系，以情理错配的方式呈现出来表达说话者的意外情绪，同时也期待听话者共情，如在反馈话轮中"啊""竟然"等语气和情态的表达就证明了该事实确实很令人吃惊。

综上所述，"一个 X"本身凸显了规约化的典型特征，隐含了事实的

发展应该合乎"一个 X"的主观量。说话者之所以将"一个 X"作为话题进行现场直指,是因为"主观小量角色 X"与"高于预期实现 Y"的情理错配,或者,"主观大量角色 X"与"低于预期实现 Y"的情理错配。Michaelis(2001)也从其他语言中找到了指称短语来表达惊讶的例子。本书认为,当前事实与角色属性的"情理错配"是导致说话者对意外进行评价的原因。正因为这种不合情理的现场情况出现,说话者有意向听话者强调"一个 X"的性质属性,表达对"X"的立场,引起听话者对"X 本应该/不应该 Y"的情理思考,从而表达对意外事实"Y"的情理评价。由此看出,这种意外的表达不仅仅是直接的情绪宣泄,更是说话者借助对"不合情理"事实的负面评价来激发听话者意外共情。

(四)"一个 X"的意外立场与会话意图

前人学者已经提出,"反预期""问责/推责""负面评价""异议""劝说"等都不是"一个 X"的固有功能,而是在不同情境刺激下产生的,我们不能对"一个 X"的会话功能随文释义,要找到"一个 X"的规约化意图。在"一个 X"背后一定隐藏着"角色 X 应该/不应该实现 Y"的规约化情理,一旦出现"Y"与"X"不匹配的事实就会激发说话者的意外情绪。但是,为什么说话者不直接表达意外,却要借助一个情理表达式来对事实进行负面评价呢?

说话者利用反情理的负面评价表述进行意外表达时,也蕴含了对听话者的交互主观性意图。李先银(2017)认为,情理驱动的话语表达基于"刺激—反应"框架运作。驱动交际有多种力量,如认识驱动告知(Heritage,2012)、道义驱动请求(Thompson et al.,2015)等。并且,李先银(2021)还分析了"评价"和"请求"两种话语功能,说话者在表达"角色—行为"时也体现了"夸赞""责怪""质疑/否定""拒绝""辩解"的评价态度,以及实施了"劝阻"和"劝进"的请求言语行为。本书认为,前人在主观性意图方面已经有较多的研究,而较少从听话者的视角、立场来解析说话者的会话意图,下面就具体分析一下,说话者是如何站在听话者的角度利用角色的情理约束来进行意外表达的。

1. 制造角色反差——提请听话者注意

从情理角度，"一个 X"的角色特征和"实现 Y"之间的反差激发了说话者的意外情绪，提请听话者注意事实"Y"并没有按照"一个 X"角色约束的情理发展。这种不合理的、错配的事实表述有利于吸引听话者的注意力。

(23) "这教授真有本事，咱们没文化都给咱们吸引住了，它也不是什么娱乐节目，就挺抓人心的。"<u>一个和自己八竿子打不着的事情</u>，老两口**竟然**看得津津有味，对这位讲课的老师更是由衷地钦佩，套句时髦话："现在，我是他的粉丝！"（《7日7频道》2008年3月25日）

观察例（23）发现，按照事不关己高高挂起的情理，"一个和自己八竿子打不着的事情"当然不会"看得津津有味"，而这种反差的并列叙述，增强听话者心理接受的冲击力，沟通固有情理与新闻事件之间的关系，提示听话者注意新信息的意外性特征。

2. 借用类指共知——拉动听话者共情

前文论述了"一个 X"的非典型类指特点，而说话者借用"一个 X"类指中的角色属性来调动听话者的共享情理。说话者既能够省力地表达事实激发的意外情绪，听话者也能够清晰地理解说话者情绪的产生的动因，从而拉动听话者与说话者共情。

(24)（背景：儿子部队转业，填写志愿下乡务农。为这个事，父亲曾经要跟儿子脱离父子关系。）

父亲：<u>一个城里的孩子</u>，<u>出乎所有人意料</u>**竟然**选择下乡务农，放着阳关大道不走，偏要走独木桥，他这葫芦里究竟卖的是什么药啊？

主持人：是呀，叫我我也气死了。（《乡约》2008年2月24日）

观察例（24）可以看到，说话者（父亲）认为，"一个城里的孩子""选择下乡务农"是出乎所有人意料的。按照常规常理，在"城里孩子"的"不肯吃苦"角色属性情理约束下，儿子"不应该愿意下乡务农"，但是事实却恰恰相反，这激起了父亲的意外情绪。而这种类指属性是听话者共知的，因此也能触动听话者与之共情，即"叫我我也气死了"。

3. 赋予角色新知——颠覆听话者的认知

情理具有社会规约性，但也不是一成不变的，当新的情况颠覆了固化的思维模式就会导致意外的发生。人们总是会有"刻板印象"，但事物的发展是动态变化的，不能总是停留在固有认知中，当新的情况冲破了僵化的情理藩篱时，人们就会赋予角色新的意义。

（25）可这别人碰都不敢碰、不能逾越的雷池，<u>一个当时还不到30岁的女村支书</u>，<u>竟然</u>胆大包天、冒天下之大不韪领大伙包上了，只是没想到，惊天之举到底还是让人给发现了！（《湖南新闻》2013年1月15日）

例（25）中，"一个当时还不到30岁的女村支书"带头进行包产到户的行为是不可想象的，在听话者的认知中也是不合情理的，"不到30岁的女村支书"限定了多重刻板印象，"不到30岁"表现为"经验不足"，"女村支书"应该是"胆子小""见识短""不创新"，但是，现实情况却颠覆了人们旧知，赋予了"女村支书"勇敢开创者的印象，表达了说话者意外的同时也颠覆了听话者认知。

可见，"一个X"作为话题限定，其角色属性特征在交际互动中受到现场直指、说话者显身、角色期待的影响，在特定的情景中激发了不同的情理约束。由于事实"实现Y"高于本来应该为主观小量的预期，或者，低于本来应该为主观大量的预期，导致情理错配，激活意外情绪。说话者通过对"一个X"角色性质的立场表达来完成对意外的情理评价，并实现交互主观性会话意图。

通过本书的分析发现，"一个X"除具有类指评价功能外，还具有现场直指的情理评价特征，后者的评价是单就现场出现的反情理事实的特例而言的。前人关于"一个X"的负面评价倾向不足以说明其背后蕴含的逻辑属性，而主观性表达背后总会蕴含情理逻辑。说话者利用"一个X"进行话题限定，从而强调其角色期待，表达对"X"的性质立场，引起听话者联合注意，调动听者对"X应该/不应该Y"的情理联想，从而表达对反情理事实Y的意外评价。

三 时间限定与意外的性质立场
——以"大 X 的，Y"为例[①]

上文讨论了"一个 X"的身份角色属性对情理的约束，下面再来看一个同样与情理约束的属性 X 有关的评价表达——"大 X 的"。需要说明的是，虽然有时候"大 X 的"也表达身份角色，如"大男人的""大姑娘的""大博导的"等，但是本书赞同李先银（2017）的观点，表示身份角色属性并不是"大 X 的"的固有功能，"一个 X"也可以表示身份属性。前文已经详述，此处不再赘述。另外，凸显时间属性是"大 X 的"的独特之处。

前人学者对"大 X 的"的研究中较多关注"X"的属性特征，如，宋玉柱（1994）、沈阳（1996）、项开喜（1998）、吴长安（2007）都强调了 X 的特殊性。也有学者关注了"大 X 的"的后续情景的配置。如，徐邦俊（2012）从认知心理的凸显角度指出，"大 X 的"中 X 的特征作为后续话语的语用预设，显示了说话者的主观情态。桂靖（2014）提出，"大 X 的"限定了"行为的规范性"。

李先银（2017）指出，在"大 X 的"的构式中，"X"表示的时间与后续语段的行为存在情理上的关联，该文观察到了"X"与"Y"前后情景的联系，并且用情理的视角探索交际驱动的内在逻辑。这给了笔者很大的启发，该文探讨了"刺激—反应"框架下激活的情理对语言形式塑造，为本书从"情理"的角度研究"大 X 的"提供了思路。

但是，该文有一个问题没有解决，他将反向驱动下反情理事件的偏好形式分为"大 X 的，别 Y 了"和"大 X 的，你怎么 Y？"两种形式，并认为其分别具有"请求"和"评价"的会话行为功能。但笔者发现，这种话语功能是在"大 X 的"的话语模式下针对后续句"别 Y 了"和

[①] 需要说明的是，前人学者普遍认为，"大 X 的"高频使用于反情理事件驱动的互动交际中（李先银、洪秋梅，2017）。整个句子的否定评价义会转移附加到"大 X 的"上，使得"大 X 的"规约化为负面评价构式（方梅，2017）。因此，与"一个 X，Y"类似，本书侧重于"大 X 的"的反情理评价功能研究。

"你怎么Y？"而言的，并不是"大X的"本身的语法功能。因此，本书在前人研究的基础上进一步探索，当现实出现与意外有关的"刺激—反应"时，说话者是如何利用"大X的"对反情理意外进行评价表达的？也就是说，本书重在探索"大X的"内在固有的功能属性。

另外，李先银（2017）认为，语言形式和所实现的会话行为之间呈现一定的关联，语言表达是"当前事实'刺激—调用'情理进行行为反应"的结果。但是，本书认为，除情理关联驱动行为外，事实的刺激还会引起主观性的立场评价，而主观性的背后常常依据一定的"情理"，主观性和情理是相互整合的一对关系。"大X的"和后续的"实现Y"构成了"预期认知—当前信息"的关系，前后是"背景—前景"的关系，两者存在时体差异，前者为虚拟，而后者为叙实；前者隐含了共享的立场，后者体现了对现实事件的评价；前者为"理"的隐含，后者为"事"的呈现。也就是说，"情理"不是人主动控制"X"应该或不应该做"Y"，而是人对于"X"应该或不应该做"Y"的一种认知判断。与前人研究不同的是，本书并不研究说话者是如何按照情理进行言语行为的，而是对事实的存在和发展是否符合情理进行主观评价。这就很好地解释了，为什么"大冬天的，饭菜还馊了"叙述了事物的发展但仍然是情理的表达。即，虽然不是人主动按照道理实施行为，但是却蕴含了人们对于事实不符合情理的负面评价。"大冬天的"饭菜本不应该"馊了"，但事实却"馊了"，在认识上，这是不合情理的，因此引起了说话者对意外的情理评价表达。

（一）"大""X""的"的性质凸显与逻辑潜藏

1. "大"的主观强调与情理激活

与前文的"一个"不表示数量一样，"大"也失去了原本形容大小的语义，转而表达主观强调，增强了表达语力，从表示程度的深广到加强强调语气。主观增量标记"大"主要是凸显说话者的主观情感。（姜其文，2015）宋玉柱（1994）指出，"大"强调时间的重要性或特殊性。项开喜（1998）指出了"大"在认知上的"显著性"。前人都发现了"大"的特殊用法，即凸显时间典型性特征。笔者认为，"大"的凸显义的形成是从空间域到时间域的隐喻过程，由空间上的"大"到时间上的"大"，是从客观到主观的过程。但问题是,"大"的凸显与强调背后蕴含了什么样的逻辑。即,在什么前提条件下说话者要用"大"强调后续的时间属性。

回答这个问题前,我们先来看一下,"大"和"小"在语言表达中不对称的情况。吕叔湘(1980)曾经指出,有"大"必有"小",但是,为什么可以说"大冬天的"但不可以说"小冬天的",可以说"大周末的"但不可以说"小周末的"呢?

本书认为,这种不对称源于说话者赋予的"自我"印记。生活中,空间中"大"的事物更能引起人们的注意,当隐喻为时间概念域时保留了凸显时间属性的功能。而空间域中的"小"本身不被人关注,隐喻到其他概念域中就留下了主观轻蔑的痕迹。因此,"大X的"中的"大"具有主观大量义,是说话者对时间属性的凸显。如,

(1) 胜先生爱人:因为他绣这个东西一针一针地拽,那个线有飞毛,怕吸到肺里太多,就戴一口罩,大夏天的,竟然还戴着一个口罩,一针针地在那绣,脸上身上到处都是汗,还要捂个口罩,咱们不戴口罩都觉得很热,他还要戴口罩一针针地在那儿绣。

(《资讯早八点》2008年3月17日)

观察例(1)发现,"大夏天的"凸显了夏天"闷热"的典型属性,而"夏天"本应该穿着透气、凉快的衣服,但现在事实上却要"戴一口罩",那必然"脸上身上到处都是汗"。可见,"大夏天的"与"戴一口罩"不符合普遍的认知规律,传递了意外情绪。

用"大"来凸显时间的属性,其目的是说明"什么时间应该做什么事"的共享情理。沈阳(1996)认为,"大X的"必须联系它的后续句才能得到清楚的说明。本书认为,其实可以不用联系后续句,"大X的"中的"大"本身就可以激活听话者联想后续应该出现什么样的情理关联。也就是说,凸显不是目的,阐明"时间"属性的情理约束才是说话者的意图,当事实出现与时间不匹配的情况时,即"在特殊时间里没有做应该做的事情",这时就会激发说话者的意外情绪。

2. "X"的常理约束与等级地位

关于"X"的特征类型,前人已经有比较丰富的研究,如表示"气候""节假日""时间点""月份""星期""时令""季节"等,本书不再赘述。笔者想强调的并不是这些时间的典型性、重要性或者特殊性的

本身属性，而是探求被社会规约、常理常情约束的"X"有什么样的范畴特征，即"X"在整个范畴内处于什么样的地位才能够激活人们对它的情理认知。

沈阳（1996）认为，考察"大+时间词"发现，"大"的时间词往往是不工作或不适合工作的时间。李先银（2017）发现了"X"与某种行为建立起情理关联，但遗憾的是，该文并没有从时间属性出发分析时间"X"固有的常理约束特征，而仅仅是就不同情境下的行为进行分析。

情理的约束不以人的意志为转移，它是集体的社会规约的认知约束，存在于交际双方的头脑中。如，

(2) 邢云：我以为你说夏天特别热，冬天穿着绒衣在那儿练，二十分钟就冻透了。
张金龙：这个肯定不会。
邢云：<u>大冬天的</u>，也会练出汗来啊？
张金龙：对，这是肯定的。（《人物周刊》2009年9月28日）

(3) 王力：在西四，现在大家不吃川菜的少了，但是那个年头北京除了它之外只有一家，一般老百姓进不去的四川菜馆叫四川饭店。
刘思伽：那个在我奶奶家旁边。
王力：是一个深宅大院，说实在的不是有点资格的人还进不去，成都酒家把川菜给弄到北京来，把麻辣烫弄到北京来，<u>大夏天的</u>，竟然在北京吃重庆火锅。可惜好景不长，因为他们是一个官办的机构，时间不长，两三年、三四年以后就撤回去了，所以它的副产品是把川菜在北京推起来了。（《行家》2009年4月21日）

观察例（2）和例（3）发现，"大冬天的"与"出汗"两者的搭配当然是情理错配的，而"大夏天的"在北京本身就比较燥热，根本不可能去吃"重庆火锅"，也是违反情理的。调查语料发现，"大夏天的""大冬天的"出现的频率较高，而"大春天的""大秋天的"出现的频率较低，除时间本身的"重要说""特殊说"外，还与人的心理认知有关。"极端"的时间更容易建构与该时间相匹配的情理，在等级序列范畴中，等级的两端比较容易触发人的主观情态表达，一般在极冷或者极热的时

候人们才会形成一致的、普遍的、集体的共享认识。其他时间概念也同样如此，如，我们通常不会表述"大初六的""大星期二的""大下午的"等，即使表述也是在与范畴中其他成员进行对比后表现出来的差异性，如"星期二"和"星期六、日"相比，"星期二"通常来讲是上班的。如，

（4）为什么大周二的，还那么多人不上课、不上学、不上班！（转引自李先银，2017）

例（4）中，因为在人们的普遍认知中，一周分为"周内"和"周末"两个阶段，"周内"本应该上班的，而"周二"勉强算是周内的典型成员，因此可以引发共享的情理，但如果换成"大周三的"就有点说不过去了。

总而言之，"X"必须是对比范畴中的"典型成员"，或者是等级序列范畴中的"极端成员"，才能激发人们社会规约化的、集体一致性的情理认知，而不涉及个人独特的见解，也就是说，说话者阐明的情理必须也让听话者感受得到。

3. "的"的确认判断与强化立场

关于"大X的"中的"的"，不同的学者有不同的看法，其中有代表性的主要有"确认情态助词说"（余光武、李平川、蔡冰，2011）、"强调语气说"（吴长安，2007）、"状态形容词后缀说"（高顺全、蒲丛丛，2014）。吕叔湘（1944）指出，"的"字表示的是一种确认的语气，就是确确实实有这事，没有错。张伯江、李讷、安珊笛（1998）指出，"的"作为一个情态助词，表示说话人对一个命题的主观态度，属于认识范畴，作用于一个命题，反映的是句子的情态类型。判断句的语势比叙述句重一些，所以才利用"是……的"来加重语势。"的"还可以表示对事理的确认，如"天生应吃的苦也是要吃的"。其中，关于"的"事理确认功能的观点，对我们研究"大X的"的情理约束具有很大的启发。本书认为，"的"是对"大X"时间属性的情理约束的确认判断，调动交际双方头脑中已有的知识背景进行共享认知的过程。如，

（5）对于孩子来说，一定让他进社会去磨砺，让他去碰钉子，其实人的修复能力、适应能力是非常强的，你不给他这个机会，他就没法强，所以西方人讲究这种魔鬼式的训练，像韩国、日本、

<u>大冬天的</u>，小孩子光着腿在雪地里，中国家长早不干了。(《锵锵三人行》2010 年 11 月 26 日)

观察例（5）可知，在中国家长的思维模式里，冬天是不能光着腿不穿衣服的，"的"表示对"大冬天"不应该做某事的情理判断的确认，即在中国教育习俗认知里不能接受"大冬天""小孩子光着腿在雪地里"这样的情景。"的"强化了情理约束，作为后续句的分界，提示听话者注意"大 X"的情理关联。

关于"的"的隐现问题，当"平铺直叙"地描述事实时，"大 X"作为话题开启一个言谈，"的"可以隐去不说，但如果是"夹叙夹议"地讲述事实时，说话者为了提高事实的情理值，"的"常常不能隐去，也就是说，越是强调情理越不能省略"的"。如，

（6）顾峰：我一听都傻了。我们曾经有这样一方面的了解，关键是刑警尤其是法医要出现场，特别是针对恐怖事件的时候，女性多多少少在心理上刚开始接受这个工作的时候有一些抵触吧。

王佳一：肯定和男同志不一样，因为她要承受和承担更多的压力，这是一定的。而且我讲讲细节，有一次我参加妇女大会坐她的车。<u>大冬天的</u>，这姐姐**竟然**还垫着凉垫呢。她根本就没有时间换，也没有精力换这个，一天到晚脑子里全装的是案子。(《一路畅通》2009 年 3 月 9 日)

（6'）a. <u>大冬天</u>，这姐姐**竟然**还垫着凉垫呢。
　　　b. <u>大冬天</u>，你别垫着凉垫了。/垫着凉垫怎么能行呢？
　　　c. <u>大冬天的</u>，这姐姐垫着凉垫。
　　　d. <u>大冬天</u>，有一位姐姐，垫了一个凉垫，在工作。

观察例（6）发现，"大冬天的"是说话者期待听话者能够调动共享情理的结果，"的"强化了对情理的判断，即"大冬天的"不应该"垫着凉垫"，但如果隐去"的"变成"大冬天，这姐姐还垫着凉垫呢"，就弱化了事实的不合理性，而仅仅是对大冬天里什么人做了什么事的客观描述。功能语法学家认为，不同的形式之间一定存在不同的功能，"的"的作用加强了对情理约束的判断语力，借用情理的力进行解释，增强了主观性与交互主观性。关于"的"的隐现，观察例（6'）可知，加不加"的"在叙述性和论证性方面还是有区别的，不加"的"时，如例（6'）

a 和例（6'）b 后续句是不能有"评价性"的论述的，加"的"后一般很少用于叙述语体中，不加"的"可以与"有""了""在"等表达的叙述词语共现。如例（6'）d，说明"大冬天"是叙述的起点，可以描写一个动态的新闻事件。吕叔湘（1942）在讨论"起词"（"主语"）问题时就对叙事句和判断句做了区分。沈家煊（2021）进一步论证了"有"和"是"两种言语行为的对立。"大 X"是叙述性的起点，重在说事，强调对动态行为事件的叙说（narration），是具有新闻性质的现实事件。而"大 X 的"是论证性的起点，重在说理，强调对静态概念的断言（assertion）。

（二）形名结构的话题限定与时间定指

与前一节强调角色属性的构式"一个 X"可以作话题一样，本节所讨论的强调时间属性的构式"大 X 的"也同样可以用来做话题限定，表达时间属性的性质立场。方梅（2002）认为，指示词"这"在言谈中的功能主要有：情景用、示踪用、语篇用、认同用。并认为，作为定冠词的"这"是指示词在篇章中"认同用"进一步虚化的结果。认同用存在于双方共享的知识当中。其中，方梅在文中提到的"指示词"可以弱化谓词短语用在句首作"话题标记"的用法引起了笔者的关注，给本书研究像"大 X 的"这样的形名结构作话题的现象提供了思路。这是把未知信息处理成已知信息的用法，调动听者头脑中原本就有的情理关联。"这"与"那"不同，"这"可以作为定指手段。应用到本书研究的"大 X 的"中，"大 X 的"前可以与"这"共现，具有把听者对"X"的时间属性的认知拉到言谈现场引起关注的作用，类似于"一个 X"前加"单数人称"所具有的现场直指的功能。但是，"大 X"前不能加"这"，这与时间定指用来表达对话题限定的性质立场有关。如，

（7）A：**这大下雨天的**，你咋跑外面逛街去了？
　　B：因为我在那里上班啊。（BCC 语料库）

（8）A：明天公司组织旅游，兴奋得睡不着了。
　　B：**这大冬天儿的**，我祝你出去之后还回得来。
　　A：谢谢，我这儿还零上十多度呢。（BCC 语料库）

观察例（7）和例（8）发现，加"这"以后很明显能够感受到说话者的立场态度，调动听话者关于"下雨天"或者"冬天"本应该/不应该

做某事的情理认知，这个情理认知是交际双方共有的，期待听话者认同与共情。而由于"大 X"是叙述的起点，不具有论证性的特点，前面不能加"这"来期待认同。如，

(7') A：<u>这大下雨天</u>，<u>你咋跑外面逛街去了？</u>
　　　B：因为我在那里上班啊。
(8') A：明天公司组织旅游，兴奋得睡不着了。
　　　B：<u>这大冬天儿</u>，<u>我祝你出去之后还回得来</u>。
　　　A：谢谢，我这儿还零上十多度呢。

当我们去掉"的"后，如例（7'）和例（8'），句子就不成立。另外，"大 X 的"因为具有论证性还可以放在话轮尾作为补充说明言者的立场观点，但是作为叙述起点的"大 X"就不能用在话轮尾。如，

(7'') A：你咋跑外面逛街去了？<u>这大下雨天的。</u>
　　　B：因为我在那里上班啊。
(8'') A：明天公司组织旅游，兴奋得睡不着了。
　　　B：<u>我祝你出去之后还回得来。</u><u>这大冬天儿的。</u>
　　　A：谢谢，我这儿还零上十多度呢。

例（7''）表达了说话者对"下雨天"时间属性的强化立场。而例（8''）这种说法却是不适宜的。

（三）"大 X 的"的时间性质与情理约束

谈论时间离不开运动，运动事件框架中的主要组成成分均可用于时间概念表达。沈家煊（1995）认为，动作的主要特征是占据时间，不占据时间的动作是不可想象的。在时间上，动作有"有界"和"无界"之分。沈家煊（1995）把有内在终止点的有界动作称为"事件"，没有内在终止点的无界动作称为"活动"。Talmy（2000）发现了至少五类事件具有相似的句法和语义性质：运动事件、体相事件、变化事件、关联事件、实现事件。Vendler（1957，1967）区分了四种体相类型（也称"情状类型"）：活动、状态、完结和达成。其中，"活动"和"状态"属无界事件，而"完结"和"达成"则是有界事件。Vikner（1994）区分了四种事态类型：状态、过程、拖延性事件和瞬间性事件。这些理论解释了，动作行为的发生、发展以时间作为衡量标准，时间有始终，所以动作也

有始终的区别；时间有静有动，所以动作也有静止和移动的不同；时间有界无界，所以运动也有完结达成和活动状态的区分；时间有瞬间和持续，所以动作也有突发和拖延的差别。

在语法形式标记中，动作与时间相互整合，在语用认知功能上，动作也需要配合时间的要求，"在什么时间做什么事情"，时间和动作两者如影随形。人们在认知过程中常常按照时间的约束进行推测、判断、预期。以往的研究大多都把"时间"作为"行为"叙述的伴随品，叙述中事件的发展才是主线，时间仅仅是事件的背景信息。本书在前人研究的基础上又推进了一步，本书认为，具有时间属性的"大X的"作为话题限定，表达了说话者的立场态度，强调了时间属性的情理关联，是论证的起点，并不是叙述的背景。

1. 人类行为实现的适宜性和发展的顺序性

按照社会习俗、常理常规，当人们在做一件事情的时候一定不自觉地会遵循该时间点和时间段的适宜性要求，如冬天需要保暖、夏天需要乘凉、晚上需要休息、工作日需要工作、过年需要喜庆等，"在对的时间就应该做对的事情"，这是不言自明的人之常情。如，

（9）作为年轻人，属于"80后"也好，"90后"也好，他没有这个意识，所以他自我封闭性很强，大晚上的，一定不希望别人打扰。你随便敲门一般他就不给你开，就是这么个事。（《城市零距离》2010年8月26日）

观察例（9）发现，按照常理来讲，晚上需要安静、休息，是不希望别人打扰的。"一定"表达了说话者推测的主观性，说明"晚上"这个时间点人们普遍不愿意被打扰的意愿情态。

前文提到，进入"大X的"的时间都具有顺序性（王雪燕，2021），"四季轮回""昼夜交替""年复一年"，在人类社会中时间呈现出循环往复的特征，因此，就会有"到了什么时间就应该做什么事"的情理认知，到中午一般应该吃午饭，到冬天按照常理应该加衣物，到春节按照习俗应该阖家团圆，等等。如，

（10）宋扬：大中午的，估计大家正吃饭呢。

老郭：对。

宋扬：还有一些朋友准备去吃饭。

老郭：还有朋友已经吃完了。(《城市零距离》2008年4月24日)

从例（10）中可以看出，"大中午的"推测出"大家正在吃饭"，估量词"估计"明示了按照常规常理应该实现的行为。

2. 事物状态变化的规律性和存在的恰当性

除人主动进行某项活动外，一些客观状态的变化也遵循时间的规律。虽然客观事态不以人的意志为转移，但是违背了人们普遍的常规认知也会感到奇怪。如，

(11) 工程人员来我家里检测室温的话，不是说那个时间可以协商吗？**大中午的**，室温**肯定**升高，因为有日照的因素。那么这个协商的时间，比如说我就是想请我们的专业技术人员在我屋子里最冷的时间，如夜里十二点、一点钟的时候来进行检测。(《城市零距离》2010年11月17日)

观察例（11）发现，随着一天的气温变化，按照认识常理来讲，中午的气温是一天中最高的，室内的温度也会随着气温的变化而变化，因此，人们做出了肯定性推断，"中午室内温度升高"。

前面谈到的大部分都是动态的行为动作，与此相对的还有人们对事物静态属性的认知，这也与时间概念相关联，即在这个时间事物呈现的属性特征。如，

(12) 老郭：去海里冬泳。

宋扬：**大冬天的**，**你想啊**，海水刺骨的凉。我以为都是老大爷，发现阿姨们身体都特别好，下去游一圈上来身上还冒热气呢，80多岁没怎么得过病。我特羡慕，说要不我也试试，人家说年轻冬泳不好，年纪大了冬泳还行。(《城市零距离》2008年4月25日)

观察例（12）发现，"大冬天的，海水刺骨的凉"，这是谁都知道的道理，"海水刺骨的凉"是冬天时海水的状态，是持续的，是静态的。因为冬天气候冷，所以人们才有"海水凉"的共享认识，二者是相关联的。

（四）时间情理错配构式"大 X 的，Y"的立场评价

前文分析了时间的情理约束，即 X 与 Y 的匹配关系，这是顺向的逻

辑认知。相反，如果事实并没有按照道理来就会出现"情理错配的意外表达"。徐邦俊（2012）考察了"大X的"与后续句的关系：一是语用预设与后续句的判断；二是时间段与后续句的行为矛盾；三是说话者的心理认知与现实事件矛盾。李先银、洪秋梅（2017）认为，X 表示的时间与后续语段的行为存在情理上的关联，即时间—行为的情理关联。但是，这些情理关联不能解释为什么"大X的"倾向于出现在负面评价的语境中。可见，前人研究大多都注意到了"大X的"时间属性与后续行为的关联关系，但是并没有进一步挖掘当"事实"和"情理"相碰撞时"大X的"独自表达的主观情态功能。也有学者关注到了构式的语境整合，如于芹（2007）认为，"大X的"表示时间与后续行为的冲突，这种逆向义频繁使用的结果就是，后续句的行为被整合进构式"大X的"中，让它独自承担转折逆向的含义。可惜的是，该文是从语法环境入手的，过于强调语境的影响，未免有随文释义之嫌，并没有进一步论述"大X的"的规约化功能。

接下来，笔者就在前人研究的基础上重点来探讨当发生时间情理错配时，说话者是如何利用"大X的"来表达对情理错配意外的评价的，即找到"大X的"在整合语境后自身固有的情理评价功能，试图解释为什么"大X的"倾向于在"反向驱动"的情理语境中表达主观评价。

1. "时间约束"与"事实信息"的情理错配与前景提升

"大X的"作为交际双方共享的背景知识存储于人们的情理认知中，"谁都知道的道理"不需要刻意阐明，而现在单拎出来明示，说明后续一定有令人惊讶的事实存在，即现实的发展并不符合时间情理的要求。情理是没有发生现实情况前的预期推理，属于背景信息，现实情况是说话者想要凸显的新信息，属于前景信息，两者的错位激发了说话者的意外情绪。如，

（13）顾峰：<u>大早晨的，</u><u>起来可能真是觉得没睡够</u>。孩子也不容易，一周到头了，<u>大周末的，</u>还有很多业余的课外辅导班。现在人长大了，有的时候做梦还梦见上学的时候忘这儿忘那儿，还有上学的各种考试，突然觉得什么都不会了，考一个不及格又被家长数落半天，都是噩梦呀！（《一路畅通》2009 年 12 月 14 日）

观察例（13）发现，存在顺向和逆向两种"大 X 的"的表述方式，"大早晨的，起来可能真是觉得没睡够"是在"讲道理"，"大周末的，还有很多业余的课外辅导班"是在"摆事实"，而后者表达了"情理后景——大周末的"与"现实前景——还有很多业余的课外辅导班"不合理的意外情绪。这种意外情绪的背后是情理的支撑，即"大周末的应该在家休息"。

时间情理约束"大 X 的"是人脑中虚拟的理论，而后续"Y"是现实发生的事件，后景是主观认知，前景为客观叙述，当前客观事实与人头脑中虚拟的情理不匹配时就会激发意外情绪。如，

(14) 很多退休职工没有地方去，大冬天的，只好露天打牌，这种局面什么时候可以改观？（《城市零距离》2010 年 5 月 21 日）

观察例（14）发现，"大冬天的"本来与"露天打牌"没有什么直接的关系，但是却与冬天的时间属性发生联想。冬天应该是注意保暖的，结合现实场景，推断出不应该在露天打牌的观点，从而突出了前景信息，即"露天打牌"不合理的意外事实。

"大 X 的，本应该/不应该 Y"作为认知后景，其中"本应该/不应该 Y"的时间情理约束被整合进了"大 X 的"的构式中，存在于人们潜在的意识中，交际双方不言自明，通过缺省推理能够轻松推出。

而当事实 Y 与头脑中的情理不相符时就会激发"反情理"的意外情绪，这时说话者向听话者传递了一个与时间情理错配的意外事实，并作为前景信息进行凸显。也就是说，当时间情理错配时，"大 X 的"后续不合情理事实激活了构式的情理认知，"大 X 的"能独自表达情理评价，不需要借助后续语境。说话者将"大 X 的"作为话题限定，突出强调"X"的时间性质，表达对"X"的性质立场，对意外进行情理评价，强化了意外表达的语力，"大 X 的"逐渐从叙述后景提升为评价前景。

2. 约定俗成的认识立场与意外应激的情感评价

认识立场是规约化的、固有的常规常理，属于情理的部分，而情感评价是对违反认识立场的意外事实的应激反应，是随情景的变化而变化的当前信息。就"大 X 的，Y"这一构式而言，其语用意义和功能是整体呈现出来的，不能割裂来看，认识立场是指 X 与 Y 匹配情理约束，而情感评价是对 X 与 Y 不匹配时的应激反应。如，

（15）亚沙：因为那天凄惨地被巡逻的交警给赶走了，然后我们那拨人又直接滑到魏公村避风塘，快到两点的时候集体冲到马路上去了，然后在那儿看月食。

记者：这也不能怪警察，大晚上的，三十多个人竟然溜冰到天安门，也确实不太安全，咱们也不提倡啊。不过这喜欢轮滑的人凑在一起话题自然就多，有的时候没准就能成为好朋友，甚至帮助你找到工作。（《资讯早八点》2008年11月6日）

观察例（15）发现，"大晚上的"在人们认知中是不会"溜冰到天安门"的，更不用说"三十多个人"了。该例的认识立场是：大晚上的不应该发生三十多个人溜冰到天安门的情况，但是现在事实却发生了，因此激发了说话者的意外情感。可以加"竟然"进行测试，如"这大晚上的，三十多个人竟然溜冰到天安门"，后续"也确实不太安全"强化了对意外行为的评价。

可见，"大X的，Y"在正向驱动时，表达了约定俗成的认识立场，是正常的情理约束，这是沈家煊先生所说的"无标记"的表达。而"大X的，竟然Y"在反情理的负向驱动时，表达了意外应激的情感评价，这种情况是有悖于"常情常理"的，是"有标记"的表达。按照人们语言表达的认知心理，人们通常会对一个反常的事情加以表述，所以，"大X的"对意外的情理评价功能也逐渐浮现出来。

（五）互动语境中"大X的"交互主观性推理过程

1. 隐含始发——语用预设

前人学者大多认为，"大N"作为背景句的前提和预设为说话者进行评价提供了预期导向。如，

（16）大正月的，你千万不要说这种不吉利的话。（转引自项开喜，1998）

例（16）这种表达是在正向说理，"千万不要说"是劝止言语行为，表达强烈的提醒义，而说话者为什么会有这样的主观认识？除"大X的"的预期导向外，还与"大X的"的时间情理约束有关。按照中国人的节日习俗，"大正月的"不应该说"不吉利的话"，说话者潜意识里存在这样的背景知识。以节日习俗的"情理"为参照向对方发出警告，更具有

说服力。

但是有时,"情理"不直接表露出来,而是隐含于说话者的认识中,后续句往往接续的是当前发生的事实。如果说前者是"讲道理",那么后者就是"摆事实"。如,

(17) 顾峰:建议天气不是很好的情况下早晨您就别锻炼了,关键是为了您的健康考虑。

王佳一:有的朋友发短信说,<u>这大星期天的</u>,你们<u>竟然</u>说这么<u>压抑的话题</u>。

顾峰:跟您这么说,一般周一到周五上班的时候由于忙,不显得有孤独和寂寞存在,到周末自己在家里待着就觉得尤为明显。研究发现,寂寞和孤独的人患心脏病和中风的可能性要比常人高三倍。(《一路畅通》2009年12月14日)

观察例(17)发现,"这大星期天的"与"说这么压抑的话题"在情理上是不匹配的,"竟然"明示了说话者的惊讶情绪。其中,指示词"这"具有现场直指性,吸引听话者关注当下事实,说话者只是拿交际双方共有认知作为预设,暗示接下来的事实是不合理的,提请听话者注意。如果后续事实隐而不说,"这大星期天的"作为始发话轮,同样预示了当前事实与共享情理的错配。因为,"大星期天的"本身就存在于人的知识背景中,是不言自明的,如果说话者有意强调时间属性,说明当前事实的发生与人固有的、普遍的认知情理有偏差,那么这种偏差正好激化了说话者意外情绪的表达。再如,

(18) 现在咱们提倡低碳生活,您说<u>这大春节的</u>,<u>不但没低碳</u>,<u>反倒污染了</u>。(《新闻热线》2010年2月22日)

观察例(18)发现,此处套叠了语用预设和意外情态两种情况,"大春节的"应该低碳,但是,"反倒"污染了。前者为语用预设,后者为对当前信息的意外表达。

2. 缺省回应——理性反驳

缺省回应是指当说话者说出"大X的"时候,隐含了情理约束义,说话者根据常规认知缺省推理出其语用意义。前文分析了"大X的"和后续"Y"情理错配导致的意外情况,而这里将论述当"Y"出现在上一话轮听话者的叙述中时,说话者是如何用"大X的"进行语用否定

的。如，

(19) 我这儿是有八十岁老人，发点券，现在还不错，原来一个月一发，现在一个季度一发，拿到票搞卫生，找他擦玻璃、擦油烟机。他来了以后今天一个小时擦两块玻璃，**他竟然说冻！我想，大冬天的**。擦不了，来回来去擦，我说行了你别擦了。(《城市零距离》2010年2月22日)

观察例(19)发现，"冬天"本就应该"冻人"，"大冬天的"强调了人们常规认知中的情理判断。此处隐含了元语否定，"他来了以后今天一个小时擦两块玻璃，他说冻"，说"冻"是擦玻璃小时工的话，"冬天你不应该说'冻'"是说话者的元语否定。

再来看看在互动序列中的情况，如，

(20) 患者：不知道为什么就低烧。每天下午就一直低烧。
大夫：我们也不知道什么问题，从明天开始检查，一项一项查，你明天呢，先喝多半瓶暖瓶的凉白开。
患者：大早上的。
大夫：为了检查那就喝一下呗。
患者：喝太多了，根本喝不下去。
大夫：你就没喝。(BCC语料库)

(21) A：吃红薯吗？刚烤出来的。
B：大晚上的。
A：别怕长肉，长肉是生活富饶的体现。(BCC语料库)

(22) A：早点睡吧，晚安。
B：这大上午的。
A：谁让你把这么不好的消息告诉我，我都没兴致了。(BCC语料库)

观察例(20)至例(22)可以看到，"大X的"单独做话轮，回应上一话轮中说话者的话语，"大早上的"不能喝多半瓶暖瓶的凉白开，"大晚上的"不应该吃烤红薯，"大上午的"不应该说晚安，可见说话者缺省回应了说话者的话，实现了语用否定的目的。

3. 尾部反馈——强化证明

在话轮尾部，或者是在序列尾部，"大X的"单独做话轮对前面叙述

第二章　话题限定与意外的性质立场　　95

的事实补充"情理约束",说话者先说出一个意外事实,然后期待听话者推出为什么意外的原因。如果存在 Y 的事实那么一定不会在 X 的时间内,而现在恰恰又是在 X 的时间约束下,那么就回溯证明并强调之前话轮中提到的事实 Y 的存在是不合理的。如,

(23) 撒贝宁:肖晓琳老师也是法制节目主持人里的一个前辈了,然后她在走廊里看见我,<u>第一眼我当时觉得肖老师颤抖了一下。</u>(事实 Y)

陈鲁豫:哦?是打了个寒战吗?

撒贝宁:<u>你想想大夏天的。</u>(时间情理约束 X)(《鲁豫有约》2012 年 4 月 20 日)

观察例(23)发现,"打了个寒战"一定不会是夏天,但现在说话者在第三位置的反馈话轮里恰恰证明现在就是"大夏天的",由此来证明夏天打寒战是不合理的。"你想想"期待听话者调动知识背景进行推理。

(24) 窦文涛:我举一个很简单的例子,咱们不好说别人,我就说我们凤凰,同样我们是香港公司,北京公司,<u>我们录像的那个地方没有空调,但是电视台录像是需要穿西装的。</u>(事实 Y)

许子东:不,你纠正一下,它有空调,但是它不能在我们做节目的时候开,所以他先开,进去的时候,跟冰箱一样,然后过一阵就变暖箱了。

窦文涛:<u>这大夏天的。</u>(时间情理约束 X)(《锵锵三人行》2011 年 7 月 15 日)

观察例(24)发现,用"大夏天的"来证明听话者理解了自己的意外情绪,产生了共情。

(25) 老郭:第一个是中水的问题,说实话我们都知道北京其实是一个非常缺水的地方。现在很多老百姓都意识到,这个水白花花地去浪费,包括洗菜的水、洗衣服的水,我们能不能用它来冲厕所、搞卫生,这个需要政府去做,光靠我们自己在家里做事情,我预备无数个桶、盆来接水。

庞委员:都是有限的。

老郭:本身是有限的,<u>而且说实话它也不是很卫生,你把洗菜的水在家里搁着</u>(事实 Y),<u>大夏天的</u>(时间情理约束 X)。

>黄彦：这个工作现在在逐步开展，咱们现在新建的小区都要求冲厕所的水必须是中水，但是老的小区要改造管网设施也是一个很庞大的工程。(《城市零距离》2008年6月28日)

观察例（25）发现，"大夏天的"在话轮尾部对时间的情理约束进行说明。本身为了节约用水是提倡"把洗菜的水在家里搁着"的，但是，现在补充说明"大夏天的"证明这种做法是不合适的，夏天天气热更容易滋生细菌，不应该存储污水。

综上所述，本节分析了时间角色"大X的"在行为动作的适宜性、实现完成的顺序性、状态变化的规律性、存在关联的恰当性的情理约束，并分析了事实与情理错配而激发的意外评价。另外，根据"大X的"在序列话轮中的位置敏感来分析意外产生的语用推理过程，解答了为什么"大X的"倾向于表达反向驱动的主观情态。本书认为，意外的情理评价是"大X的"规约化的话语功能。

四　小结

本章以"一个X"和"大X的"为例，探讨了说话者是如何通过对"角色性质"和"时间性质"的话题限定来表达评价立场的。这也就解答了本书在引言中提出的问题，话题限定除提供一个知识背景外，更多的是引导听话者联合注意，期待听话者调动关于"X应该/不应该Y"的情理认知。

而一旦当前信息出现了"情理错配"的意外事实，就激发了说话者对意外的表达冲动。当前信息"Y"与性质属性约束"一个X""大X的"相错配时激发的意外情绪，其实是给"X"贴标签的过程，即"X"必须具有该角色性质应该有的属性或行为。也就是说，性质属性的情理约束是内在的动因，当前信息激发的意外情绪是外在的表现，说话者通过"摆事实"的方式说明"X"和"Y"的搭配是不合理的。

说话者强调"X"的性质立场，是对意外的情理评价表达，利用"共享情理"期待听话者共情。显然，"一个X""大X的"作为情理评价时针对的都是意外情况，这也推进了前人对这两个构式所具有的"负面评价""反向驱动"功能的研究结论。

第 三 章

强化说明与意外的实现态度

一 引言

汉语语法特点超越了主谓结构①，从传统的句法关系到结构功能关系，"话题—说明"是一对功能语法研究者绕不开的概念。而在本书的研究框架下，情理的约束关系"X应该/不应该Y"又是论述意外情理评价表达的核心基础。鉴于这两方面，本书认为，可以通过说话者的"话题限定"和"强化说明"，分析情理逻辑中"X"的性质立场与"Y"的实现态度在语言表达中的规律。笔者将语言中的这种现象称为情理评价的表达。需要注意的是，什么情况下会激发说话者的情理评价表达。情理的表达是合乎常情常规的，信息量较小，但是，违反情理的表达却是令人意外的，信息量较大。人们总是倾向于对信息量较大的事实进行主观评价。所以，对情理评价的研究，恐怕还需要从评价对象"意外范畴"着手。

前文已经通过话题限定与意外的性质立场的分析，论述了"X"的性质对情理的制约作用，即"什么样性质属性的事物就应该做什么样的事情"，一旦事实实现与性质属性"情理错配"就会激发说话者对意外的情理评价表达。也就是说，情理评价是参照"X应该/不应该"的社会规约、常规常理而来的。

但是，在实际的语言表达中还存在一类表达现象，不是强调"X"的制约影响，而是强调实现的情况"Y"与情理"应该/不应该Y"事与愿

---

① 沈家煊:《超越主谓结构——对言语法和对言格式》, 商务印书馆2019年版, 第112—113页。

违，主要体现为三种情况。

一是与情理相反，即没有实现情理要求的情况。如，按照情理你应该帮我，但是现在你没有帮我，我就会说，"你（竟然）也不说帮帮我"。

二是超出情理范围，即虽然实现了但是并没有达到情理要求的量或者超出了情理要求的量。如，按照情理你应该9点前起床，但是现在实际情况却是你4点起床了，那么说话者会说，"（竟然）4点就起床了"；如果实际情况是11点起床，那么说话者会说，"（竟然）11点才起床啊"。

三是恰好与情理相吻合，即客观事物不会以人的主观意志为转移，所以实际情况一旦按照料想的那样发生了，就会给人惊讶的感觉。如，前面已经有三个儿子了，他猜这次总应该怀的是女儿了，结果生下来真的是女儿，那么说话者就会表达这种惊喜的情绪，"这次（竟然）还真的生了女儿"。

这三种情况分别是"反情理实现""超情理实现""合情理实现"，显然，这三种情况都会激发说话者的意外情绪，而说话者又会针对这种意外情绪进行情理评价。接下来，笔者分别以"也/都不（说/知道/想着）Y""X才/就Y""X还真的Y"为例，来分析说话者是如何对反情理实现、超情理实现、合情理实现进行强化说明的，又是如何进行情理评价表达的。

二 反情理实现的说明与态度强化
——以"也不（说/知道/想着）Y"为例

人的情感不可能无缘无故产生，喜怒哀乐都与人们之前的情理预期有很大的关系。当事实超过情理预期时，就会激发"喜出望外"的情感；当事实低于情理预期时，就会激发"愤怒哀怨"的情感。吴福祥（2004）认为，"反预期"的信息量最大，因此反预期标记也很多。在本书中，预期是以"情理"为基础的，"反预期"其实就是"反情理"，当前信息与情理约束相反是激发意外的一个主要原因，也因此产生了负面情态表达。

通常认为，负面情感的信息量大，前人学者对贬义、责怨等负面情感的研究成果较为丰富，如郑娟曼（2010）将贬义构式分为差评义构式、责怪义构式、驳斥义构式三种类型。另外，还有不少关于负面评价的个案研究，如"看把你 X 的""都是 NP""你看你""你这个 NP"等。

可惜的是，前人学者对负面评价或者反预期的研究并没有思考其背后的逻辑情理。下面就来分析一种依托"说理"来对"意外"进行负面评价的构式——也/都不（说/知道/想着）Y，并探寻其主观情态义背后的理性认识以及逻辑思维动因。

（一）构件的句法特征与情理隐含

1. 否定句式中语气副词"也/都"的情理语力

从"都/也"在肯定句中的特点来看，《现代汉语八百词》指出，"都"表示总括全部的意义，如果与"是"字合用说明原因，有责备的意思，强调一种态度、一种语气。可见，表示总括语气的"都"和表示强调语气的"都"是相互关联的。"也"原本表示类同，后引申出表示甚至的强调用法以及表示委婉语气，后者去掉"也"语气较为直率。[①] 马真（1982）指出，"也"和"都"可以在某些句式中互换，从而反映不同的说话角度。"也"表示某一点的类同，"都"强调无一例外，表示总括。在"连……都/也"中"都"可以表示甚至，表示强调。"也"表示委婉，减弱责怪语气。史金生（2005）指出，从元语增量到凸显事实"又"和"也"的语法化程度更高，主观性也更强了。史金生（2010）指出，由于"也"表明的属性值低于常规期待值，从而在评价小句中有减弱肯定语气的作用。

可见，在肯定句中，"都"的强调功能并没有争议，但是，"也"到底是表委婉还是表强调却存在分歧。

关于"都"和"也"在否定式中的特点，朱德熙（1982）、陆俭明（1986）、杉村博文（1992）、毕永娥（1994）等学者一致认为，在肯定

[①] 吕叔湘主编：《现代汉语八百词》，商务印书馆 1980 年版，第 596 页。

句里"都"比"也"占优势,在否定句里"也"比"都"占优势。①"都"由总括义到强调语气,是对事物的肯定,带有人们主观总结的印记。张谊生(2000)指出,由"连 NP 都 VP"虚化而来的"都"在凸显强调情态时,语用上都有一个隐含义,即从一般的客观事实和常理角度看,NP 是最不应该不适宜 VP 的。本书认为,在否定式里"都不"强调了个人主观意愿和预期的落空,主观情态功能更强。"也"在肯定句中表达主观减量的委婉含义,但是在否定句中却增强了主观情态的语力,带有人们对情理进行类推的主观判断义。在否定句中"也"的语力强化功能要强于"都"。

需要关注的是,从主观情态的表达角度来看。巴丹、张谊生(2002)从主客观角度出发,说明"也"所在句多属于主观的、断定的,如"他也喜欢吃西瓜",而"都"多用于陈述既定的事实,如"他们都是学生"。在否定构式"也/都不"中,我们不注重两者的差别,而更关注两者共同特点,即都表达强调语气。史金生(2005)指出,"又"和"也"在"~p(所以)~q"这样的句式中,主要作用是"凸显"。"也/都不"强调事实违背了主观情理断定,如"也/都不告诉我一声"表达了本应该告诉我而实际没有告诉我的意外情绪,是人们根据社会规约、常规常理类推得出的。史金生(2010)单纯用"也"来表示类同的评价性句子往往表示属性值低于常规值。这就启发我们,"也不 Y"是根据社会规约的已有认识类推出来的,具有情理化特点,即情理上应该做所以我认为你也应该做,但现在你不做,表达了说话者因低于预期的意外而产生的埋怨语气。如,

(1) 2006 年,几个球友把我们家都弄得没模样了,还得伺候他们,他们倒是舒服了,<u>也不考虑一下我们家人</u>。(《新闻天天谈》2010 年 6 月 17 日)

观察例(1)发现,"也不考虑一下我们家人"是说,按照常理到别人家作客应该考虑主人的感受,"也不"类同反向推理出这些"球友"并没有按照常理做事,而是"把我们家都弄得没模样了"。如果换成"都

---

① 转引自巴丹《"都"与"也"在相关构式中的异同》,硕士学位论文,上海师范大学,2011 年。

不"则没有这种情理推理关系，仅仅表达了说话者的主观态度。如果去掉"也"句子就不适宜，如，

(1') 2006年，几个球友把我们家都弄得没模样了，还得伺候他们，他们倒是舒服了，<u>不考虑一下我们家人</u>。(《新闻天天谈》2010年6月17日)

观察例(1')发现，"不考虑一下我们家人"不能作为主观情态表达放在句子末尾。因此，去掉"也"后否定句的语法功能就变得不适宜了。

另外，从交互主观性看，马真(1982)认为，"也"由于表示类同，所以在表示责怪、怨恨的语句中包含了这样的含义："所指出的问题并非只是提到的人才有"，从而减弱了责怪、怨恨的语气。而本书认为，说话者是依据人类普遍共性的行为来说事，"也"所指的对象是类同范畴中的典型成员，"也"表明了范畴中的等级尺度，相比于其他人你是最应该做但是却没有做的，其他的就更别说了，强调与其他成员的对比，如"连你也不帮我(你也不帮我)"，这恰恰增强了责怪和怨恨的语气。如，

(2) 我要把头发留长，怎么能在保证发质的基础上让头发好看点呢？我出去玩的问题怎么办啊！<u>你也不帮我想想办法</u>。(BCC语料库)

观察例(2)发现，说话者认为按照意外常理，"你"应该帮我想办法，现在"也不"明示了与其他人相比"你"最应该帮我想办法，但是"你"现在却没有做，增强了说话者对对方责怨和怨恨的交互主观性语气。

由此可见，在否定句中，"也"的主观情态评价功能更强。这就表明，从情理逻辑的角度而言，"也"在否定句中表达对反情理的强化说明。

2. 三域与"说/知道/想着"的语效

沈家煊(2003)指出，人们的概念系统中存在三种不同的概念域，即行域、知域、言域。其中，"行"指行为、行状，"知"指知识、认识，"言"指言语、言说。从表明语义来看，"你也不说Y"是从言域角度对对方的责怪，即"你不该不说Y""说和不说不一样"。"说"是最低的期望，比起"做"而言，"说"是最容易实现的，而"连说也不说"就

证明行为 Y 更不可能实现，增强了说话者的责怪语力[①]，同时由于"也不+说"的形式常常用于对话中，在当面指责对方的时候增强了委婉的主观态度，这也就说明，在语言表达中，委婉的程度和语力的强弱并不具有正相关性。另外，"你也不知道""你也不想着"是从知域角度对对方的责怪，即"你不该不知道 Y""你不该不想着 Y"。主观化的斜坡一般表示为：行域＞知域＞言域。但是，"也不说/知道/想着 Y"却与这一演化路径相逆，说话者责怪"不说""不知道""不想着"的真正语用目的是责怪"本应该这么做但是却没有这么做"，用"不说"和"不想"来隐喻"不做"，是由言域、知域到行域的引申，由叙述"没有说""没有想"的事实来隐含对"没有做"的责怪，主观情态性不断增强。在说话者看来，"动嘴说说要比实际去做容易""想着做和知道做也比付诸行为实践容易"，而对方连说说、知道、想着这么简单的事情都没有做就更不用说实际行动了。所以，用"也不说 Y""也不想着/知道 Y"来间接表达对"也不 Y"的责怨时，意外、责怪的语力和委婉的态度都有所增强。其实两者表达的都是主观性的增强，"也不+说""也不+想着/知道"是认识层面的"应该做但是没有做的事情"，去掉"说""想着/知道"以后是道义层面的"应该做但是没有做的事情"，由此也可以看出，"也不"加上"说""想着/知道"以后，主观情态义增强了。这也就是沈家煊先生所说的有些词"说"还是"不说"不一样。如，

(3) 现在最找乐的是什么呢，就是发现银行没锁门的那一家三口，他们还跟银行闹起别扭来了，说是我们一家子给你补了这么大的一个漏，你银行**怎么**也**不说**表示表示啊，我们也不要什么表扬信，你给来点实际的，有内容的。(《话说天下事》2008 年 2 月 13 日)

[①] 关于语力的界定问题，前人已经有关相关研究，如 Austin (1955) 认为，"语力"表明了说话人意图的行为，它表达的是说话人的意义，即"行事语力"。Leech (1996) 认为，语势，也就是我们说的语力，就是话语言外之意的显性力量。顾月国 (1994) 认为，语力也称语峰，是句子所具有的锋芒。齐沪扬 (2002) 认为，语力，就是句子在特定的言语环境里所具有的使用力量。李宇明 (1996) 认为，语力是说话人的情感在语言中的反映。另外，罗彬彬 (2020) 也提出了"说"表达的"强语力委婉话语标记"的观点。我们认为，"也不"加上"说"以后，指责意图和意外评价的显性力量更加明显，即语力增强，同时也增强了说话者的委婉态度。两者都说明了语言表达主观性的增强。因此，本书认为，语力的增弱和委婉的程度不具有正相关性。

观察例（3）可以看到，"怎么"和"也不说"共现可以看出，说话者责怪银行连说都不说更不期望它们做到"表示表示"了。根据"以言行事"的理论，应该这么说就代表应该这么做。

(4) 王建：他原来搞地理的，过去那个时候咱们国家没有搞环保，搞环保是从70年代初才开始的。

　　记者：才有了"环保"这个词，在这之前没有"环保"这个词。

　　王建：对，他过去是教地理的，经常带着学生实习，全国各地跑，他又喜欢看书，星期天休息的时候，很少带我出去玩，所以到星期天回来了以后我妈就说，<u>你也不**知道**带孩子出去玩玩</u>，所以就带我出去玩了。(《人物周刊》2009年6月26日)

观察例（4）可以看到，说话者连知道带孩子出去玩玩都不知道，就更别指望他真的付诸行动了，加强了对对方的责怪语气。

(5) A：脚肿了。

　　B：跟脚肿了有什么关系？又转移话题，得，我还不给你寄呢。

　　A：<u>你也不**想着**关心我一下</u>，你上我微博看看啊。(BCC对话语料库)

观察例（5）可以看到，说话者连想着关心都没有做到，更不用说真正关心了。责怪没想着，其实是在责怪没有这样做。

3. 行为Y的句法特征分析

一方面，"Y"倾向于轻蔑义动词形式V一V、V一下、VV等。

"Y"倾向于V一V、V一下、VV等具有小量、短时的特征动补结构和动词重叠式，表达了说话者认为"Y"是被责怨对象轻而易举"理应"做到的事情。而"轻而易举"就能做到的事情含有不屑一顾的轻蔑义，是没有任何困难就应该做到的，如果连这么容易的事情都没有做不到反而不合情理。如

(6) A：快把你女儿交给我玩。

　　B：还得一个月！<u>你也不来**看一看**我</u>。

　　A：最近很郁闷呢，到时候跟你说。

　　B：好吧！

　　A：下个礼拜给你看女儿明星照。(BCC对话语料库)

(7) 夏雪：<u>怎么吃饭也不叫我**一下**呀</u>？谁用过我的碗了？什么意思

呀，不吃了。（电视剧《家有儿女》台词）

(8)（被骗后，Marry 和陈小姐没有报警，她们觉得两个人都有责任。）

　　Marry：我太相信她了，想帮她，她呢，自己发现被盗了之后，也不跟自己的朋友发个消息通知一下。（《新闻纵横》2012 年 9 月 25 日）

(9) 配角：您跟这儿蹲两天了，每天都说找人，我看您是想骗人吧？

　　夏东海：你说你也不想想，就我长这样像骗子吗？

　　配角：现在骗子多，骗子也没写在脸上。（电视剧《家有儿女》台词）

观察例（6）至例（9）发现，"看一看""叫我一下""通知一下""想想"在说话者看来是非常轻松就应该做到的事情，是主观小量义，但是对方连这么轻而易举的事情都没有做到，表达了说话者的责怨态度。

另一方面，"Y"为自主动词，具有可控性。

在说话者看来，对方对行为"Y"具有自主掌控的行为能力。人们经常对不可控的事情感到无奈，但是人们却认为，在自己掌控范围内的事情是本应该很容易做到的，也是可以调节的。如，

(10) 他做错了事你也不管，或者不管他在什么地儿你也不过问，做错事，你也不教育，什么都不说，我觉得那样的父亲对孩子一点责任不负。（《鲁豫有约》2011 年 7 月 15 日）

观察例（10）可知，说话者认为，作为父亲教育孩子是理所当然的，"教育"是靠个人意志力发出的，是可控的自主行为，如果连本应该能够掌控的事情都没有做，那么就会激发说话者的意外情绪和责怨态度，以此来让对方做出改变。

（二）强调语气"也不 Y"的情理说明及语用推理

1. "也不"的重新分析与不相应类同

在分析"也不 Y"的情理动因前，先来看一下其共时语法化的语用推理。景士俊（1980）注意到了"也"的条件、假设、转折关系。而马真（2004）认为，三者都是类同义引申的结果，分别是相应类同和不相应类同。其中，"条件"表示相应类同，即具备一定的条件就会得到规约

的结果;"假设"表示不相应类同,即表示具备了这个条件但事实却没有按照规约的结果发生;"转折"到底是相应类同还是不相应类同需要视情况而定,即本来不应该这样做的事情现在也可以这样做。如,

(11) 他不吃泡面,也+不喝奶茶(相应类同),活得很养生。(BCC 语料库)

(12) 志国:我看也对,咱爸是人不是神,抽了这么多年烟,一时半会儿戒不了那也正常。

志新:那是那是,什么为全区增光啊,说破大天儿。像咱爸这种思想动摇意志薄弱的同志,不管怎么劝,也+不会戒烟的(相应类同:条件)。

傅老:笑话,大风大浪我都闯过来了,这小小的香烟怎么戒不了呢?(电视剧《我爱我家》台词)

(13) 志新:即使我在外面混得再惨点儿,家里也+不能不让我吃饭呐……(不相应类同:假设)。

傅老:谁不让你吃饭啦,坐下来吃……(电视剧《我爱我家》台词)

(14) 文学刊物面临生存困境不假,但也+不能自甘堕落(不相应类同:弱转),只有把最好的文学作品呈现给读者,刊物才有生存的可能。(《朝闻天下》2008年11月28日)

(15) 婚礼上,80岁的新娘谢美莉撒起了娇。虽然新郎孙子溪已经92岁,但也+不忘浪漫一把(不相应类同:强转),应了她的要求,还在她布满皱纹的脸上重重地亲了一口。(《湖南新闻》2013年2月28日)

(16) 一个孩子都给打得不省人事了,打人的孩子已经跑了,这位杨老师还气定神闲地在一边看热闹呢,其间就说了一句话:你们俩人要是有劲,先留着,等下了课往操场上打去,看谁把谁打服了为止。这像一个老师该说的话吗?也+不+把孩子送医院去(不相应类同:意外),也不宣布下课。(《话说天下事》2008年7月15日)

观察例(11)至例(16)发现,例(11)表示类同,即 A 不 V,B 也不 V,A=B,不修饰动作 V,表达同样"不喝奶茶"的含义。例(12)

表示条件相应类同，所有条件都满足了，即不管怎么劝，还是有同样的结果，即"不会戒烟的"，"不"对后面的 V 进行否定。例（13）和例（14）表示假设让步转折的不相应类同，即，即使满足了 B 是 A 范畴的条件，那么 B 也不是 V，"不"修饰后面的行为，即便让步也没能改变事实，表达了即使特殊情况出现依然有同样的结果，即"不能不让我吃饭""不能自甘堕落"。例（15）表示强烈的转折关系，虽然 B 本应该/不应该 Y，但是最终没有按照规约实现，按照常理 92 岁肯定不会再浪漫了，但是事实却并非如此。"不"与后面的行为关系松散，"忘记浪漫"是情理上的事情，"也不""忘记浪漫"强调了事实与情理的差别。其实，在假设让转中已经开始变得松散了，表达本可以、本可能不发生的事情却发生了，语义比较弱。

而例（16）"不"与"也"结合紧密，表达按照情理"应该把孩子送医院去"，但是事实却与之相反，"也不""把孩子送医院去"这种跨层结合的重新分析方式是情理驱动的结果，可以表示为，按照"情理"，即使应该"Y"，但事实上也不"Y"。马真（2004）认为，不相应的类同，表示按说 A 和 B 是相对立的，不能同等对待、一律处理，而现在却等同处理了。这显然是按照情理进行分析的思路，例（16）可以理解为，如果"一个孩子都给打得不省人事了"这个条件没出现，那么"不把孩子送医院去"这样的结果还可以理解，但是现在特殊条件出现了，还出现"不把孩子送医院去"的结果就说不过去了。其中，条件的出现与否相当于范畴中 A 和 B 的对立。因此，按理来说特殊条件就应该特殊处理，特殊条件激活特殊的情理关联，但如果事实对特殊条件视而不见就会激发说话者对反情理事实的意外评价。

对于交际对方而言，虽然情理要求这样做，但也不这样做，表现出了偏不的执拗态度。而说话者用"也不 Y"明示了对这种执拗态度（情理上都要求这样做了，你竟然偏不这样做）的意外表达，并实施责怨的言语行为。

2. 条件违实与推理受阻

试想如果说话者想让对方去做这件事情，可以直接表达"应该 Y"，为什么还要从反面说现在没做的事情"不 Y"呢？根据合作原则，如果说话者采用了更为复杂的表达方式，那么一定有其额外的语用目的。史金生

(2005) 认为,"又、也"在否定句中的辩驳语气的用法采用的是逆果推理的方式。"也不"采用溯因推理和条件违实推理的结合,其推理过程为,

大前提:如果 P,那么 Q(情理)

小前提:当前信息 -Q

结论: -P

当前事实:P,但是 -Q(不合情理)

在命题逻辑中,蕴涵是从真值函项的角度加以处理,它的真值表如下:

表 3-1　　　　　　　　命题逻辑中蕴涵真值

A 的真假	B 的真假	A→B 的真假
真	真	真
真	假	假
假	真	真
假	假	真

在这个表中,第一列和第二列分别表示假言判断中前件 A 和后件 B 的真假情况,第三列表示假言判断"A→B"的真假值。

现在知道现实条件"P"是满足的,即 -Q 推出 -P 这样的结论是违实的、不成立的,否定了 -P 也就否定了 -Q,即不应该"-Q",按照情理而言应该"Q"。因为,条件违实所以推理受到阻碍,"也"强化了对"-Q"不应该实现的抱怨。举例来说,

大前提:如果路过菜市场,那么应该知道买菜。(P,所以 Q)

小前提:不知道买菜。(-Q)

结论:没有路过菜市场。(-P)

当前事实:路过菜市场,也不知道买菜。

"没有路过菜市场(-P)"不符合事实,条件违实,所以本不应该"不知道买菜(-Q)"。这是利用反推得到的结果,即否定了 -P 也就否定了 -Q。按照不相应类同,没路过菜市场,不知道买菜(-P 推出 -Q)。路过菜市场,也 +不知道买菜(P 推出 -Q)。"也"强化了不应该"不知道买菜(-Q)"的事实,即表达对"不知道买菜(-Q)"的

抱怨。

需要注意的是，前一节的"不相应类同"只能说明"也"表达了对不相应类同的意外，句法上还是倾向解释为"也+不Y"。而"条件违实"则强调对意外的反情理评价，凸显情理立场，句法上可以解释为"也不+Y"。如，

(17) 路过菜市场，<u>也不+</u>知道买点菜。

不回来吃饭，<u>也不+</u>说一声。

过年了，<u>也不+</u>来看看我。

生病了，<u>也不+</u>关心我。（日常对话）

观察例（17）可知，按照社会情理的约束，"如果不回来吃饭应该跟家人说一声""路过菜市场应该知道要买菜""过年了应该来看我""生病了应该被关心"，但现在事实是，"没有跟家人说""没有买菜""没有来看我""没有被关心"，条件是已然发生的事实，也就是说，不应该不"Y"，表示为"也不Y"，即按照情理应该"Y"。

情理上要求P推出Q，-P推出-Q，但现在P都已经发生了，事实却仍然为-Q，那么就说明-Q的做法是违反情理的，因为反情理导致了意外情绪的产生。如，

(18) 夏雪：你把你臭鞋往哪儿甩呢你！

刘星：人是自由的，鞋也是自由的。

夏雪：不是我说，你也太过分了吧，<u>你出去玩，（竟然）也不跟家长说一声</u>，你看看表现在都几点了！

刘星：你说谁呢？

夏雪：我说你，还有你，你们俩的所作所为都太过分了。（电视剧《家有儿女》台词）

观察例（18）可以看出，作为孩子出去玩应该跟家长说一声，而当前事实是没有说，所以激发了说话者的意外情绪，可以加"竟然"测试，如"你出去玩竟然也不跟家长说一声"。

反情理意外的表现形式为：P为恒定的、已发生的条件，但竟然没按照常理P推出Q的约束来，反而发生了"-Q"，与情理相反的事实激发了意外评价的表达。

本书在关于"也"的类同、强调传统句法功能研究的基础上进一步

推进，找到了在否定句里"也"的情理强调作用。而意外的情理评价表达又有哪些语用意图呢？下面来具体分析一下。

（三）反情理表达与"也不 Y"的意外评价功能

1. 责怨与主观情态

张金圈（2010）认为，S 也不 Y 格式的责怨义存在于"义务诱发情景"和"负面结果情景"中。这两种情景恰好与本书分析的"社会常规"的道义情态的情理以及"个人意志"的意愿情态的情理相一致。前文按照社会规约、经验习俗、个人意志对情理进行了分类，其中，社会规约与道义情态有关，即要求应该做但没有做；经验习俗与认识情态有关，即认为应该做但没有做；个人意志与意愿情态有关，即希望应该做但没有做。而没有做的事实违背了"要求""认为""希望"的情理约束，激发了反情理意外情绪，同时，说话者不单单是表达意外，还实施了"责怨"的言语行为。如，

(19) 都资产过亿了，<u>也不</u>为社会做点贡献。

还朋友呢，你<u>也不</u>安慰一下我，就知道嘲笑我。

都过年了，<u>也不</u>回家看看。

都回家了，<u>也不</u>想着做饭。（BCC 语料库）

观察例 (19) 发现，"也不"前面与条件"都 X 了"和"还 X 呢"共现，明示了已然条件和性质属性约束下本应该做但是没有做的事情，"资产过亿"和"不为社会做贡献"搭配显然与社会规约的道义约束不符，"作为朋友"和"不安慰我"搭配显然不符合对"朋友"角色属性的认知，"过年"和"不回家看看"的搭配显然违反了对传统习俗的认知，"回家"和"不做饭"的搭配也违反了说话者对对方的期望。反情理的搭配激发了说话者的意外情绪，而说话者表达意外情绪进一步实施了对对方的责怨，并期待对方改进。

2. 建议劝说与"你"的现场指示性

前文探讨了"也不 Y"的责怨言语行为特征，并认为该构式同时表达了说话者希望听话者改进的期待。该构式经历了这样的发展过程：反情理—激发意外情绪—责怨对方不应该如此—期待对方改进。而表达劝进目的的"也不 Y"前面所指对象往往是现场直指的对象"你"。反情理

的意外表达所指对象不可能是"我",而表示除听话者以外的第三人时,是说话者给听话者传递一个客观的信息,同时也表达了说话者的主观评价义,不具有交互主观的劝进义。只有当所指对象是听话者"你"时,才有对其进行责怨并期待改进的功能。这一功能在回应话轮和第三位置的反馈中可以证明。如,

(20)（背景：夏雪为了完成作业,给妈妈洗脚。）
夏东海：她平时很愿意帮助你那是因为她是你妈,<u>你这身打扮给她洗脚</u>,<u>你也不想一想你妈受得了吗?</u>你可有点儿太过分了。
夏雪：她受不了您可以受得了啊,这样吧,我给您洗吧,反正我得完成作业。
夏东海：这个作业你不用做了,再怎么费劲你也只能得零分。
（电视剧《家有儿女》台词）

观察例（20）发现,在互动交际中,说话者（夏东海）认为,这身打扮给妈妈洗脚是不合理的,"你也不"明示了对听话者"你"（夏雪）的责怪,并期待"你""想一想",劝说夏雪悔改,但是,在夏雪的回应中,不但没有悔改反而变本加厉矛头指向父亲夏东海。在第三位置的证明程序中,夏冬海认为,夏雪这样做作业只能得零分,说明夏雪并没有按照说话者（夏东海）期待的进行。

3. 隐性夸赞与权势地位

"也不Y"常表示与情理相反的行为,倾向于表达负面情绪,但是笔者在调查语料时却发现,有一部分例子也表达隐性的夸赞,虽然与情理相违背,但正是"非比寻常"所以才令人钦佩,这往往与人际关系的权势地位有关系,权势地位越高越不会用"也不Y"表达责备,反而会间接表达称赞义。如,

(21) 看您办公室的灯总是亮到很晚,每天都这么勤勤恳恳地工作,<u>也不休息休息</u>。
都局长了,<u>也不</u>买辆车,还骑自行车上班呢。（BCC 语料库）

观察例（21）,让教授休息休息和劝局长买辆车,都不是劝进的用法,而是劝止的用法,"局长"和"教授"的身份地位较高,虽然说话者用了责怨的语言形式但是却表达了夸赞的语用意义,表面是负面评价背

后却是正面评价。这种反情理的意外情绪是通过形式和意义错配的方式进行表达的。

综上所述，本节主要分析了"也不Y"构式违反情理后激发的意外情绪，并进一步探索了意外评价表达的后续语用意图。笔者找到了意外表达的情理根源，正因为实现的事实与一般的情理相违背才会激发说话者对意外进行情理评价，而也正因为这种意外情绪是依照交际双方共享情理产生的才更容易实施责怨、劝进、夸赞等言语行为。说话者利用副词"也"在否定句中的句法功能，强化对不应该"不Y"的不相应类同说明，通过回溯反推的违实条件表达了应该"Y"的情理立场，对"不Y"表达了反情理实现的意外评价。另外，笔者也找到了语气副词"也"与否定句整合的情理内涵。

三 超情理实现的说明与态度强化
——以"X 才 Y""X 就 Y"为例

前一小节分析了"反情理的实现态度"，所谓反情理，是指实现的情况与情理认知的方向相反，即没有按照情理约束的情况实现。本节来看另外一种与情理不符的实现态度表达。除方向上反情理外，还存在这样一种情况，即虽然实现了但是却没有实现好的情况，要不是高于情理，要不是低于情理，我们称这种情况为在量值上的"超情理"，而说话者又是如何表达这种超情理实现的态度的呢？下面就以"才"和"就"为例进行分析。

副词"才"和"就"的语义和语用相对复杂，学界关于"才"和"就"的研究也非常丰富，其中不少学者关注到了其主观情态的用法。如，邵敬敏（1997）从语义与句法之间的制约关系着手，首次提出"才"字句的格式，并认为，"才"的核心意义是表示说话者对客观事实是否符合预想的一种主观看法。张谊生（1999）认为，"才"存在两个引申义，一个是强调排他性的逻辑关系，另一个是强调申辩性的语气和口气。同时，也有学者将"就"与"才"主观性话语功能进行了对比。沈家煊（1999）通过关联标记模式，认为"就"是无标记项，是正向词，"才"是有标记项，是负向词。他指出，对句子中出现在参照值（实际的数量）

之后的"就"和"才"而言,"就"表示相关值(期待数量)＞参照值(实际数量),"才"表示相关值(期待数量)＜参照值(实际数量),"就"是正向词,"才"是负向词。张谊生(2000)认为,"就"和"才"是一对表示主观评价的评注性副词,"才"具有增值强调和减值强调两种相反的意义,"就"两种语义指向都是表示减值强调。可见,前人学者已经从减值还是增值、前摄还是后摄、正向词还是负向词的不同角度涉及了"才"和"就"的主观情态问题,他们关注到了这两类副词都与预期值有关,并从实际事实和主观预期的对比中归纳"才"和"就"的表达规律。但可惜的是,他们并没有进一步探索"才"和"就"背后蕴含的逻辑情理,也没有很好地结合违反情理与主观情态表达之间的关系进行论证。鉴于此,接下来笔者就从超情理意外的角度对"才"和"就"的主观评价功能进行深入分析。

(一) 时间副词"才"与"就"及其情理隐含

"才"和"就"在时间副词层面的预期表达功能比较显著,因此,本书重点关注该类情况的研究现状。学界已讨论了"就"和"才"在主观量和时间量方面的对比差异,如王还(1956)对"就"和"才"的语义进行解释,认为"才"可以表数量在心理上觉得多;时间上晚、慢或者多;条件上充足、必要;表示事实限定义而不表示主观意愿;时态上表示刚刚完成的动作,"就"与之相反。Biq(1984;1988)用说话者的"期望"解释了"就"与"才"的对立现象。白梅丽(1987)认为,"就"和"才"有不同的"期望"方向,如果是时间,"就"表达先于设定值,如果是数量则少于设定值;而"才"却正好相反。史金生(1993)从会话双方的预设和蕴含的角度分析了"就""才""再"的分布情况,并从"主观意愿""可预知和不可预知""企望与不企望""自主与非自主""实现和未实现""比预设的时间早晚"等角度研究了三者的对称与非对称性。陈小荷(1994)首次从"主观量"探求了主观大量和主观小量对于"就"和"才"的增减关系,并分析了"都"的对立情况。该文认为,"就"无论前指还是后指都是主观小量,"才"前指时是主观大量,后指时是主观小量。"都"后指表示主观大量,前指比较复杂,数量与事件成反比时是主观大量,成正比时是主观小量。黄交军、谭珊丹(2007)

在陈小荷研究的基础上认为,"就"用于后指的表主观大量都有肯定、积极意味;"就"用于后指的表主观小的都有否定、消极的意味。Lai (1995;1999)概括了"就"和"才"的四种用法:时间、限制、逻辑条件、强调。她将"就"的核心语义归纳为先于(或少于)预期;"才"正好相对,是晚于(或多于)预期,结论与白梅丽基本一致。张旭 (1999)认为,"才"和"就"都是用来表示实际语境对预设语境的估价。周守晋(2004)讨论了"就"与"才"的主观量,用"起点化"和"终点化"以及"语义指向"等部分解释了这两个词的语义对立。陈立民 (2005)认为,"就"和"才"语义特征是表示实际偏离预期。胡建刚 (2007)认为,量度标记词"才"涉及主观量的量化等级中的主观差量,并分析了三种句式搭配方:"数量结构 + 才""数量结构 + 了 + 才"以及"才 + 数量结构"。金立鑫、杜家俊(2014)认为,"就 + 动词"最简结构表达未实现的"近时将要发生";而最简结构"才1 + 动词"表达"近时已经发生";"才2"表达事件晚于预期时间。在具有前后两个参项的结构中,"X 就 Y 了2"具有"低 X 就高 Y"的构式意义,简化为:低—就—高;"X 才 Y"具有"高 X 才低 Y"的构式意义,简化为:高—才—低。齐沪扬、李文浩(2009)运用凸显度和主观化的理论,当"才"字句处于前景时,表达的是比预期时间晚,当"才"字句处于背景时,表达的是单纯时间义。可见,学界对"才"和"就"的主观量和时间量的研究方法不一,研究的角度和目标都不同,因此结论也存在差异,但总体而言都是根据预期为衡量标尺进行研究,具有很强的说话者主观性及交互主观性的特征。

前人关于"就"和"才"的研究,由于焦点位置前后的参照项不同、预期的语用环境不同、语用目的不同、主观表达的视角不同等问题而导致了衡量标准不一,判断思路较为复杂。本书试图采取另外一种研究方法。"才"和"就"都关联了"X"和"Y"前后两项,既然都与预期值和参照值有关,那不妨设想,参照值其实就是当前发生的事实,而预期值一般是依据社会规约的常规情理而得出的主观认识,当"X"和"Y"的搭配超出了情理约束值时就会出现因超情理的量而激发的意外情绪。需要说明的是,本书并不关注"才"和"就"到底是低于预期还是高于预期值,而只关注现实情况虽然实现了,但是却没有达到或者远远超出了情理期待的值。如：

（1）他平时都很懒，今天竟然早晨6点**就**来教室学习了。（BCC语料库）

（1'）他平时都很懒，今天竟然上午10点**就**来教室学习了。

（2）商店平时都开门很早，今天竟然下午2点**才**开门。（BCC语料库）

（2'）商店平时都开门很早，今天竟然上午9点**才**开门。

（3）昨晚凌晨1点**才**加完班。（BCC语料库）

（3'）昨晚6点**才**加完班。

（4）10岁**就**出来打工挣钱，自己独立生活了。（BCC语料库）

（4'）20岁**就**出来打工挣钱，自己独立生活了。

（5）昨晚凌晨2点**才**睡着。（BCC语料库）

（5'）昨晚9点**才**睡着。

（6）5岁**就**成孤儿了。（BCC语料库）

（6'）25岁**就**成孤儿了。

前人学者仅仅关注了"就"和"才"表达预期不相符的情况，但问题是，如例（1'）至例（6'）中的情况也可以表达早于预期或者晚于预期，那为什么却不适宜呢？本书认为，原因在于，例（1'）至例（6'）中的情况并没有超出情理约束的范围，如，虽然10点来教室学习对于他而言是早于预期的，但是却是一般情理约束的情况；6点加完班也并没有超出人们的情理认知；一般不说"昨晚9点才睡着"，就是因为在说话人看来，虽然睡觉时间有可能晚于预期但是通常来讲却并没有超出情理认知。也就是说，例（1'）至例（6'）的情况在说话人看来是合情合理的，并没有构成超情理意外，因此不会进行意外评价表达。"才"和"就"不仅仅与预期有关，还暗含了情理的约束。

（二）超情理表达与"X就Y""X才Y"的意外评价功能

上一节分析了"也不Y"意外表达的反情理动因，其中情理倾向于社会规约，是普通人共同拥有的知识背景。本节再来看一下，"X就Y"和"X才Y"两种构式的意外表达与何种情理有关，与"也不Y"的不合情理相比又有什么异同，"就"和"才"所在构式的差异又体现在哪

里。需要说明的是，为了排除其他因素的干扰，笔者只选取"X"为有时间量级的词进行考察，"Y"为实现的事件。如，

(7) a. 台湾南部的一些民众甚至凌晨两三点钟**就**起床，为的就是赶往台北，看一眼熊猫。(《海峡两岸》2009年2月5日)
b. 太阳都升高了**才**起床。(BCC语料库)

(8) a. 叶杰生：每天吃的竹子两只加起来，大概23到30公斤，午休时间，有时候睡得稍微长一点，有时候会短一点，那晚上的时候它们大概8点钟**就**就寝了，有时候会一觉到天明。(《海峡两岸》2009年2月5日)
b. 凌晨1点**才**刚刚睡着，今天中午又小酌了一番，下午我一定会睡着的。(BCC语料库)

(9) a. 9月份**就**穿上羽绒服了。(BCC语料库)
b. 直到11月份**才**刚开学。(BCC语料库)

(10) a. 春节刚过**就**有人过来要账。(BCC语料库)
b. 我是多么的老实啊，非要到年二十八**才**回家！(BCC语料库)

观察例(7)至例(10)发现，几点起床几点休息的作息规律属于人们的习惯；什么季节该穿什么衣服是人们的经验；几月份开学也是为人熟知的常识；按照常理来讲，春节刚过不可能有人来要账；春节通常是要早点回家团圆的。这些都与社会规约没有关系，并不是强制约束，没有"应该"，也没有"一定"，只是"可能"。两三点钟不可能起床、8点钟也不可能就寝、凌晨1点不可能刚刚睡着、9月不可能穿上羽绒服、11月不可能刚开学、春节不可能有人来要账、过年不可能到二十八才回家团聚。所以，前项"X"和后项"Y"倾向于"经验习俗""习惯常理"方面的不合理，与"也不Y"倾向于社会规约不同。

其实，这与"就"和"才"表达的是不是违反情理有关系，与"也不Y"不同，"不"否定了当前信息的合理性，事实本没有实现情理的约束。"就"和"才"并非没有实现情理约束的事实，而是事情的实现未达到或者超过了情理的约束，是"量"的偏离，表达了与量级有关的肯定形式。"也不"是责怪对方不去做应该做的事情，而"就""才"是说事情不合时宜，没达到或者超过了应该做的程度。如，

(11) 公司年三十**才**放假。(BCC 语料库)

(12) 9 点上班，8 点 30 分**才**出门。(BCC 语料库)

(13) 吃完鸡再烫火锅，还喝了点小酒。买单时用了一张抵用券，只花了七十多**就**吃得很满足，不过说实话，如果没有券的话应该是不会去的。(BCC 语料库)

观察例（11）至例（13）发现，现实确实是按照情理要求的发生了，如过年应该放假、在 9 点上班前应该出门、花了钱应该吃到满足。但当前事实却低于或者超出了情理要求的量值。"三十才放假"明示了虽然放假了但是比情理预期得晚，"8 点 30 分才出门"明示了虽然在上班前出门了但是却比情理预期得晚，"七十多就吃得很满足"明示了吃得满足要比情理预估的消费低。可见，"晚于""早于""高于""低于"都与情理量不相符，表达了因超情理值而激发的意外情绪。

那么，"就"和"才"在表达超情理引起的意外情绪时有什么不同呢？

一方面，"X1 就 Y"表示的是 X1 的实际量要低于情理要求的量，符合"低就高"预期顺序，即"X1＜X（情理）"。另一方面，"X2 才 Y"表示的是 X2 的实际量要高于情理要求的量，符合"高才低"预期顺序，即"X2＞X（情理）"。如，

(14) 现在神童真多啊，10 岁**就**上大学了。(BCC 语料库)

(15) 只要想学习什么时候都不晚，他 40 岁**才**上大学。(BCC 语料库)

观察例（14）和例（15）发现，按照通常的情理，18 岁为上大学的普遍年龄，"10 岁就上大学了"中"10 岁"低于情理要求的量值，"他 40 岁才上大学"中"40 岁"高于情理要求的量值。这种"高"与"低"的情理差值激发了超意外的表达。

通过收集语料发现，"X 就 Y"和"X 才 Y"在表达超情理的意外情绪时，并不都是已然发生的事实。如，

(16) 到 50 岁**就**退休吧，你这工作太危险了。(BCC 语料库)

(17) 明天 6 点**就**起床吧，不然干不完了。(BCC 语料库)

(18) 等吃完饭**就**早点走吧，天黑不安全。(BCC 语料库)

观察例（16）至例（18）发现，"X 就 Y"与语气词"吧"共现，

并且前面经常出现与未来时间相关的词，如"等""到""明天"等。这说明事实为未然事件，说话者故意超出情理要求的量来提醒听话者早点行动。这并不是事实超出情理，而是说话者主观意愿超情理值，其背后一定存在劝说对方做"非同寻常"的事的原因，如"工作太危险了""干不完了""天黑不安全"等。史金生（1993）也认为，"T 就 V"可以表示意愿，多用于祈使句中。

而如果换用"才"就不具备这种主观意愿性，如，

(16') 到50岁才退休吧，你这工作太危险了。

(17') 明天6点才起床吧，不然干不完了。

(18') 等吃完饭才早点走吧。天黑不安全。

观察这些例子可以看出，换成"才"之后，如果单看"X 才 Y"部分，比如，"50岁才退休""6点才起床""吃完饭才走"表达了实际时间晚于情理要求的时间，即"本应该在50岁之前退休""本应该在6点前起床""本应该在吃饭前就走"。

可见，"才"只能用于已然的事件中，表达客观叙述"超情理"意外事实。而"就"可以用于表达未然事件中，表达因为某些特殊的原因主观上期待超情理行动。前者为被动超情理，后者为主动超情理。

（三）套叠形式"才 X 就 Y"的形成过程与语用功能

观察语料发现，"就"可以和"了"共现，但是"才"却不可以。有些学者从有界和无界来分析，"了"表示从无到有的"命题实现"过程，与"才"不匹配。而"起床就9点了"和"9点就起床了"都表示起床这个有界动作从无到有的新状态实现，表示命题的确认。如张莹（2012）认为，"了"作为一种重要的有界化手段，常出现于"就"句中。但这无法解释"才"的有界为什么不与"了"共现的情况。还有些学者认为，"了"具有起始体、新变化/新状态、新闻/报道、意料之外、语气词等多功能形式。"才"表达事实性，与"了"因新情况、新状态出现而产生的意外语气等语义不相容。如金立鑫、杜家俊（2014）指出，过去时间词蕴含实现体标记，"才"不能与"了"共现。"了"有新闻性或表达意料之外功能以及完句功能。王伟（2021）认为，话题"了"表示完成。根据沈家煊的"对言"语法的观点，在回应话轮里"了"表达

完句,"A:丽丽买了?B:一对玉镯",所表达的含义是"丽丽实现了买玉镯的事件",而"A:现在去走走吧。B:吃了饭",所表达的含义是"实现吃饭这个事件后才去走走"。话题为有定的,汉语以话题为主,而有定就是具体可识别的,属于已完成的事件,不是"将来""起始""进行"等可识别性弱的时体。"才起床""才9点"为说明部分,不表示动作的完成,表示动作的起始,而"就9点了""就起床了"为话题部分,表示动作的完成,不表示起始。所以我们经常会看到这样的连用结构,"才9点就起床了""才起床就9点了"。"才"的本义是"草木之初"(说文),后发展为表"初始"的副词。《说文解字》称,"就",高也,京尤会意。"京"意为高,"尤"意为特别。周守晋(2004)研究了"就"的历时演变,汉魏以来"就"为空间限制义,宋元以来由空间限制义演变为时间限制义,前指动作的完成,元明后又演变为主观量。

由上述分析的演变规律可见,"才X"为"起始","就"为"完成",因此,"就"可以加完成义语气词"了",而"才"不可以。"才X就Y了"的套叠组合显示了"起始—完成"的过程。

白梅丽(1987)认为,"就"表示正的或者标志增值,"才"表示负的或者标志减值的分析。"就"表示"由少到多"或"由早到晚","才"表示"由晚到早"或"由多到少",这与金立鑫(2013)提出的"高—才—低""低—就—高"的观点相似。另外,"才"表示向后、减少关系,"就"表示向前、增加关系,所以"才"出现在"就"前。如"才来就走"。本书认为,对于时间量而言,"才起床就9点了""才9点就起床了"中"才"表示刚刚发生的事情,"就"表示马上要发生的事情,"才X就Y"的格式顺序符合先后连接的时间相似性原则,"才"后表达未及情理事件,"就"后表示超过情理事件,由未及到超越处于时间的线性顺序中,因此"才"在前,"就"在后。主观数量也存在这种情况,如"才一个包就三万了""才三万就买这么好的包",对于主观数量而言,"才"后表示未及预期,"就"后表示超越预期,由未及到超越线性排列,因此"才"在"就"前。

"才X就Y"表达了"刚一开始就完成了""还未达到就已经超越了"之间的巨大反差,强化了不合理的意外情绪。张望发、张莹(2002)引入修辞的概念,认为"才X就Y"的句式为超前夸张。贾冬梅(2005)

认为,"才X就Y"在情感运用上是以出乎意料为情感基础,既可以表示积极情感,也可以表示消极的情感。本书认为,"才X就Y"格式在互动交际中既可以表达超过情理值的信息,也可以表达低于情理值的意外信息,具体情况要视语境而定,但是都表达了当前信息与情理约束之间存在"量"上的夸张实现。如,

(19) A:经过4个多月的调查,认定他人格很健全。他的后母就帮他找了很多医生证明,希望用这个东西来逃避他的罪行,就是说其实他有人格分裂症。

B:从他犯案到破案最短时间,从破案到执行也最短时间,1月份的事情,<u>才4个月就破案了</u>,已经执行枪决了。所以我在想,他中间可能也没有经过很长的时间,为他的精神状态做一些所谓检测。(《锵锵三人行》2009年8月9日)

观察例(19)发现,按照情理,破案时间越长、证据收集得越多,得出的结论就越可靠,而事实是"才4个月就破案",时间很短、破案很快,事实早于情理值实现,说话者"才X就Y"的格式表达了早于情理值的意外情绪,表达了对听话者立场的消极评价,即"不应该4个月就破案了"。说话者认为,判定该罪犯无精神问题而是有意犯罪的结果比较草率,因为说话者时间太短还来不及做一些检测。

(20) A:我觉得我们的活动要早早闭幕了,现在网络发达,很少有人关注线下的活动。

B:<u>才2天就吸引200多人报名</u>,乐观估计,后期关注的人会越来越多。(BCC语料库)

观察例(20)发现,听话者(A)预期参加活动的人少,而说话者(B)对A进行反驳,"才2天就吸引200多人报名"表达了说话者认为200多人是大量,超出了说话者的预期。按照情理来说,"未及2天"不应该/不可能"吸引超过200人报名",但是事实却正好如此。"才X就Y"明示了超出情理的约束值,实际情况要比常理的情况好,表达了说话者积极乐观的情绪。

(21) A:今天早上骑车上班的时候,觉得选的第一辆自行车不太好用,一路上试着换了两辆车都是坏的,最后还是要回原来那辆。就在想,平常会不会也因为总想着更好的,浪费很多时

间，兜兜转转才发现第一个是最好的呢。

B：**才**试了两辆**就**选择将就，这也太容易放弃了。（BCC 语料库）

观察例（21）发现，"才试了两辆就选择将就"低于情理的约束值，按理说"试了两辆"不应该"将就"，情理上试得越多越有可能放弃，"试了两辆"未及说话者预期，"将就"超出了说话者预期，两者的配合强化了不合理的程度，表达了说话者的消极意外情绪。

（22）A：他既没有门路又没有特色，能出道已经很庆幸了。

B：**才**出道**就**大叔模样了啊。（BCC 语料库）

观察例（22）发现，在一般情理认知中，时间上刚开始"才出道"至少应该是"小鲜肉"，不会出现"大叔模样"，但是现实超出了情理认知，表达意外情绪。

综上所述，与前人学者按照预期的角度进行分析不同，本书关注了时间副词"才"和"就"对于情理的强化说明功能，主要分析了"才"和"就"在超情理量约束的意外评价表达规律。本书以交际双方的共享情理为衡量标准，不仅表达了自身的主观意外评价，还期待听话者与自己共情，即事实虽然按照情理实现了但却超出或者未到达情理期望的量值。

四 合情理实现的说明与态度强化
——以"X（还）真的 Y"为例

学界普遍认为，合预期和反预期是互补分布的，不能既符合预期认识又违背预期的认识。周兴志（1986）将正预期与反预期看作逻辑上的对立概念。而预期的形成又与社会常规、常识经验、风俗习惯的情理认识有关。在我们的常规认识中，意外一般是不符合情理的，一种情况是上文所分析的与情理相反的实现态度表达，如"也不 Y"；另一种就是上文所分析的与情理值不匹配的超量或者低量的实现态度表达，如"X 才 Y"和"X 就 Y"。但在实际的语言表达中，还存在虽然与预期一致但是却依然会激发说话者意外的评价表达的情况，那为什么合情合理的事实还会让人惊讶呢？下面就以"X（还）真的 Y"为例来具体分析。

（一）评注副词"真的"的情理语效

吕叔湘（1980）认为，"真的"既有"真实、真切、清楚"的形容词义，也有"实在、的确"的副词义。不少学者，如厉霁隽（2003）、陈颖（2010）、刘晨阳（2021）等都指出，"真的"在历时演化中不断主观化的过程，由跨层短语（真+的）不断词汇化（真的）的过程中，表达"确认、强调"的评注副词功能不断加强。张斌（2001）、厉霁隽（2003）、方清明（2012）、刘晨阳（2021）也关注了"真的"的主观评价功能，并认为，其主要功能是强化焦点信息与强调肯定立场。这些从主观评价功能对副词"真的"的研究给了本书很大的启发，但是有一点前人却并没有关注到，就是"真的"表达确认、强调、聚焦的主观评价原因是什么，即主观评价背后的情理驱动是什么。先来看一组语言现象：

(1) <u>500 块钱的存款开十万元的店</u>？开什么？开玩笑！这刘杰再怎么说一不二，也不能说一摔个跟头，就能捡十万块钱！就在上天无路、入地无门的时候，<u>财神还真的就来了</u>！（《乡约》2010 年 11 月 16 日）

(2) 主持人：<u>什么声音你都想把它变成旋律</u>？
　　南卫东：对，不错。
　　主持人：我家里有蟑螂走过，我拿拖鞋啪一拍，这个动静你听着会有啥感觉？
　　南卫东：我不怕蟑螂。
　　主持人：啥也不说了快拍吧。这个拖鞋的跟？高跟拖鞋？
　　南卫东：真是。你听着哈。（拿道具进行拍打）
　　主持人：<u>还真的能拍出歌来</u>。（鼓掌）（《乡约》2010 年 7 月 8 日）

观察例（1）和例（2）发现，在"还真的"前都有"疑问句"共现，也就是说，说话者开始并不相信"还真的Y"中的"Y"会实现，但是之前一定存在如"刘杰说一不二"的认知与"南卫东把任何声音都能拍出旋律"的信息，这些信息暗示了"Y"会成立，说话者对Y的成立半信半疑。这里"信"的部分是情节内主体对"500 块钱的存款开十万元的店""什么声音都想把它变成旋律"的情理推测,在刘杰和南卫东看来,"500块钱存款应该可以开十万元的店""什么声音都应该能变成旋律","疑"的部分是说话者对这种推测持有的不可能实现或者不一定实现的怀疑态度。"真的"强调对事实果真如此的确认,拉动听话者聚焦于此,打消了之前的"不相信"态度,"还"加强了惊讶语气。合情理推测是合情节内主体的预期,"真的"表达了对实现情理推测"应该Y"的确认态度,同时也表达了对不相信实现而意外实现的评价态度。本书认为,"真的"包含了对"不相信实现但事实却按照主体情理推测的实现了"的主观确认与意外评价。接下来,本书就具体分析一下"真的"蕴含的"合情理"的意外评价含义。

(二)合情理推测与"X(还)真的Y"的意外实现表达

1. 推测主体的合情理视角与说话者的意外视角

凡是推测都认为是合理的,也就是说,人们只会根据经验常识、社会常规、习惯习俗等对事物的存在和发展做出判断,而说话者对预先的判断起初是不相信的,只有当事实印证了情理推断时才激发了说话者的意外情绪。情理推测、质疑情理、意外表达都具有主观情态特征,但是三者的视角和时态特征却不同,情理推测的主体可以是自身也可以是听话者还可以是交际双方以外的其他人,质疑情理的推测发生在意外表达之前,意外的表达是对当前事实刺激后的反应。那么,推测视角和时间差异具体是如何体现的?情理推测的主体视角与意外情绪表达的说话者视角之间又是如何转换的?

第一,说话者不相信情节内人物的情理推测,但事实却与情节内人物的主体预期一致,这与说话者的意志不相符,因此激发了说话者的意外情绪,即"我不信他说的,但事实却如他所料"。该用法重在表达对客观事实的主观意外情绪,情理推测的表述部分是情节内人物的视角,是说话者对情节内人物过去情理推测的引述。如:

(3)百姓对于山寨现象都已有所耳闻,或相当熟悉,甚至有的用上了山寨产品,诸如手机、电视等。14号家庭认为,按照这种趋势,保健药品也免不了山寨版。开始我还半信半疑,后来通过走访证实,发现了山寨版的"药品"多为保健食品或普通食品,

从内服到外用应有尽有。人命关天的事情**竟然**还真的存在山寨版。(《观点》2008 年 11 月 19 日)

观察例（3）发现，14 号家庭根据现在大趋势预测"保健品也应该有山寨版"，我开始"半信半疑"，后来通过走访眼见为实，保健品确实存在山寨版，事实证明如 14 号家庭所料。打消了我的疑虑，令我对"人命关天的事情也存在山寨版"感到吃惊。

第二，说话者不相信听话者的情理推测，但是事实却与听话者的主体预期一致，这与说话者的意志不符，因此同样激发了说话者的意外情绪，即"我不信你说的，但事实却如你所料"。该用法重在支持听话者的观点，表达了交际双方的共情变化，情理推测的表述部分是听话者的视角，是说话者对听话者过去情理推测的引述。如，

(4) A：看到包装盒里面的镯子和电视购物上的一模一样，我当时就放心了，结果……

B：我说什么来着，这一看就是假的。你看这色泽、这质地，还什么缅甸的。

A：最后警察也给我打电话了，已鉴定，**竟然**真的是个假货。(BCC 语料库)

观察例（4）发现，说话者（A）一开始不相信听话者（B）所说的"手镯应该是假的"的情理推测，直到鉴定后才发现听话者说的话是真的，改变了之前的认知，与听话者形成同盟。

第三，说话者不相信自己的情理推测，但是事实却恰好和自己预期的一致，这里存在两种情况，一种是说话者担心情理上会发生的事实出现，不希望出现的事情也是不愿意相信的；另一种是说话者在情理上推测发生的事实概率很小，不太可能发生的事情也是被忽视的事情，是说话者不太相信的，即"我不太相信我预料的事情，但是事实恰好如此"。该用法重在表达当前信息激发的说话者主观情态，期待听话者共情，情理推测的表述部分是说话者自身的视角，是说话者对自身过去情理推测的引述。如，

(5) 一个中国队员在美国进行比赛。我是业余选手，又吃不到合胃口的饭菜，要是替补恐怕体力跟不上。结果真的晕倒在球场上。(BCC 语料库)

(6) 在我很小的时候，我坐我叔叔开的校车上学，我叔叔是这个镇上开校车的，当时我就说长大了我也要开校车，<u>没想到我真的成了一名校车司机</u>。(《东方时空》2009 年 4 月 22 日)

观察例（5）和例（6）发现，例（5）中说话者根据"我是业余选手，又吃不到合胃口的饭菜"推测我应该会"体力跟不上"，结果真的像我"担心"的那样发生了，所以让我很惊讶。例（6）中我梦想要成为校车司机，但是这个想法概率很小，一旦"梦想成真"就会令我感到意外。

第四，说话者不相信他人的情理推测，而他人自己也不相信自己的推测，这是视角的双重套叠。当前信息与共享一致不相符，表达了多视角的意外情绪，即"我不相信你怀疑的事情会发生，但事实却恰好如此"。该用法重在给听话者叙述一个意外的客观事实，情理推测的表述部分是叙述者和他人视角的结合，是说话者对他人过去情理推测的引述。另外，还有一种情况是说话者完全的新闻报道形式，是纯客观的，意外的主体为"他人"。如，

(7) 当他看到巴黎征集北京奥运圣火传递火炬手的消息后，就抱着试试看的心态投寄了申请表。没想到他<u>竟然真的入选，成为了一名奥运火炬手</u>。(《环球时讯》2008 年 4 月 7 日)

(8) 一般的煎饼不是很能吃饱，于是我就想起将面条和煎饼放在一起，我想这样可能会受到顾客的欢迎。煎饼店老板当初也没想到，他的这一创意<u>真的就受到了热烈欢迎</u>。(《今日亚洲》2008 年 11 月 12 日)

观察例（7）发现，"试试看的心态"明示了说话者和"他"都认为成功的可能性很低，但是，最后结果"真的"入选是谁都没想到的。例（8）中"煎饼店老板也许当初也没想到"说明"受到了热烈欢迎"的结果的意外主体是情节内的他人，即煎饼店老板。

总之，这四种用法都表达了事实与主体的情理推测相一致，但是，由于说话者不相信主体的推测而产生了违背说话者意愿的意外情绪。第一种用法，说话者惊讶于个人意志没有战胜客观规律，倾向于"主观性"表达意外情态。第二种用法，说话者站在听话者立场进行的交互性协商，倾向于表达说话者的"主动共情"。第三种用法，说话者默认自己的推测基于共享的情理，倾向于表达说话者期待听话者的"被动共情"。第四种

用法，说话者惊讶于客观规律以人的意志为转移，倾向于叙述"客观性"意外事实。

2. 双重情理视角的套叠

"合情理"指的是合预测主体（为了引用方便我们简称，S1）的情理，而"意外"指的是不合说话者（为了引用方便我们简称，S2）的情理，所以本书认为，"真的"存在双重情理视角，"X 真的 Y"其实表达了说话者认为"X"实现"Y"的事实不应该是"真的"，而一旦吻合了预测主体的情理时，说话者就会特意强调"X 真的实现 Y"的意外情绪。其表示为：

S1（预测主体）：X 应该 Y（情理推测）

S2（说话者）：X 不相信（不应该）Y（情理认知）

事实：X 实现 Y（合推测与反认知）

"情理推测"是根据条件的刺激而形成社会规约、经验常识的推测，具有主观情态倾向。"情理认识"是固有的社会规约、经验常识等背景知识，相对客观。事实一旦没有按照"客观"的情理规律来，而是吻合了主观性的情理推测，就会出现"实现"后的"惊讶"情绪。如上述例（3）中，14 号家庭按照存在山寨的普遍现象来推测"药品也存在山寨"现象，而说话者认为，按照普遍情理，"人命关天的事情不应该有山寨"，但事实却与 14 号家庭推测的情理相吻合。例（4）中听话者（B）按照色泽、质地来推测手镯为假的，但是说话者（A）认为，"看到包装盒里面的镯子和电视上的一模一样"，所以手镯应该为真，最后事实证明是假货，说明两者的情理视角不同。例（5）中说话者认为，按理说自己应该会体力不支，但是又不希望事实按照自己的预测来，所以产生了意外情绪。例（6）中的我梦想变成校车司机，不一定真的会成为校车司机。我们知道"世事难料"，如果"担忧"的事情发生了，如果"梦想"成真了，那反而让人觉得奇怪。例（7）和例（8）中，试试看的事情不可能会成功，计划的事情也不可能完全按照计划来。所以，一旦"真的"实现了，反而会不合"情理认知"而出现意外情绪。"合预测"和"反认知"之间的矛盾促发了说话者对"合情理意外"的评价表达。

3. 情理条件句与"真的"意外结果的共现

在合情理的意外结果句前，必然存在情理推测的条件句，构成如下组合形式：

  条件：主体的情理推测。（背景：非叙实）

  说话者质疑：不相信主体的情理推测。（隐含情理）

  当前事实：符合主体的情理推测。（前景：叙实）

  主观情态形式：背景（主体推测）→前景（当前实现）

  依据前面对情理视角的分析，本书将条件句的隐现分为三部分研究。

  首先，当情理推测的表述部分是情节内人物的视角，或者，当情理推测的表述部分是叙述者和他人视角的结合，这两种情理条件出现在说话者的叙述中，作为背景信息，明示说话者对情理条件的质疑，后续句作为前景信息，强调事实"竟然""真的"发生了，前景和后景形成反差。如，

  （9）现在都提倡有中国人自己的创造力。<u>他觉得这个设计就是中国式的设计，肯定能获得大奖</u>。当时我还嘲讽他，一个不知名的画家别做梦了，<u>最后竟真的拿奖了</u>。（《锵锵三人行》2009 年 1 月 9 日）

  例（9）中，说话者认为，按照情理"一个不知名的画家"的身份角色不可能获奖，而"他"却认为，这种设计符合中国的文化倡导应该获奖，且事实如他所料，所以说话者感到意外。"他"的情理推测为背景信息，"我"的情理认知为隐含信息，最后拿奖是当前信息，三者之间形成了强烈的反差。可见，条件的出现强化了对比的语力。

  其次，当情理推测的表述部分是听话者的视角时，情理条件出现在听话者原本的认知中，是交际双方共享的，是听话者心知肚明的。因此，情理条件可以隐而不现，也可以在条件句中重述听话者之前的情理推测，对其进行凸显，并将说话者的质疑与当前的事实进行对比，以此证明听话者的情理推测是正确的。如，

  （10）播音：他，人称刀王，一个在以打刀为生的民族中。家喻户晓的鬼斧神将。

    嘉宾：狩猎的刀有，还有这个，开关。

    主持人：还有开关，为什么说这是狩猎的刀呢，<u>就这么一个小小的刀</u>。

    嘉宾：这是上山打猎呀，在山里面碰到狼啊野猪啊什么的，可

以杀。你不信可以试试。

主持人：你别说这个刀啊，真的很，哎哟，抓在手里真的很舒服，这个感觉啊，就有一种想狩猎的感觉。（《乡约》2009年8月12日）

观察例（10）可以看到，听话者（嘉宾）的情理推测是隐而不现的，即"这把刀应该握着很舒服"，实际情况也确实如此，与肯定"他人见解"的"你别说"共现，证实了听话者（嘉宾）的言论是正确的。从"就这么一个小小的刀"推测，开始主持人并不认为"抓在手里"会"很舒服"，但结果却让主持人大吃一惊。可见，条件是隐含在上一话轮中的。

最后，当情理推测的表述部分是说话者自身的视角时，说话者没有必要再把自己的情理推测展示出来，情理条件隐而不现，直接表达"担心焦虑"和"不屑一顾"的事情"竟然""真的"发生了，还可以明示或者追补之前自己对情理推测的质疑条件，强化合情理意外的语力。如，

（11）竟然真的把教育变成了形式，来之前我还在想，这么大的活动不会是形式吧。（BCC语料库）

观察例（11）发现，"不屑一顾"的情理推测强化了"教育变成形式"的低概率预期。"真的"构式先产出的原因是说话者想强调事实的意外性，满足了重要信息先说的原则。

4. 传信与证实

Chafe（1986）认为，任何认识都有一个来源问题，而信息来源往往决定着信息的可靠程度，如表3-2所示。

表3-2　　　　　　　　信息来源的可靠程度

知识来源	知识模式	可靠程度	知识匹配
模糊不可知	信念	可靠的知识	言语手段
证据	归纳		意料、预期
语言	传闻	不可靠的	
假设	演绎		

Payne（1997）归纳了现实性和对证据依赖性的情态范畴语义连续

统：A 认识 > B 道义 > C 条件 > D 假设 > E 可能 > F 愿望 > G 虚拟。可以看出，从左到右对证据的依赖程度逐渐减弱，因此，它所暗含的表"证据推断"的传信意义就更加强烈。本书认为，越往右，事实的可靠程度越低，预期程度越低，意外的情理评价表达的程度也越低。如"我听说有魔鬼，但却没有魔鬼"比"我相信有魔鬼，但却没有魔鬼"的意外的情理评价表达程度要低。但不管程度高低，传信都代表发话者预期了这个命题。而没有传信依据的命题，在发话人那里都预期为假，如"我没听说小明生病了"，发话人一定预期了"小明没有生病"。

情理推测的部分除根据义务道义、知识认知等形成的模糊不可知的信念，以及根据条件、假设进行的演绎以外，还会根据证据、传言等信息来源进行归纳和判断。如前文所述，后者的可靠性低，预料程度也低。说话者对传递的情理信息半信半疑，换句话说，说话者对主体的情理推测采取质疑的态度立场，而最后事实的实现打消了说话者的质疑，同时也传递了不可靠的信息"竟然""真的"实现了的惊讶态度。需要说明的是，不可靠的程度越高，惊讶情绪越高。如，

（12）新加坡的《联合早报》说，在北京一家公司做外贸经理的赵铭快过生日了，好友告诉他，说什么生日当天凭身份证进一家酒店就能享受免费生日餐。赵铭不信邪地打了电话，没想到结果他真的得到了酒店的热情接待和祝福。（《第一时间》2008 年 4 月 21 日）

（13）说是房价要上涨，还真的上涨了。（BCC 语料库）

（14）都说你的记忆力好，今天一测试，还真的不一般啊。（BCC 语料库）

（15）一开始听说熊顿，是因为网上有一篇抗癌日志式的漫画叫《滚蛋吧！肿瘤君》，非常幽默，没想到画这篇漫画连载的作者竟然真的是一位癌症患者！（《鲁豫有约》2012 年 11 月 19 日）

观察例（12）至例（15）发现，按照情理来说，"说什么""听说""都说"的消息未必可靠，还需要"眼见为实"，可以加"谁知道呢"进行可信度的测试，后来经过证实，传信的事情为"真的"，说话者传递了对可靠性的惊讶。

5. 立场协商

Du Bois（2007）指出，人类使用语言最重要的一件事情就是表达一定的立场。他提出了评价（evaluation）、定位（position）和认同（alignment）"三位一体"的"立场三角"理论（图3-1）。

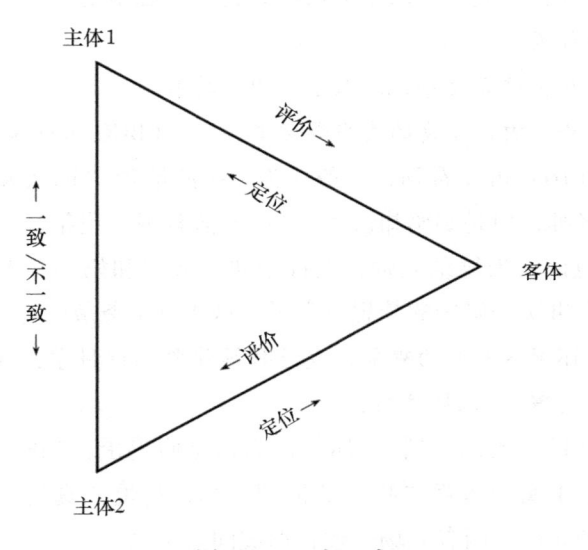

图 3-1　立场三角

在表达一个立场时，立场行为会同时产生三类立场后果：（1）立场表达者评价一个客体；（2）立场表达者对主体（通常是自己）进行定位；（3）立场表达者调节与其他主体之间的认同度。评价、定位和认同是立场表达行为的三个不同方面，构成了立场表达要素。根据 Du Bois 的立场三角理论同时评价（evaluate）客体，定位（position）主体（自己或他人），并与其他主体取得一致或者不一致（align）关系进行协商。陈振宇（2021）指出，自我立场是对自我的自信程度（自信性），是否在言语行为中突出自己（强化/弱化语力），以及如何看待自己与其他言语活动参与者的社会关系（同盟性）。"自我立场"字面上只有"自我"，但其实质是"交互主观性"（intersubjectivity）。

当主体间立场一致时不会出现合情理意外，合情合理怎么会意外呢？意外一定是说话者的立场（主体1）与情理推测主体（主体2）之间的立场不一致，而客观事实又支持情理推测主体的立场。这时说话者往往屈从于情理推测主体的立场，形成立场协商一致。在质疑情理条件中，自信度很高，而当事实印证后开始弱化语力，与情理主体形成同盟，其实是主观性与交互主观性合一的过程。如，

（16）爷爷：这么大年纪了你还瞎折腾，你也不看看你的身子骨能扛得住吗？

奶奶：这么大年纪怎么了？你看聘书。

爷爷：啊，<u>还真的去当舞蹈老师了</u>。（BCC 语料库）

观察例（16）可以看到，爷爷认为，按照情理"这么大年纪"不应该去当舞蹈老师，但是奶奶却认为，"我灵活着呢，我年轻的时候可是舞团一枝花"应该去当舞蹈老师，发挥余热。爷爷和奶奶两者之间的立场不一致，最后事实是奶奶的梦想成真了，这激发了爷爷的意外情绪。

（17）你怀疑这是假的鸡蛋，我还告诉你要相信科学，<u>结果真的是假鸡蛋啊</u>。（微博语料）

观察例（17）可以看到，"你"认为这是假鸡蛋，"我"告诉你科学不会造假，但事实却违背"我"的情理认知，鸡蛋"真的"是假的。最后，事实得到印证，两者立场一致，形成同盟关系。

（三）意料之中"果然"和情理之中"真的"的对比

"果然"和"真的"都是对当前信息的肯定，"前文必有预料的或所说的成分"（侯学超，1998），并且事实与所预料的、所说的成分相一致。但是观察语料发现，"果然"表达了意料之中，而"真的"却表达了意料之外。

陈振宇、杜克华（2015）指出，不论反预期还是（正）预期，都有可能产生意外。预期标记"果然"，它暗示与预期一致的事实是有可能不会发生的，现在发生了，因此也令人吃惊。陈振宇（2021）认为，"果然"表达了小预期事件，既在意料之中，又在意料之外，说话者认为事实发生的概率很小（意料之中），但是一旦实现了，小概率事件就会意外（意料之外）发生。然而，概率再小也是能够实现的，既然与预期一致不会发生为什么还会这样预期，直接预期不可能发生不就可以了吗？《现代汉语虚词例释》称，"果然"是副词，表示事情的结果与预期相符。本书

认为,"果然"表明预期的事件与结果的事件刚好恰合,倾向于"果"的证实,并没有意外之义。如,

(18) 你听了,[淡淡一笑说,血可以放,但法不能丢,有胆量的拿刀子来吧!] 不久,那人果然来了,手里没拿刀,倒给你送来了一份检讨。(转引自陈振宇,2021)

观察例(18)发现,说话者并没有认为"拿刀子来"的概率小,而是口吐豪言,"果然"是拿后续的结果对其进行证实,表明"果"与"期"正好吻合。需要注意的是,"果然"看似可以和"真的"互换,都表示预言的结果实现了,但其实不然,"真的"表达了不相信会实现,而"果然"表达相信会实现,只是实现的概率低。

再来看一下所谓"证伪"的例子,如,

(19) 我不信他真不会笑,后来见面一试,果然真不笑。(冯骥才《一百个人的十年》)

陈振宇(2021)将其解释为,因为"真不会笑"的概率很小,所以说话者可以不信,而这里的"不信"与之前说的"真的"前的"不信"不太一样,这里不是真的怀疑,也不代表信念,而是执拗义,结果事实不以人的意志为转移,证明结果与"他"预期的一致。

"果然"一定是有预料的,表达了料定义,而"真的"是说话者没有预料到的,但是却在情理中的,表达了意外义。所以,"真的"前可以加"没想到",但是加在"果然"前就显得很不自然。如,

(20) 他爸夸她,说她长得挺好,挺结实,还灵敏,学了体育,没准是个好苗子。后来果然考上了名牌大学。(《锵锵三人行》2009年3月5日)

观察例(20)发现,"果然"是对爸爸的话的证实,具有客观叙实性,不能加"没想到"。

(21) 说到横店群众演员的"专业",赵雅芝又给我们讲了这样一件事:正当陈凯歌下令开机时,竟有一位农民举手高声说:"报告陈导,机位错了!"陈凯歌不相信,让人一检查,竟真的是机位错了。(CCL语料库)

(22) 张学文叫道:"你动手打人,你抗税打人呀?给我铐起来,铐起来!"警察竟真的从腰里取了手铐,就把他双手铐了,拉着

往乡政府走。(CCL 语料库)

(23) 他把这份文件看得很认真，他心里早已准备接受这样的结局了；而结果，他竟真的得到了这样的结局。(CCL 语料库)

观察例 (21) 至例 (23) 发现，例 (21) 中前面已经有铺垫"说到横店群众演员的'专业'"，所以证明"报告陈导，机位错了！"的话应该相信，毕竟农民眼见为实，不会说假话，而"陈凯歌不相信"，令陈凯歌"没有想到"的是"竟真的是机位错了"。例 (22) 中说话者对张学文说的话半信半疑，张学文认为按照情理"打人"就应该铐起来，但最后"没想到""警察竟真的从腰里取了手铐"。例 (23) 中虽然"他心里早已准备接受这样的结局了"，但是他仍然担心，不希望发生，令他"没有想到"的是，"他竟真的得到了这样的结局"。"真的"可以表达"主体"由"不相信"到"没想到"的转变。

另外，"真的"之所以能够表达没想到的"意料之外"含义，是因为"真的"可以对"真假值"进行质疑。如，

(24) 主持人：她不在家的时候就把这手机打开，听着她呼噜声睡觉。如果你想说说话怎么办呢？

姜淑清丈夫：也可以对着她呼噜声说，就好像她在身边一样。

主持人：现在她就在身边，你对着呼噜声说说。

姜淑清丈夫：工作该忙忙，但是家庭也不要不照顾。孩子在长春念书，一般打电话的时候都给我打电话，几乎是没给她打过电话。包括孩子在什么学校，念什么专业她都不太清楚。孩子开家长会的时候都是我去参加。我希望她能多多照顾一下家，照顾一下孩子。

主持人：你真的就是对这个空的手机说话是吗？

姜淑清丈夫：对。(《乡约》2012 年 10 月 24 日)

在疑问句中，"真的？"表示说话者对"对这个空的手机说话"的怀疑。而肯定句"真的"引申出了"不可置疑"的情理含义，同时又对前面质疑的否定，传递了"意料之外"的含义。

"竟然"虽然都能与二者共现，但是，"竟果然"表达的是"事实恰好在意料之中"的"料事如神"，具有事实印证的含义，惊讶义不是"果然"带来的，而是"竟然"带来的，"竟真的"表达了"意料之外，情

理之中"的"先见之明",具有颠覆主观认知的含义。前者重"意料"的准确性,后者重"情理"的恒定性。如,

(25) 于是,他又想起他们曾经一起去请一位高人算过一次命,说他们两人八字一配,他就要漂洋过海,还说他们两个聚少离多,现在<u>竟果然一一应验</u>。(CCL 语料库)

观察例(25)发现,"算命"的事情不太科学,一般不会让人信服,但是最后却证实"应验"了。"竟"表达了对"料事如神"的惊讶,而"果然"本身不表达惊讶。

(26) 年轻人说:"这次我是因为事先没有准备。"总经理认为他只是<u>找个托词下台阶</u>,便也随口说道:"<u>那好,我给你两个星期做准备。</u>"回去后,年轻人足不出户在家昼夜苦读。两周后,年轻人<u>竟果然</u>又去见总经理。总经理<u>没有想到</u>对方<u>竟真的会再次前来面试</u>,只得兑现当初的承诺。(CCL 语料库)

观察例(26)发现,"竟果然"是说"我一定会准备好再去"的肯定,而"竟真的"是总经理没有想到的,但是约定好的事情是一定要发生的,体现了情理的恒定性。

(27) 居民温女士告诉记者,她用压水井的水,那边没有压水井,他们生活用水就更加困难了。温女士庆幸自己有<u>先见之明</u>,保留了一口井,没想到这口老井还<u>真的发挥了作用</u>。(《新闻调查》2008 年 11 月 10 日)

观察例(27)发现,温女士庆幸自己有"先见之明",所以"老井""发挥作用"是合情合理的,但是"没想到"当时的设想"竟真的"起作用了,颠覆了对"假想"不一定成真的认知。

综上所述,本节首先从情理预测主体的视角和说话者情理认知的视角两个方面探索了"X 真的 Y"为什么合情合理还会产生意外情绪,认为这与情理的双重视角的套叠有关。其次,从条件句隐现、传信可靠性和立场协商的方面对其进行了分析。最后,对比了同样具有符合之前推测的两个副词"果然"和"真的"的异同,认为"果然"重"示证",而"真的"重"意外"。

五　小结

　　本章分析了违反情理约束实现的"也不 Y"激发的意外评价表达，分析了超过或未及情理约束实现的"X 才 Y"和"X 就 Y"激发的意外评价表达，分析了合情理约束实现的"X 真的 Y"激发的意外评价表达。三者都以情理作为外显手段，通过描写情理的"违背""未及""超出""成真"等情理表现形式来表达意外的实现态度。

　　与第二章讨论的在情理约束下说话者对"X"角色性质、时间性质进行话题限定的表达方式不同，本章探讨了说话者是如何对"Y"的当前事实情况与情理预期情况之间的差异进行说明的。但与第二章相同的是，本章也通过"摆事实"的方式，对"实现 Y"这一情理不适宜的事实进行的意外评价表达。

　　就语言功能的表达规律而言，本章在前人研究的基础上，重点强调了语言形式"也""才/就""真的"本身所蕴含的情理意义，探索了语气副词"也"、时间副词"才/就"、评注副词"真的"在对反情理、超情理、合情理实现进行强化说明时，是如何体现意外评价表达功能的。

第四章

比较构式与意外的推理评价

一 引言

前文根据情理表达"X应该/不应该Y"的制约关系,分析了其在话语中的"话题限定"与"强化说明"的意外评价方式,分别观察了性质属性"X"的情理错配与实现结果"Y"的事与愿违在语言形式中的表达规律。

本书以"一个X"和"大X的"为例分析了"X应该/不应该"的情理制约与当前事实"Y"的匹配情况,也以"也不Y""才/就Y""真的Y"为例分析了当前实现的事实"Y"与情理约束"应该/不应该Y"之间的适宜情况。如果当前事实和实现情况与情理不匹配或者不适宜就会激发说话者的意外评价表达。可见,这两种情况都是利用情理评价来摆明意外事实的表达方式。

本章将通过"量级"和"极性"两种构式形式,来观察与量级强度和比较推理有关的意外情理评价表达。前面只探讨了单纯的"性质X"和"实现Y"的情理关联激发的意外评价表达,下面就再深入地对情理的序列等级、极端程度进行分析,因为事物存在和发展的社会规约、常理经验不仅是"点对点"的关联,还有"高与低""中心与边缘"的比较程度差异。因此,接下来就以"都Y_1了,还Y_2呢"和"连X都Y"为例来观察说话者是如何运用级差推理和极性推理来判断事实的合理性,又是如何通过比较构式来对不合理的极差关系进行意外评价表达的。

二 量级比较构式与意外的推理评价
——以"都 Y_1 了,还 Y_2 呢"为例

在人们通常的情理认知中,不仅有"X"应该"Y"这样"点对点"的简单情理约束,还存在对等级序列的推理比较,后一种是关于量级的情理约束。由于前后两个事件在主观量级上的不适宜,从而也会激发说话者的意外评价表达。

本节以"都 Y_1 了,还 Y_2 呢"这种组合构式为例对量级比较的意外评价表达进行分析。前人学者多就句子本身静态的量级比较功能进行分析,而本书关注了在动态对话中的量级回应表达。本书试图探索说话者是如何利用量级比较的推理形式对不合情理的事实进行评价表达的,量级推理带来的意外评价又是如何在比较构式的表达中体现的。另外,本书还关注了在回应话轮中说话者对不合理量级表达的语用否定,以及实施的反驳言语行为。

(一)主观量级的情理约束

1. "都 Y_1 了"主观高量实现与情理约束

学界普遍认为,"都……了"是一种已然事态,后续句是对该事态已然性的主观强调,如"饭都凉了,快吃吧"(吕叔湘,1980)。关于其中的"都",学界有不同的争论,吕叔湘(1980)、邢福义(1984)认为,"都"为时间副词,相当于"已经"。张谊生(2005)则认为,"都"为语气副词,表示"已经"只是在使用中强调方式和强化范围的扩展而已。林曙(1993)、蒋严(1998)认为,"都"为范围副词,有总括义,表示全称量化。徐以中、杨亦明(2005)以及王红(1999)都指出,"都"表达的是一种主观意义。对构式中"都"的分类过于精细不如整体来看构式的功能语义。李文浩(2010)认为,"都……了"表示对已然事态极性程度的强调。说话者主观设立一个序列并将事态置于该序列的末端,认为在该集合里最不容易实现。刘丹青(2005)认为,"都……了"是从典型的"连"字句类推而来的,它甚至找不到这样一个可以对比的语义

等级集合。宋红梅（2008）认为，"都 NP 了"句式的主观意义也未必是由"都"造成的，该句式主观意义的实现主要与后续句相关。前人关于"都……了"具有强调程度语气、具有序列等级特征的观点给了笔者很大启发，并且通过观察后续语境来分析该构式的语用意义也对本书具有指导价值。但是可惜的是，前人学者只从等级强度来观察与后续句的主观性特征，并没有分析这种主观性表达背后的情理动因。

综合前人的观点，本书认为，"都 Y 了"中"Y"必须处于可推移的变化序列中，并表达已然实现的事实。"都"表达强烈的情感态度，观察语料发现，"都 Y 了"表达说话者对"Y"的主观高量义。如，

(1) 都博士了，应该写论文水平很高了。（BCC 语料库）

(2) 都 90 年代了，应该很开放了。（BCC 语料库）

(3) 都三个孩子的妈了，应该很成熟了。（电视剧《家有儿女》台词）

(4) 都站了一个小时了，应该很累了吧。（BCC 语料库）

(5) 都练了十遍了，应该很熟练了吧。（微博语料）

观察例（1）至例（5）发现，"博士""90 年代""三个孩子的妈""站了一个小时""练了十遍"都表达事物变化达到了主观高量，根据"情理"的推理，后面应该搭配高量义的推测。

而如果把"Y"替换成量级低端的概念，句子就不成立。如，

(1') 都小学生了，应该写论文水平很高了。

(2') 都 40 年代了，应该很开放了。

(3') 都三岁了，应该很成熟了。

(4') 都站了 2 分钟了，应该很累了吧。

(5') 都练了一遍了，应该很熟练了吧。

观察例（1'）至例（5'）发现，"Y"如果是"主观低量"的概念就不能成立，在说话者看来，"Y"必须已经达到序列等级的最高量，表达"都已经达到最高量了"的主观情态义。

另外，还有一些变量"Y"其本身并不表达等级序列义，但是进入该构式后就表达了高量义，这是构式压制的结果。如，

(6) 都出血了，应该很严重了吧。（微博语料）

(7) 都结婚了，应该很爱你吧。（微博语料）

（8）都烧毁了，应该很可惜吧。（BCC 语料）

观察例（6）至例（8）发现，"出血""结婚""烧毁"并不具有等级义，当"Y"实现时，也表达主观高量义，后面往往与高程度推测相搭配。

总之，"都 Y_1 了"实现了主观高量义的变化，在情理上应该与高程度主观推量相适宜。

2. "还 Y_2 呢"主观低量的情理适宜度

"还……呢"被学界普遍认为是负面评价构式，郑娟曼（2009）、宗守云（2016）认为，"还 NP 呢"构式涉及行域贬抑、知域否定和言域嗔怪。宗守云（2016）认为，"行域"部分是针对主体的性质"违背社会固有模式"进行贬抑，即"你不该这么做事"；"知域"部分是针对引述话语内容"违背事实本身状况"进行否定，即"你不该这么认为"；"言域"部分是针对言语行为"违背得体原则"进行嗔怪，即"你不应该这么说"。但是，为什么会倾向于表达负面评价呢？说话人所依据的情理在哪呢？前人学者很少谈及主观评价背后的情理逻辑。根据第二章对于性质属性"X"对"Y"的情理约束，可以解释为，因为"NP"有其固有的性质属性情理约束，所以当行为、认识、言语违反了 NP 的性质属性的情理约束就会激发说话者对"情理错配"事实的情理评价，而这种评价往往是负面的。

而在对汉语具体语言事实进行观察后发现，"还……呢"除了表示对主体性质属性"X"的评价外，还可以表达对实现结果"Y"的评价。本书所关注的并不是构式变项为"X"的情况，而是构式变项为动作行为的实现（以 Y 来表示）。

吕叔湘（1980）分别用"抑"和"扬"两种语气来说明"还"，"小车还通不过呢，就更别说大车了"表达了尚且的含义，是"抑"，前面"还"作为陪衬，后续句为推论。"连这个字都不认得，亏你还上过大学呢"表达了"扬"的含义，"还"进一步提供利用来加强讽刺和责备。沈家煊（2001）认为，这两种句式都表达了"元语增量"。"还"在"连"字句中必须是有语义量级的，但有的还需要依赖背景知识和一般常识，如"大人还拿不动呢，何况小孩""这水洗澡还不够热呢，更别提沏茶了"。Lakoff（1987）认为，"社会固有模式"反映了社会的"正常期望"(normal expectation)。这给笔者很大的启发,"大人"和"小孩"虽然处于等级序列中,但是需要根据"情理"来推断,大人的力量要比小孩大应该最容易拿动沉东西,"大人还拿不动呢"表达了相对容易做到的都没做到;按照常识经验,洗澡的水不可能比沏茶的水烫,"这水洗澡还不够热呢"表达了相对对水温要求低的都没有达到。

按照社会规约化的"情理"来说,"还 Y 呢"在否定句中表达的含义为,相比而言,容易做到的都没做到,就更别提其他的了。其中暗含的情理表示为"较为应该达到的还达不到呢,就更别提其他的了",即"还不/没 Y 呢,更别提 Z"。也就是说,要想达到 Z 首先要满足最低要求 Y,现在连最低要求 Y 还达不到呢。可见,"还 Y 呢"在否定句中更倾向于"抑"的成分。

"还不/没 Y 呢"表达行为动作未及情理量的主观低量义,后面常常由"更别说""更别提 Z"作为推论对比,表达要想达到 Z 最低要求是 Y,但现在尚未达到最低情理量的要求。如,

(9)名字<u>还不知道呢</u>,更别说跟她关系很熟了。(微博语料)

(10)他一个小孩子,<u>还不识字呢</u>,更别提学富五车了。(微博语料)

(11)<u>还没挣钱呢</u>,别说有钱买房子了。(BCC 语料库)

(12)<u>还没当过老师呢</u>,更别说教学经验丰富了。(微博语料)

观察例(9)至例(12)发现,按照一般的情理认知,"不知道名字"当然不应该说"很熟","还不识字呢"推知不应该"学富五车","还没挣钱呢"不应该说"有钱买房子了","还没当过老师呢"不应该"教学经验丰富"。可见,"还 Y 呢"表达了主观低量,如果换为等级序列中的高量概念就不成立了。如,

(9')<u>还没跟她成为亲姐妹呢,</u>更别说跟她关系很熟了。

(10')<u>还没成为学界泰斗呢,</u>更别提学富五车了。

(11')<u>还没登上富豪榜呢,</u>更别说有钱买房子了。

(12')<u>还没退休呢,</u>更别说教学经验丰富了。

可见,"还"适宜主观低量的情理语境。吕叔湘(1980)在《现代汉语八百词》中解释"还"具有语气义,表"应该怎样而不怎样,名不副实,有责备或讥讽的语气"。陆俭明(1980)认为,"还"伴有不太满意的感情色彩。张平(2003)认为,"还"表事理逻辑上的相反,相当于

"反而、反倒、却"的意义。吴福祥（2004）、武果（2009）认为，副词"还"是反预期标记。史金生（2010）认为，"还"表达勉强过得去的委婉语气，与"算"连用后凸显不太满意的情感。前文分析了"还"在否定语境中表达"应该达到最低要求而还没有达到"的情理逻辑，即"还没实现最低情理要求"。那么，在肯定句中"还"又表达了什么样的情理逻辑呢？

（13）都要上台演出了，她还淡定地化妆呢。（微博语料）

（14）她普通话都不会说，还主持节目呢。这水平也太差了吧。（BCC 语料库）

观察例（13）和例（14）发现，与例（14）表达的"名不副实"的行域贬抑不同，例（13）表达了说话者认为"淡定地化妆"没有达到上台演出前的准备状态。

"还 Y 呢"在肯定句中表达了"Y"本应该达到的高要求但是却没达到，同样也表达了说话者的"主观低量"。同样，这里也不能换作一个与"都要上台演出了"匹配的主观大量义，如，

（13'）都要上台演出了，她还蓄势待发呢。

由此可知，"还 Y 呢"在肯定句里是对主观低量的肯定，即"本不应该是主观低量，但却如此"；在否定句里是对主观低量的否定，即"本应该达到的主观低量，但没有达到"。陆俭明（1980）、马真（1984）、李杰（2003）认为，"还"既可以表示"程度深"还可以表示"程度浅"，表达"程度深"时可以用于比较句式中，表达"程度浅"却不能用于比较句。但是显然，将"还"看作程度副词，不能解决为什么同样一个副词无论"深"还是"浅"都可以表达负面评价的含义。前人关于"还"的"反预期""事理逻辑相反""勉强委婉""不太满意的情感"等主观评价功能的研究给了笔者很大的启发，但可惜的是，他们并没有从情理适配语境的角度进行分析。本书认为，"还 Y_2 呢"出现在主观低量的情理适宜语境中，如果这时与主观高量的情理语境共现时，其不合情理的特征就凸显出来了。下面来分析一下，在主观高量"都 Y_1 了"与主观低量"还 Y_2 呢"的语境共现中，两者是如何相互配合进行意外情理评价表达的。

(二)"都 Y_1 了,还 Y_2 呢"的级差推理与意外回应

"都 Y_1 了,还 Y_2 呢"作为组合式的小句表达,当然要符合小句间关联的逻辑。沈家煊(2009)指出,认识的事理包括回推的事理和类推的事理,语用的事理包括言说的事理(言语行为)和会话的事理(合作原则)。除了语用逻辑和认知逻辑外,还需要考虑情感的逻辑。前文详细分析了"都 Y_1 了,还 Y_2 呢"的事实阐述,不管是事理上的因果、递进还是转折都表达了情感程度在逻辑上的不匹配关系,是从横向的静态角度分析了意外情绪的情理动因。Michaelis(2001)认为,量级是一种情感力量,尤其是惊讶,它表明说话者对给定情况的判断是非常规的。"都 Y_1 了"和"还 Y_2 呢"作为一种主观量级的表达构式,本身就蕴含了惊讶情绪,而当两者在语篇中配合使用时又会出现哪些表达功能呢?下面再从口语互动的角度来分析"都 Y_1 了,还 Y_2 呢"的级差推理过程及意外回应表达,并在序列语境中分析"都 Y_1 了,还 Y_2 呢"的敏感位置及语用功能,最后还观察了"都 Y 了"和"还 Y 呢"单独作话轮时的隐现情况。

1."都 Y_1 了,还 Y_2 呢"主观量级失衡与意外情绪落差

我们知道,不能孤立地看"都……了"的语法功能,需要结合后续的语境。前人学者也注意到了"都……了"的语篇逻辑,邢福义(1984)认为,包含"都……了"分句的复句,分句与分句之间有因果、转折、倒置因果、倒置转折、归结按注等关系。但这种分析属于事理逻辑的分析,还随着语境的不同而分出不同的功能,有"随文释义"之嫌,本书想用一个统一的衡量方法来分析"都……了"与后续句的关系。

说话者主动认为,"高量"应该与"高量"搭配,"低量"应该与"低量"搭配,一旦错位就会失去等级的平衡,导致说话者借助等级的落差表达不合理的惊讶情绪。吴为善(2017)认为,"都 NP 了,还 VP 呢"这一句式属于语用否定,提出这一句式中 NP 能够激活隐形的语义等级序列。根据前文的分析,本节所说的"都 Y 了"表达主观高量义,"还 Y 呢"表达主观低量义,两者相继出现,表达了主观量级的失衡,即"高量—低量",正是因为量级程度在情理上的错配才激发了说话者情绪上的落差,从而通过两者的共现来表达不合理的意外情绪。如,

(15)都替儿子包办一切了,从找工作到结婚,这在父母眼里竟然还算不上娇惯呢。(《7 日 7 频道》2008 年 3 月 3 日)

(16) 那年的 6 月,妻子为刘继春生下一个七斤三两的大胖小子,可奇怪的是,孩子都已经满月了,竟然还没名字呢!(《乡约》2008 年 7 月 17 日)

(17) 都 30 岁了,还不会骑自行车。(《一路畅通》2008 年 6 月 11 日)

(18) 我心都结冰了,都要饿死了,还不能吃口热乎饭。(《一路畅通》2011 年 8 月 30 日)

(19) 都当局长了,还坐地铁呢。(BCC 语料库)

(20) 都 60 岁了,还练习发音呢,这能学会吗?(微博语料)

观察例(15)至例(20)发现,"还 Y 呢"前都可以加"竟然"进行测试,表明"都 Y 了"和"还 Y 呢"在程度量级上不合理搭配,从而激发了意外情绪。那么,这种意外情绪主观表达背后又存在什么动因呢?例(15)中,"替儿子包办了一切"在说话者看来是主观大量,足够算得上娇生惯养了。而"还算不上娇惯呢"为主观低量义,两者在程度上存在反差,不合情理。例(16)中,按理说一出生就应该有名字,现在"都满月了",远远超出了情理的要求,更应该有名字,但现在事实却低于预期"还没有名字呢",程度上的悬殊差异导致了意外的产生。例(17)中,按照常识经验,小时候就应该学会骑自行车,但是"都 30 岁了""还不会骑自行车"两者共现表达了"高量—低量"的错搭。例(18)中,正常来讲应该吃"热乎的饭","心都结冰了"更应该吃热乎的饭,但是现在"还不能吃口热乎的饭"的主观低量义与前者"心都结冰了"形成了意外落差。例(19)中,"都局长了"表达了"局长"的身份高,按照常识来讲,身份高的人不应该坐地铁,但是现实是"还坐地铁呢",表达了主观低量义。例(20)中,"都 60 岁了"在说话者看来年龄很大了,不应该从头开始学起,而事实却表达这样的主观低量义"还练习发音呢",两者不合情理的对比激发了说话者意外情绪,听话者通过"高量"与"低量"的错配进行情理推理,得出说话者对意外的情理评价意图。

2. 等级推理与言语行为——安慰、指责、建议

前文分析了"都 Y_1 了,还 Y_2 呢"作为说话者告知听话者的意外事实

而表现出的等级序列差异。除横向的等级程度对比外，还可以与序列中前后话轮的主体进行动态对比，当"都 Y_1 了，还 Y_2 呢"出现在回应话轮中时，说话者期待听话者通过等级推理理解该表达式的言语行为，下面就具体来看一下不同的语境下，该构式是如何对听话者实施安慰、指责、建议（劝进和劝阻）等行为的。

(21) A：每天吵架吵得我身心疲惫啊。
　　　B：<u>我都结婚了，还吵架呢</u>。<u>放平心态哈</u>。（BCC 语料库）
(22) A：我都放弃了，这门课太难了。
　　　B：<u>他们都修了三四次了，还过不了呢</u>。<u>别太在意，没有那么容易</u>。（微博语料）

例（21）中，B 通过"我都结婚了"表达主观高量义，跟（A）在谈恋爱相比，主观高量义都存在"还吵架呢"的事实，从而招请听话者进行推理，"谈恋爱更容易吵架"，说话者实施了"安慰"的言语行为。例（22）中，A 抱怨这门课太难了，担心过不了，说话者（B）"安慰"A"别太在意，没有那么容易"，招请听话者进行推理，主观高量的"都修了三四次"的人"还过不了呢"，"你"就更别担心难了。另外，这两者都表达了说话者认为，"主观高量"都还没达到期望值，而听话者处于"主观低量"的等级竟然想达到期望值的意外情绪。

(23) 夏雨：<u>我时差还没倒过来呢</u>。
　　　　夏东海：谁又在这儿瞎说八道啊？你从美国<u>都回来一百八十天了</u>，人八十天把地球都环游一周了，<u>你还没倒过时差来</u>？
　　　　夏雨：我在美国都待了七年了。
　　　　刘梅：对呀，人家七年就得倒七年的时差。爸爸什么都不懂。
　　　　（电视剧《家有儿女》台词）

观察例（23）发现，夏雨说"我时差还没倒过来呢"，夏东海在回应话轮中，认为"一百八十天"和"八十天"相比，前者表达了主观高量义，而"人八十天"就能做到高量"把地球都环游一周了"，那么"一百八十天"就更不应该处于低量"还没倒过时差来"，由此对比强化了"高量—低量"搭配的不合理，即"都回来一百八十天了"竟然"还没倒过时差来"。在表达意外的同时也实施了指责的言语行为。

另外，还有直接针对说话者所言主体的指责。如，

(24) A: 这么冷的天真不想工作了。

B: 你看小王，人家都感冒了，还没说请假呢。好好干吧，别消极了。(BCC 语料库)

观察例 (24) 发现，B 表达了与"都感冒了，还没说请假呢"相比，"你"竟然消极怠工，在表达 B 的意外情绪外，还实施了指责的言语行为。

(25) A: 我年龄太大了，怕是考不上研究生了，首先英语就竞争不过应届的。

B: 别沮丧嘛，人家都 60 岁了，还考研究生呢。你才多大。(微博语料)

观察例 (25) 发现，A 想放弃考研究生，但 B 劝说对方，主观高量"60 岁"都实现了"考研究生"，说明低量更容易实现。A 在表达"你才多大"就说"我年龄太大了，怕是考不上研究生了"的惊讶之余，还实施了"建议"听话者继续复习的言语行为。

(26) A: 开了学我想换个手机。

B: 我的手机都 5 年了，还坚持用呢。(BCC 语料库)

观察例 (26) 发现，B 拿"都 5 年了"的手机跟 A 的手机相比较，"我"的手机用的时间长"还坚持用呢"，而"你"的手机竟然要换新的，这是不合理的，传递了 A 的意外情绪，并实施劝阻言语行为。

除例 (23) 利用"都 Y 了"和"还 Y 呢"的情理错配表达意外，并实施指责言语行为外，其他例子都不是本书前面所说的"高量—低量"的意外评价表达，而是说话者利用本应该意外的事实来向说话者实施安慰、指责、建议等言语行为，说明连"高量"都"还 Y 呢"，那么"高量"以下的其他概念更应该"Y"。如例 (25) 表达了，说话者认为"60 岁（高量）"都还考研究生，那么"你"比 60 岁年轻就更应该"考研究生"了。

这就与前面讨论的主观量级的"高量—低量"情理错配激发的意外评价不同。本节是在论述，主观高量"都 Y 了"能做到的事情（或者做不到的事情），那么听话者所说的较低量的主体 S 更容易做到（或者做不到），从而传递了低量 S 竟然没做到（或者做到了）的意外情绪。另外，在惊讶之余实施了言语行为意图。其中，说话者主观高量"都 Y 了"与听话者的叙述主体"S"构成了级差对比推理。

由此可知,当说话者利用"都 Y_1 了,还 Y_2 呢"进行冲突回应时,说话者是将"高量—低量"的搭配打包成了一个合情合理的理由,以此来表达对听话者所说的主体"S"的情理评价。

3. "都 Y 了"和"还 Y 呢"的前后项隐现与话轮独用

通过收集语料发现,"都 Y 了"和"还 Y 呢"可以单独出现在始发话轮和回应话轮中,根据位置敏感理论,两个本来可以共现的构式出现在不同的话轮位置会有不同的语用语法功能。

先来看一下当"都 Y 了"出现在始发话轮,而"还 Y 呢"出现在回应话轮的情况。如,

(27) A:他在雪山上走了一天一夜,<u>腿都冻伤了</u>。
　　　B:<u>还登山呢</u>,意志力超强。(BCC 语料库)

观察例(27)发现,按照情理来讲,"腿都冻伤了"不应该"继续登山了"。但是,说话者以"主观高量义"预示了接下来会发生令人惊讶的事情。B 接着对上一话轮进行回应,形成了构式的合作共建,明示了"腿都冻伤了"与"还登山呢"的不合理性。这里的"还登山呢"本身不具有主观低量的含义,但是,与"脚都冻伤了"的主观高量期待相比,这里的"还 Y 呢"表达目前的行为没有达到"都 Y 了"的情理期待,因此,"都 Y 了"与"还 Y 呢"依然构成"高量—低量"的情理错配意外。

(28) A:那天在菜市场看见他了。
　　　B:他?他不是<u>都是明星了</u>?
　　　A:对呀,<u>还自己买菜呢</u>。(BCC 语料库)
(29) A:别打扰他了,<u>他都 90 岁了</u>。
　　　B:没关系的,<u>昨天还给学生指导论文呢,还经常做讲座呢</u>。
　　　A:啊?这也太令人敬佩了。(BCC 语料库)

观察例(28)和例(29)发现,"都是明星了""都 90 岁了"表达了主观大量义,应该与高量事件匹配,而"还自己买菜呢""还给学生指导论文呢"本身是非典型的量级低量,但是,相比于说话者对"都 Y 了"的主观高量认知,这里的"还 Y 呢"表达了对主观高量期待落空的肯定,从而激发听话者对不符合主观高量义事实的意外,"还 Y 呢"同样表达了没有达到主观高量义期待的主观低量含义。例(28)"不是都明星了?"

表达了对意外事件的质疑，而"还自己买菜"的主观小量义证实了听话者的质疑。例（29）"都 90 岁了"按照情理推测，不可能再举行讲座或者给学生指导论文了，但是，说话者（B）的回应却恰恰相反，激发了听话者的意外情绪。

再来看一下当"还 Y 呢"出现在始发话轮，而"都 Y 了"出现在回应话轮的情况，如，

（30）A：他<u>还不清楚孩子是不是亲生的呢</u>。
　　　B：<u>啊</u>，<u>孩子都三岁了</u>。（BCC 语料库）
（31）A：<u>还不着急找工作呢</u>。
　　　B：<u>都毕业 2 年了啊</u>，也不是应届生了啊。（BCC 语料库）

观察例（30）和例（31）发现，在始发话轮中，"还不清楚孩子是不是亲生的呢"和"还不着急找工作呢"分别激活了回应话轮中说话者的背景知识，并认为按照情理来讲，"孩子都三岁了"和"都毕业 2 年了"不应该发生上一话轮中所传递的事件信息。"都 Y 了"强化了事实的发展与等级高量义不协调的语力。

可见，"还 Y 呢"做回应话轮时，激发了听话者的意外情绪，而"都 Y 了"做回应话轮时，是根据听话者叙述的事件表达自己的意外情绪。

本节运用级差推理的方式分析了构式"都 Y_1 了，还 Y_2 呢"意外情理评价表达，即按照情理来讲等级序列的主观高量"都 Y 了"应该与高程度义的实现相配合，但是，事实却因主观低量"还 Y 呢"的实现而未及情理的要求，两者程度等级的"高量—低量"错搭导致了意外的评价表达。另外，"都 Y_1 了，还 Y_2 呢"在互动交际中，表达了说话者与等级序列中的其他成员相比，主观高量"都 Y 了"不容易实现"还 Y 呢"都实现了，就更不用说比"都 Y 了"还低的量了（对上一话轮的听话者叙述的主体量进行回应），这时说话者将本来情理错配的等级概念"都 Y_1 了，还 Y_2 呢"打包成一个合情合理的理由，既表达了对听话者所述主体不合情理的意外评价，又实施了安慰、指责、建议等言语行为意图。最后，分析了"都 Y 了"和"还 Y 呢"在"话语对"中的话轮独用问题。

综上所述，本书在前人关于"都 Y_1 了，还 Y_2 呢"的事理逻辑和语篇逻辑分析的基础上又推进了一步。本节重点从情理的角度对该构式的组合逻辑进行分析，通过量级推理发现，"都 Y 了"本不应该"还 Y 呢"，

即"高量"与"低量"的搭配是不合情理的。"都 Y_1 了，还 Y_2 呢"体现了意外评价表达在量级情理上的规律。

三　极性比较构式与意外的推理评价
——以"连 X 都 Y"为例

前面一小节通过量级推理详细分析了事实与情理的不和谐现象，即由于主观高量的变化"都 Y 了"与主观低量的实现"还 Y 呢"之间存在心理落差，激发了意外的情理评价表达。下面再来分析一下极性推理与意外的评价表达。按照情理上的推断，范畴中极端成员"X"是最应该（或者最不应该）实现"Y"的，更不用说其他边缘成员了。而如果事实连最应该的情况都没有实现，那么就会激发说话者的意外情理评价表达。"连 X 都 Y"所具有的极性比较的语法功能特点已经成为学界的共识，也有学者关注到该构式与预期表达的关系，但是，前人却没有很好地结合极性推理与意外评价之间的关联进行分析。接下来，本节就以"连 X 都 Y"为例，详细探讨极性比较构式的意外评价方式和背后的情理表达规律。

（一）"连"字句中"X"与"Y"的情理关联

对于"连 X 都/也 Y"本身的语义、语用特点，前人已有很多相关研究，如，"强调"说（吕叔湘，1980；朱德熙，1982），"递进/递降"说（宋玉柱，1980），"隐含比较"说（宋玉柱，1996），"标举极端事例"/"周遍"说（崔永华，1984），"连接"说（廖斯吉，1984），"话题"说（曹逢甫，1989），"话题焦点"说（刘丹青、徐烈炯，1998），"分级语义序列"说（周小兵，1990），"基本信息、预设信息、附加信息、推理信息"说（崔希亮，1990），"梯级算子"说（罗晖，2007）。所不同的是，刘丹青（2005）将其分为典型和非典型"连"字句，除低端说的典型"连"字句外，还探索了不在等级序列的非集合活动事件，更加注重构式的整体关联，这也影响了后期学者的研究，如袁毓林（2006）；罗晖（2007）；胡晓萍、史金生（2007）；杨永龙（2011）；任芝锳（2007）；刘探宙（2008）等认为，"连"字句的强调义不是由"连"单独表现，而是由"连……都/也……"这一关联形式共同表现。前人无论是针对"连"字的分析还是针对"连 X 都/也 Y"整体的分析都给了本书很大的启发，但是，他们却很少关注"X"和"Y"之间的情理逻辑关联。另外，他们也没有关注到"X"和"Y"之间的情理关联在语境中的制约关系。

有的学者虽然关注到了"连 X 都/也 Y"的推理模式，但是，他们并没有进一步论证这种推理模式又与主观情态的表达有什么规约化关系。洪波（2001）指出，典型事件 XVP 的可能性最小，如果 X 本身可能性大就是低限典型，用否定最小量来表周遍，如果 X 本身可能性小就是高限典型，用肯定最大量来表周遍，如"连最后一名都/也及格了"。这里首先有一个普遍的认知就是最后一名及格的可能性最小，如果"连"后的成分本身最不可能如此，那么谓项就用肯定高限典型来表达所有人都及格了，因此具有周遍义。其中，"连"字构式中，"连"可以缺省，只用"都/也"表示周遍，如"主持人都/也没来"。崔永华（1984）指出了"连"字构式具有标举极端事例表达周遍义的作用。Lee（1986）认为，"都"除了与极端成员共指，还可以反映未出现的成员，这是"连"字句式获得全称数量意义的原因所在。洪波（2001）、曹秀玲（2005）区分了"连"表极端的典型事例和表周遍义的整体作用。刘丹青（2005）用构式语法研究了不在等级尺度内的非典型"连"字句，强调了包含 XP 在内的整个 VP 的低端性。胡亚（2018）研究了"连"字构式的图示层级，其中，中观层级分为四类：主体对比、集合成员、整体事件、典型量级。这些研究注重对"连 X 都/也 Y"所明示的推理形式特点进行分析，虽然关注了"连 NP 都/也 VP"前后的话语关联，但是缺乏对该构式所隐含的认知推理及主观性表达功能的研究。

学界部分学者对该构式中"预期"与"推理"关系的关注还不够深入，如，崔希亮（1990）概括了"连"字句的"基本、附加、预设、推断"四重信息，"连 NP 都/也 VP"的基本义与附加、预设、推断的隐含义之间存在必然性的关联。陈小荷（1994）认为，"都"的前指到底是大量还是小量与数量和事态的正比和反比相关联，如果前后是反比关系，就是主观大量，如果前后是正比关系，就是主观小量。袁毓林（2006）分析了焦点敏感算子"都、也"反预期功能。郭锐（2006）指出，"衍推序列中最不可能发生"。邵敬敏（2008）指出，"框式结构"表"典型事件意外实现或未实现"。他们认为，进入该句式的"连NP"里的NP处于可能性（可预期性）等级尺度的"低端"，对比等级尺度其他成员NP是最不可能有VP的行为属性的对象，"连NP都/也VP"表达了"最不可能发生的事情却发生了"的含义，由此可以推理，等级尺度内高于NP的成员也都具有VP的行为属性。

可见，虽然前人学者关注到了人的主观预期是判断"连X都/也Y"极端事件实现情况的依据，但是要想让听话者也能感受到极端事件实现的意外情绪，即产生共情，还需要以言听双方共享的社会常规、经验常识等情理关联作为衡量依据。

本书认为，"连X都/也Y"的情理关联可以概括为如下两种情况。

第一种情况：在情理上，量越高，事态越完不成（反比）。（2两酒<半斤酒<1斤酒）

①事实：量低。结果：否定——连+X+都+否定+Y，表达了情理上X是最应该Y，即X最小量才会肯定后者Y，而连字却表达"X小量+否定Y"——主观小量。意外：连+X+都+否定+Y【主观小量】。

例：连2两酒都喝不了。（情理：2两酒是最应该能喝的。）

②事实：量高。结果：肯定——连+X+都+肯定+Y，表达了情理上X最不应该Y，即X为最大量才会否定后者Y，而连字却表达"X大量+肯定Y"——主观大量。意外：连+X+都+肯定+Y【主观大量】。

例：连1斤酒都喝得了。（情理：1斤是最不应该能喝的。）

第二种情况：在情理上，量越高，事态越容易完成（正比）。（小学生<大学生<博士）

①事实：量高。结果：否定——连+X+都+否定+Y，表达了情理上X最应该Y，即X为最大量才会肯定后者Y，但是连字句表达了"X大量+否定Y"——主观大量。意外：连+X+都+否定+Y【主观大量】。

例：连博士都不会。（情理：博士是最应该会的。）

②事实：量低。结果：肯定——连+X+都+肯定+Y，表达情理上X最不应该Y，只要当X为最小量的时候才会否定后者Y，而连字句表达了"X小量+肯定Y"——主观小量。意外：连+X+都+肯定+Y【主

观小量】。

例：连小学生都会。（情理：小学生是最不应该会的。）

但是，有一些"连 X 都 Y"的构式本身并无等级序列的规约，刘丹青（2005）区分了典型"连"字句和非典型"连"字句。非典型的"连"字句更具有情理约束特征，其极端义并不是客观事理上的典型，而是情理认识上的典型。简单来说，非典型"连"字句是典型的情理意外句。它们只是因为"X"在情理上最不应该或者最应该实现，但事实结果却与之相违背。如，

(1) 刘梅：小雨你整天都养的什么宠物啊，这么恐怖。

夏东海：你不是都同意他养小白鼠了嘛。

刘梅：小白鼠也就罢了，<u>连鳄鱼都敢养</u>。（电视剧《家有儿女》台词）

观察例（1）发现，在人们的常识经验中，"鳄鱼"是最恐怖的动物，是最不应该养在家里当作宠物的，现在他"连鳄鱼都敢养"超出了情理，激发了意外情绪。

(2) A：这次疫情真是严重啊，你的生意应该做不成了吧。

B：是啊，生意做不成也就罢了，<u>连家也出不去了</u>。（BCC 语料库）

观察例（2）发现，按照常规常理，出自己家门是很正常的一件事情，而"连家也出不去了"表达了目前事实不合情理。

(3) 今年国家将采取多项措施，全力打造低碳经济。参加两会的几位代表委员利用会议间隙来到这里感受未来的低碳生活。屋顶是太阳能，电视、电话和网络只需要一根线路，<u>连玻璃窗都能发电</u>，十几项智能化设备让这里节能三分之一以上。（《新闻联播》2010 年 3 月 10 日）

观察例（3）发现，"玻璃窗"并不与其他范畴成员构成等级序列，在人们的常识经验的"情理"中，"玻璃窗"最不可能"发电"，这是不可想象的，但是现实却实现了，由此激发了说话者的意外。

(4) 在很多国家，这一部分人把我们所有的人的印象都买成了全世界第一，中国人的购买力真强，但是其实相当多的中国人<u>连买一个假的名牌包可能都买不起</u>，甚至根本就不知道这些奢侈品。

(《新闻1+1》2010年1月28日)

观察例（4）发现，"假的名牌包"并不具有等级序列性，其极端义是社会规约化认识推断的结果，按照情理来说，"买一个假的名牌包"是最不可能"买不起"的，而事实并非如此，超出了人们的情理预判，导致意外的发生。

（5）前段时间，你总问我过年回家不，我一直说不，春节加班的话就不回来了。其实，爸，公司春节根本就不加班，我实在是不敢回来。我算了一笔账，年底拿到工资，交了房租，春运回家的车费就要四百多，到时候我估计<u>连帮妈妈买件毛衣的钱都没有</u>，爸，儿子没脸回家呀。（《新闻1+1》2010年2月11日）

观察例（5）发现，根据常理经验，"帮妈妈买件毛衣的钱"是最不应该"没有"的，其处于情理认知的低端，这并不是客观事实的序列低端，其极端意外倾向是由背后人们的情理关联决定的。

总之，"X"与"Y"具有情理上的关联，意外情绪产生是因为，情理上最应该Y的极端成员X没有实现，或者，最不应该Y的极端成员X实现了。需要注意的是，"连NP都V"中的NP都为极端的典型成员，是最为特殊的，仅此一例，体现了"范畴极端性"；"都NP了，还V呢"中的"NP"表示等级序列的高低变化，体现了"序列级差性"。

其实，关于"连"字句的情理问题很早就有学者关注，崔希亮（1994）提出，从情理上的关联来理解连字句。指出关联的实质就是关系，关联意味着关系。情理上的关联涉及对话语陈述部分的语用分级。郭锐（2006）在研究"连"字句时提出了量级的推演关系，R（X1）→R（X1+n），即低情理量级事物的成立推出所有都成立。张旺熹（2006）认为，"依据这种情理值，人们便能够把相关事物序位化"。大部分"连"字句都可以用情理值来衡量是否是极端的量，"情理值"是张旺熹（2006）提出的概念，指符合理想化认知模型（ICM）的程度越高，情理值越高。如果情理值高的被否定，那么全体都被否定，如非典型"连"字句：连歌也不唱了。如果背景是在谈论某一歌手的话，那么唱歌是歌手最应该做的事情，言说"连歌也不唱了"就意味着其他的事情全都不做了。反之，情理低的被肯定，那么全体就被肯定，如"连蝙蝠都敢吃"。蝙蝠是最不能吃的，如果言说"连蝙蝠都敢吃"，那么就意味着什么都可以吃。

可惜的是，前人关注到从"情理"的视角来分析"连 X 都 Y 了"的极端性特点，重视心理的等级设定，并探索了全量肯定和全量否定推衍的情理紧密度，但是并没有把情理的关联值与意外范畴的评价态度相结合。本书认为，情理关联度越高，越没有实现的话，越容易产生意外。反之，情理关联度越低，越实现了的话，也越容易产生意外。如，

(6) 把人家儿女全叫来了，最后<u>连律师都没到庭</u>，还结什么案子？（BCC 语料库）

(7) 前几天伤了肋骨，<u>连喘气都不敢喘</u>。（BCC 语料库）

(8) 还开演唱会呢，<u>连专辑都没有</u>。（BCC 语料库）

(9) 不光是他的歌迷，就<u>连很多专业选手都对他刮目相看</u>。（BCC 语料库）

(10) 好看的人<u>连智齿都好看</u>，疼吗？我还是怕疼，不敢拔。（BCC 语料库）

(11) 形形也很爱吃橙，我们家的倒是不挑食，<u>连苦瓜都吃得很开心</u>。（BCC 语料库）

观察例（6）至例（11）发现，按照情理来讲，"律师"是最应该"到庭"的，"喘气"是最平常的事情，要想开演唱会的话"专辑"是最应该具备的，这三者都明示了前后情理关联紧密。如果情理值联系紧密的话多用否定，即表达本应该最容易实现，但实际没有实现。如果情理值联系疏远的话多用肯定，即表达本应该最难实现的，但实际真的实现了。前者表达主观低量的意外，常常伴随失落、指责等负面的意外情绪，而后者表达主观高量的意外，常常伴随惊喜、夸赞等正面的意外情绪。还有，需要特别说明的是，这些构式中"X"的极端义是通过情理推理得出的，并不具有客观事理上的极端含义。其中传递的意外情绪可以通过加"竟然"进行测试。

综上所述，"连"字句的意外性是指，"情理上联系越紧密的事情越没有发生"，如例（6）至例（8），或者"情理上越没有联系的事情越发生了"，如例（9）至例（11）。反之将不成立，如，

(6') 把人家儿女全叫来了，最后<u>连律师都到庭了/连医生都没到庭</u>，还结什么案子？

(7') 前几天伤了肋骨，连喘气都敢喘/连马拉松都不敢跑。
(8') 还开演唱会呢，连专辑都有/连音乐界最高奖都没获得。
(9') 不光是他的歌迷，就连很多专业选手都不对他刮目相看/连很多业余爱好者都对他刮目相看。
(10') 好看的人连智齿都不好看/连眼睛都好看，疼吗？我还是怕疼，不敢拔。
(11') 彤彤也很爱吃橙，我们家的倒是不挑食，连苦瓜都吃得不开心/连橙子都吃得开心。

由此可以看出，不仅"情理联系最紧密发生了"和"情理联系最不紧密的没有发生"会引发意外评价，而且，意外评价还与语境的情理关联度有关，如"医生"本来就与案子庭审没有情理关联，伤了肋骨本来就不应该"跑马拉松"，开演唱会也不需要"获得音乐界最高奖"，"业余爱好者"本来就应该对他刮目相看，夸人好看本来就应该夸"眼睛好看"，"爱吃橙子"本来就应该吃得开心。因此，关于"X 最应该或者最不应该 Y"的情理约束不能用"连 X 都/也 Y"表达，只有"X"和"Y"出现情理上不匹配的意外时才能用"连 X 都/也 Y"进行评价表达。

（二）"连 X 都/也 Y"的极性推衍与意外的评价表达

学界普遍认为，"连 X 都 Y"表达了如下的推衍关系：肯定极大量来肯定全量，否定极小量来否定全量。朱德熙（1982）、陆俭明（1986）、杉村博文（1992）、毕永娥（1994）、沈家煊（1999）等都认为，在肯定句里"都"比"也"占优势，在否定句里"也"比"都"占优势。用"都"的构式是指通过总括最大量来肯定全量，即通过肯定极大量表达周遍；用"也"的构式是指通过否定最小量来类比否定全量，即通过否定极小量表达周遍。但也有学者认为，恰恰相反，"连 X 都 Y"表达了如下的推衍关系：肯定极小量来肯定全量，否定极大量来否定全量。张旺熹（2006）提出了情理逆反的概念，即，如果我们对一个量级序列取全量肯定，那么，实际上，我们是在把某个端点当作小量（起点）；如果我们对一个量级序列取全量否定，那么，实际上我们是在把某个端点当作大量（终点）。之所以出现这样的分歧，"肯定极大量来肯定全量，否定极小量来否定全量"是因为，在情理上"极大量是最不应该做到的，最小量是最应该做到的",而"否定极大量来否定全量,肯定极小量来肯定全量"是因为,在情理上"极大量是最应该做到的,最小量是最不应该做到的",两者都可以统一表示为"情理联系最不紧密的实现了,情理联系最紧密的却没有实现"。可见,不管是"极小量"还是"极大量"都与极端量有关系,而最后是如何得出全量义的其实并不重要,重要的是,因为视角不同,情理观就会不同。

1. 超出极端量的特例

不管是极大量还是极小量,只要是说话者推测实现的可能性几乎为0的时候,这时"肯定极端"就代表了全量,而只要说话者推测实现的可能性几乎为100%的时候,这时"否定极端"就代表了全量。本书认为,当"连X都Y"肯定了极小可能性的事情的时候,后续句突然出现了对特例的否定,或者当"连X都Y"否定了极大可能性的事情的时候,后续句突然出现了对特例的肯定,这时就会因极端全量的例外而激发意外的评价。修辞学中,这种表达方式被称为舛互,即先肯定全量,再否定个例,或先否定全量,再肯定个例。这种跌宕的语用效果使得意外情绪传染给了听话者。如,

(12) 连外行都知道这是假葡萄酒(极端全量),你卖了这么多年,竟然不知道(特例)?(BCC语料库)

(13) 连小娃娃都知道剩菜和电池不能放在一个垃圾桶里(极端全量),你一个成年人竟然不知道(特例)。(微博语料)

(14) 连大学教授都解不出来的世界难题(极端全量),一个小学生竟然解出来了(特例)。(BCC语料库)

(15) 连医生都看不出来的病灶(极端全量),他作为患者家属竟然看出来了(特例)。(《新闻1+1》2019年1月19日)

观察例(12)至例(15)发现,例(12)按照情理可以推出,"外行"是最不应该知道的,如果不应该知道的都知道的话,那么推出大家都知道,"你卖了这么多年"更应该知道,但现在"你"不知道,不符合情理。例(13)中"小娃娃"是最不应该知道垃圾分类的,但现在娃娃都知道,代表全都知道,而"你"不知道就显得特别另类,不符合情理。例(14)中大学教授是知识的权威,如果大学教授都解答不出来就会推测任何人都解答不出来,而现在小学生却解答出来了,是极端全量中的

特例，引发了意外。例（15）中医生作为专业的人最应该看出病灶，却没有看出来，那么其他人也不会看出来，现在"他"看出来了，说明"他"非比寻常，从而触发了说话者对不合极端情理的意外进行评价表达。

2. 超出容忍度的极端量

本书认为，认识情态与传信范畴类似，都是对命题真值的判断，都强调"言之有据"，但也存在差异，传信范畴强调信息来源及可靠度，认识情态主要涉及说话者对于句子命题真值的推测、假设、推断等。认识情态的主观性更高，主要涉及说话者的知识（knowledge）和信仰（belief）等（Joan L. By-bee & Suzanne Fleischman，1995）。方梅（2017）认为，认识情态强调信息的可信度，表明说话者对所言信息可能性或必然性的态度立场。汉语中很多立场表达都源于认识情态和信息来源的动词、副词和助词等（乐耀，2014）。Nuyts 归纳的认知可能性量级模型主要包括"肯定、很可能、可能、不太可能、不可能"。现实生活中料想类语言表达较容易出现在 Palmer（2001）所说的认识情态（epistemic modality）中，表达对言语内容的肯定程度，如表达主观态度的格式"我想/猜、想必、估计、据我分析"等。而人们在料想事情的时候为了增加预测的可信度往往只用具有弱确信度的推量范畴的词汇，如"也许、应该、可能会、大概、说不定、恐怕、好像、可能、保不住、别是"等。

应用到本书的研究中，在意外前一定有一个情理推测，这个情理推测往往会用弱确信和表猜测的形式。另外，说话者之所以采用这些弱确信的词语和表猜测的言语表达形式是因为说话者认为猜测的事件一般不会真的 100% 发生，如果后续用"连 X 都 Y"构式表达了现实情况真的 100% 出现了，就会产生超情理推测的意外，如 A："今天下雨，会场可能没人来。"B："等到现在，一个人都没来，连主持人也没来。"A 只是猜测，但没有 100% 的把握一定没人来，而一旦"一个人都没来"的情况出现了的话，那么就超出了 A 情理推测的容忍度，从而产生了意外。何自然（1985）根据 E. F. Prince 分类，将模糊限制语分为变动型和缓和型两类。本书认为，这种表示主观情态和推量的词语正是所谓的缓和型模棱语。

主观性是指在话语中留下的自我印记。从说话者的情感来看，有些表达式表达了说话者主观接受的情感，即容忍性表达式，如：X 就算了，X 也就罢了，X 就不说了，X 就 X 吧，X 了也就 X 了。他们往往表达了说话者对客观事实的无可奈何地、被迫地接受。如果事情发生在容忍范畴内部就是可预期，一旦超过了"忍无可忍"的极端程度，就会因超情理而产生意外。也就是说，人们期望值比可容忍的事物要高，容忍的事物出现已经是不满意的最低限度，没想到实际情况比想象的低限度还要极端。在双方交际过程中，在表达"连 X 都 Y"极端事件前，说话者往往会先表达容忍性让步。如，"钱丢了就算了，没想到连命也搭上了"。"丢钱"是说话者能够容忍的，在情理容忍的范围内，而"丢命"是说话者没有想到的，"连命也搭上了"表达了把什么都搭上了的极端全量义，超出了说话者的容忍度，也超出了情理推测，从而产生了意外。

(16) 刘梅：本来就想着加几天班，没想到这段时间医院竟然这么忙。

夏东海：你又要加班儿了？<u>看来家务又都归我了（可容忍）</u>。

刘梅：可不是嘛，别说家务了，<u>连孩子家长会都开不了了（极端意外）</u>，还得你去。（电视剧《家有儿女》台词）

(17) A：你找老年人，办证。<u>一上车就是老年卡（可容忍）</u>，公园免费玩。

B：我听说办证的问题，现在这年头，<u>连身份证都可以造假，连公安的证也可以造假（极端意外）</u>，穿着公安服，穿着解放军衣服作案的都有很多。所以证的问题，有关部门出台也很困难。（《城市零距离》2010 年 8 月 13 日）

(18) <u>以前还能刷刷电视剧（可容忍）</u>，现在<u>连吃饭睡觉的时间都快没有了（极端意外）</u>。（BCC 语料库）

观察例（16）至例（18）发现，"连"字句明示了"做不了家务就算了，竟然连孩子家长会都开不了""老年卡造假就罢了，竟然连身份证都造假，连公安的证也可以造假"；"不仅不能刷电视剧了，竟然连吃饭睡觉的时间都没有了"，后者是不符合常理的，即虽然你忙照顾不了家，但也没到不去孩子家长会的地步；虽然你办了老年卡贪便宜，但是不可能去办身份证、公安证这种涉及冒充违法的事情；虽然没时间玩，但是不可能极端到连最起码的作息都没有。而一旦超出夸张的极端就会激发说话者对意外进行评价表达。

需要指出的是，说话者既可以表达超出容忍度的极端现象，也可以表达超出极端容忍的特例现象，前者表达了"在情理上不应该达到极端"的意外，如"本以为仅仅是……了，但事实竟然连……都……了"，后者表达了"在情理上不应该超出极端"的意外，如"连……都……，但事实竟然更甚……"需要说明的是，后者看似与前面超出全量的特例有关，但其实在情理上并没有严格的等级范畴的概念，而超出极端约束的特例仅仅是说话者主观情理的认识。如，

(19) 刘思伽：连画画都不支持（容忍极限），你学美发，父亲肯定就更不支持了（超容忍意外）。

谢宜：对，连想都不用想了，我爸曾经跟我讲过一句，你断了这个想法吧，你要么就不是我的儿子，要么就去做你想做的事，我也比较叛逆，我就是想我自己的喜好，我就喜欢。(《行家》2009 年 3 月 20 日)

(20) 这在 2 年前是根本无法想象的。那会儿还说什么有水浇菜（超容忍意外）！就连吃饭的水都很困难（容忍极限）。(《焦点访谈》2010 年 12 月 22 日)

观察例(19)发现，说话者（刘思伽）认为，"支持画画"已经是父亲容忍的极端低量了，这个都不支持的话，就更不用说比这个极端还低的量了，"连画画都不支持"表达了对低量的否定，同时也排除了更低的量，而现在竟然出现了比极端量更低的事实，这种"绝对不可能"的情理认识激发了说话者的意外。例(20)明示了吃饭的水都很困难的话，浇菜就更不可能了，而如今浇菜的水也实现了，表达听话者超出极端情理后的惊讶情绪。"吃饭的水"是最基本的生活保障，在情理上最不应该有困难，已经达到了容忍最低限，连吃饭的水都很困难那么就不应该再有额外的水浇菜了。而现如今竟然实现了有水浇菜，因此，表达了说话者超容忍的意外评价。

（三）虚拟极端与事实极端的意外评价表达异同

前面提到了"连 X 都 Y"的情理紧密度与意外的关系，当"X"与"Y"之间紧密相连（"X"最应该"Y"）的时候，否定代表了对高紧密度的打破，当"X"与"Y"之间联系松散（"X"最不应该做"Y"）的时候，肯定代表了意外事实将毫不相关的事情联系起来。而无论是超极端的特例还是超容忍的极端，"X"普遍具有极端性，既然是极端的，就有可能具有虚拟、假设的夸张认知表现。

虚拟极端与事实极端最大的不同就是叙实性和非叙实性的差异。虚拟极端为"非叙实"的，重在说理，说话者向听话者阐明"逆情理"的道理，即用与情理上可能性相反的道理来实施其他的语用意图，用虚拟存在来表达"夸张"的语气，这种用法体现了说话者的主观极大量义和主观极小量义，即把极端情况再往大里说或者往小里说。事实极端为"叙实"的，重在说事，说话者向听话者明示一个极端的事实，表明事实与情理不相符，通过事实来传递意外情态。

（21）教室里太安静了，连根针掉地上都能听见。（BCC 语料库）

（22）我没有打她，我连她的头发丝都没碰到。（BCC 语料库）

（23）我现在特别穷，连饭都吃不上了。（BCC 语料库）

（24）什么？谈恋爱？就我们学校男女比例严重失衡，她连男人都没见过，她怎么谈恋爱。（BCC 语料库）

（25）我对他太熟悉了，隔着门，我连他呼吸的声音都能辨别出来。（BCC 语料库）

观察例（21）至例（25）发现，说话者并不是强调"X"与"Y"的情理关系是否紧密，也并不是叙述"连 X 都 Y"事实真的发生了，而是用极度夸张的"逆情理"来支持自己的观点，如"连针掉地上了都能听见"补充说明教室很安静，"我连她的头发丝都没碰到"证明我没有打她，"连饭都吃不上了"说明"我"现在很穷，"连男人都没见过"就不可能谈恋爱，"连呼吸的声音都能辨别出来"说明"我"跟"他"很熟。说话者利用"逆情理"推测显而易见的道理来证明自己的立场。

综上所述，前人虽然关注了"连 X 都/也 Y"的极端推理与反预期的关系,但是却忽略了"X"和"Y"的情理紧密度与意外表达的关系。结合具体语境,本节剖析了"X"和"Y"的情理关联,强调"连 X 都/也 Y"只能表达不合情理的极端意外情况,而不能表达极端合情理的情况;分析了极量推理中全量例外和突破容忍的意外评价,以及虚拟极端和事实极端的不同意外表达方式。其实,极端的表达本身就是不合情理的,而依据极端表达和前后的语境关联进行极性推理时,就更彰显了强烈的突破常规情理的意外情绪。从突破极端的特例来说,"X"一旦在情理上实现了几乎为 0 或没实现几乎 100% 的事实"Y"时就投射了全量的含义,同时,表达了对后续句极端特例的意外评价。从超越容忍度来说,极端的情况"连 X 都 Y"既可以表达超出容忍的意外,也可以表达容忍的极限,作为后续表达意外立场提供强有力的证据。

总之,本书将前人对"连 X 都/也 Y"的"强调""极端推理""全量肯定/否定""极性比较"等观点统一于"情理紧密关联度"的解释中,并结合前后的语境,分情况对"连 X 都/也 Y"的超极端特例和超容忍极端进行意外评价功能的剖析。

四 小结

本章分析了级差推理构式"都 Y_1 了,还 Y_2 呢"和极性推理构式"连 X 都/也 Y"的意外评价表达规律。依据比较构式本身的级差和极性情理形式来分析其意外评价功能,找到了级差错配或极端实现与意外的关系,并认为,级差推理的适宜程度和极性推理的紧密程度是造成意外表达的内在情理动因。

前人学者仅仅就"都 Y_1 了,还 Y_2 呢"的事理逻辑进行分析,而本书将该组合分析为"高量"与"低量"的情理错搭,从情理的角度将小句间的语篇关系推进了一步,同时也为意外的研究找到了情感理据。前人从不同角度对"连 X 都/也 Y"的功能进行了分析,标准不一,结论也就不一。而本书将该构式的主观功能统一解释为意外的情理评价,从情理关联的紧密度来分析"最应该或最不应该 Y"的极端"X"的实现情况。

将量级比较构式和极端比较构式进行动态语境分析，关注前后语篇的关联投射，通过量级和极端推理来分析两个构式在交际语境中的话语意图。总之，在前人研究的基础上，本书剖析了"量级"和"极性"比较构式的情理逻辑，并将其运用在对意外评价功能的分析中。运用情理逻辑的分析，解决了级差和极量构式的多种主观情态功能无法统一的问题，也更科学地解释了两类构式传递的意外信息。

第五章

判断句式与意外属性的确认

一 引言

前面第二章到第四章讨论了说话者是如何对意外事实进行情理评价表达的。该类主观评价的重点在于强调当前事实的不合情理特征。这是"摆事实"的表达方式,即不管是角色属性的话题限定,还是对意外实现的强化说明,抑或是对意外事实的比较推理,都是通过摆明意外事实的方式向听话者传递一个情理评价态度。该类情理评价的目的是向听话者"告知"一个"情理逆反"的信息,在叙实的同时伴随或暗含说理,重在现实性的表达。

从第五章开始到第七章,本书将主要探讨说话者是如何通过"讲道理"的方式向听话者明示对意外情绪的情理评价立场。与前面几章讨论的"意外信息传递"的表达方式不同,下文将探索说话者利用"情理评价"是如何解除意外情绪的,或者是如何对意外情绪进行解释说明的,又或者是如何对意外情绪进行预示的。该类表达是说话者向听话者"阐明"一个"情理契合"的规约化道理,强调对意外情绪的说理评价,重在非现实性的表达。

本章先来看一下,说话者是如何利用判断句式对意外事实进行属性确认的。与第二章同样是强调性质属性的"一个 X"和"大 X 的"的表达功能不同,本章分析的两个语言实例"又不是 X"和"X 毕竟是 X"并不是在叙述与角色属性错配的事实,而是通过确认意外事实的性质属性,来讲明相关情理约束。本书认为,判断句最能够体现说话者对按情理来说事实本该如此而不应该意外的情理立场,从而表达了对意外情绪的解释说明。

二 否定判断与意外属性的确认
——以"又不是 X"为例

第二章重点分析了话题限定与"一个 X, Y"和"大 X 的, Y"的角色属性情理约束,"一个 X"倾向往小里说,表示微不足道的角色不应该做成某事;"大 X 的"倾向往大里说,表示时间属性强制要求应该做成某事。两者的共同点都是利用"性质"的"情理锚定"来评价事实的意外情况,说话者一直强调对话题"X"的性质限定。

而从本节开始,笔者不重意外事实的话题限定,而重在论证说话者对意外情绪的说理判断。首先,分析说话者是如何通过否定判断"又不是 X"来解除意外情绪的情理约束的,并探索其意外评价的语用功能。其次,对比分析"并不是""又不是""也不是"之间的异同,厘清"又不是"表达意外的语用推理过程,最后,分析"又不是"意外表达的语用后效。

(一) 强调语气与否定判断:"又""不是"的情理解除

肯定形式"一个 X, Y"和"大 X 的, Y"具有对性质属性进行正面约束的功能,而否定形式利用人们的反向思维,是对事实不具有某种属性的宣告。史金生(2005)认为,否定形式比肯定形式更具有主观性。本书认为,相比于肯定形式的情理约束,否定形式"又不是 X"的事实叙述功能减弱,而情理讲述的说理功能增强,既具有主观性又具有交互主观性。当说话者对听话者的情理认知进行否定判断时,也就提示听话者对情理逻辑进行反思。张京鱼、刘加宁(2010)也支持本书的观点,即"又+否定"提示了听话者预设与事实不符,并引导听话者寻求最佳关联推理。李劲荣(2014)、程亚恒(2016)都认为,"又"表达的意外涉及因果关联。他们的思路是在事理逻辑的层面,探求因为"不是 X"所以就"不能 Y",而一旦"Y"与"非 X"建立了联系,就认为是反预期或者意外的表达。但可惜的是,他们没有对反预期或意外情感表达背后的"理"进行规约化分析。前人对因果关联的事理推理虽然给了我们很大的启发,但是也引发我们思考,"说话者"期待"听话者"根据什么评判标准进行"认知推理"。本书认为,交际双方的评判标准应该与双方共享情理有关。接下来,就来看一下强调语气和否定判断整合下的构式"又不是 X"有哪些情理特征,又是如何针对意外情绪进行说理评价的。

1. 意外刺激与解情理说明

"又不是"作用于"P,所以 Q"这样的句式中,强调对前件 P 的否定,根据溯因语用推理,由于不具有前件 P 的典型特征,所以自然推出不应该做成某事 Q,即不具有做成 Q 的条件或前提 P,我们表示为"～P,所以～Q"。"P,所以 Q"是人们共享的、社会规约化的情理推理,而"～P,所以～Q"是对情理的解除,表达了说话者认为事实不具备情理推理的条件,自然就不具备这样的情理推理。

而"P,所以 Q"的情理是存在于交际双方共享认知中的,说话者利用"又不是 P"的表达形式诱导听话者推出"～Q",使得听话者打破原有的情理认知,从相反方向重新构建情理,即否定了听话者的推理前提,导致推理不成立,表达了"破旧立新"的"解情理"过程。其过程简要概括如下:

听话者:P,所以 Q。(情理认知)

说话者:～P,所以～Q。说话者否定属性前提 P,诱导推出本不应该 Q 的情理结果。(解情理解释→表达言者对听者不合理认知的意外,并刺激听者意外)

听话者:[反思]～P,所以～Q。(恍然大悟式意外,即不是 P 所以不应该 Q)

或者,[坚信] P,所以 Q。(反驳说话者的解情理,并激发新的意外)

看一下下面的例子:

(1) 男刑警:哈哈,你对我们放心,我们对你可是不大放心。

志新:什么话……信不过我?警民一家人嘛,你们大老远来的,我也不会招待个人儿,那什么,小张(起身)沏茶、上烟、拿瓜子儿(边向下走)

男刑警:<u>我们又不是来做客的</u>,用不着这么瞎忙活。

男刑警:我看,你把我们想知道的说出来,比什么都强。

志新：<u>这样啊！</u>没问题，别的本事没有，帮您破个案的我还富裕。（电视剧《我爱我家》台词）

观察例（1）发现，志新认为来了客人应该热情款待，但是，男刑警告知志新他所不知道的道理，"我们又不是来做客的"，不应该像招待朋友一样沏茶切水果，表达了男刑警对志新"这么瞎忙活"行为不合理的惊讶意外，同时也暗含了志新的反思，即"马上停下来"回应"这样啊！没问题，别的本事没有，帮您破个案的我还富裕"，间接表达了恍然大悟的意外情绪。

(2) A：这就是我跟你说的那个当红明星代言的瘦身蛋白棒，我马上就要瘦成闪电了，听说不节食不运动就可以一周见效。

B：算了吧，<u>又不是什么专家</u>。

A：<u>难不成</u>是骗人的？（BCC 语料库）

观察例（2）发现，听话者（A）的推理是当红明星做的广告应该被相信，并且在听话者看来，明星的影响力和信任度很大。但是，说话者（B）却认为，明星不是专家，不应该相信，否定了听话者的推理前提，解除了听话者"明星代言应该能见效"的情理，自然也就招请听话者推出"又不是专家，不应该相信能见效"的情理，而这一情理与之前在错误条件下推出的情理不相符，"又不是"否定了事实的应然情理。说话者（B）认为听话者（A）不应该这么认为，而听话者（A）在被告知"又不是什么专家"后恍然大悟，因此，意外是交际双方共有的。对于听话者而言，意外在于因条件的误判导致了不合理的结果，即"原来又不是X，所以不应该Y"；对于说话者而言，意外在于对方的推断不合情理，即"又不是X，你竟然认为应该Y"。

(3) 刘梅：你说刘星多逗啊，真觉得自个儿是当神探的苗子，一心一意要自学成才。

夏东海：我看他就快走火入魔了。

刘梅：你说咱是不是得管管他呀。

夏东海：管他干吗？小孩儿嘛，他是想做神探，<u>又不是</u>想当大盗，让他玩儿去呗。

刘梅：你<u>倒</u>挺想得开你。（电视剧《家有儿女》台词）

观察例（3）发现，刘梅认为"应该管管他"，而夏东海认为"又不是想当大盗"不应该管他,应该"让他玩去呗"。"管他干嘛"明示了夏东海对刘梅提议的意外,刘梅的回应"你倒是挺想得开你"表达了对夏东海讲明不应该管他情理的恍悟式意外。

(4) A：我这口语水平,还即兴演讲呢,就是闲聊也不行啊。

B：<u>又不是用英语</u>,你紧张什么。

A：<u>啊? 不是英语吗?</u> 我以为国际会议都是英语呢。(BCC 语料库)

观察例(4)发现,听话者(A)认为,国际会议都用英语演讲,所以"我"口语不行不能演讲,而事实是"又不是用英语",因此在情理上推不出即兴演讲紧张的结果。也就是说,一旦否定了情理的条件就会诱导听话者对之前的情理推理进行反思,因此,对听话者来说是恍然大悟式的意外,而对于说话者来说是不合情理认知式的意外。

一般认为,反预期意外具有这样的过程:条件(因为)为 X,预期(所以)为 Y,但事实(当前信息)为 ~Y。而"又不是"并没有否定推论的预期,而是否定原因条件,导致推不出听话者的情理观点,因此,"又不是"的意外过程是：否定条件→解除情理→推不出听话者观点→说话者对言论不合情理的意外→听话者恍然大悟式意外,这也符合 Aikhenvald 等(2012)关于意外范畴"恍然大悟、惊讶、猝不及防、反预期、新信息"五方面的分类。可见,这里的意外是对情理推导条件的意外,即实际的条件本不应该这样,而听话者却根据错误的条件认为应该这样。这也恰好证明,意外是由于情理推导中条件的不适宜导致的,而并不是预期导致的。

对比以下的信息：

(5) [她虽然年近八十],脑瓜并不糊涂。(转引自陈振宇,2021)

条件 O：她(虽然)年事已高(在语篇中显性表达)

预期 P (M|O)：(所以)她应该头脑不清——认识情态(听话者)

当前信息 P (M)：<u>脑瓜并不糊涂</u>(说话者)

解情理条件：<u>又不是年事已高</u>(说话者)

观察例(5)发现,"脑瓜并不糊涂"是反预期意外,说话者陈述的是事实。"又不是年事已高"是不具备情理认知条件的告知,期待听话者进行反思，推知事实"她不应该头脑不清"，这就是解情理导致的听话者恍然大悟式意外情绪。而对于说话者而言，认为不具备 X 的情理条件不应该有 Y 的情理判断，是对听话者情理推断的不合理意外。关于"并不是"和"又不是"的差别，下文将详细论述。

（6）A：我们明天应该做个攻略，看看附近都有哪些景点。

B：<u>又不是来旅游</u>，咱们是带着任务来开会的好不好。

A：还真是以开会为主，我还以为能看看风景呢。（BCC 语料库）

观察例（6）发现，说话者（B）表达"又不是 X"是告知听话者（A）一个条件相反的事实，从而诱导说话者推出"又不是来旅游的"就"不应该做攻略"，说话者通过不适宜的条件原因"又不是来旅游的"解除了听话者对"应该做个攻略"的情理推导，引发了听话者对新情理的构建，从而产生了恍悟意外情绪。

对解情理推导条件的意外与预期导致的意外相比，前者注重"情理推导"，后者注重"事理直陈"；前者多是听话者自己推出自己的立场不合理，更具有说服力，后者多是说话者直接告知一个意外事实。说话者通过对条件的否定判断听话者的论断是不合情理的，并诱导听话者醒悟自己的情理推导是不合理的。如解情理的完整表述是："又不是专家，所以不应该相信见效""又不是说英语，所以不应该担心即兴演讲""又不是旅游，所以不应该规划攻略""又不是来做客的，不用热情款待""又不是想做大盗，不应该管他"，表达说话者对听话者的情理推论"应该能见效""应该担心即兴演讲""应该规划攻略""应该热情款待""应该管管他"的不合理意外情绪，并诱导听话者反思不具备"专家""说英语""旅游""来做客的""做神探"的条件就不应该有那样的情理推论，激发恍悟式意外情绪。

另外，关于听话者产生新的意外的原因是，说话者并没有"解除"听话者的"情理"认知，听话者接续坚信并向对方进行辩解。如，

（7）A：这可是去五星级酒店端酒，我要学学怎么走猫步。

B：<u>又不是时装表演</u>，你走什么猫步啊，当心砸了脚。

A：你呀就长保龄球脑袋，一点美学都不懂。（BCC 语料库）

（8）吕秀才：我忙着为大小姐备课呢。

佟湘玉：<u>你又不是教书先生</u>，你背啥课嘛。

吕秀才：<u>作为一个专业的书童</u>，要有职业道德呀。（电视剧《武林外传》台词）

观察例（7）和例（8）发现，"又不是时装表演"和"又不是教书先生"是说话者期望能够通过"否定情理条件"的方式解除听话者的情理，但是，听话者坚信自己的立场是正确的，即"要懂美学，去五星级酒店端酒，就应该学走猫步"；"作为一个专业的书童，就应该为大小姐备课"。也就是说，说话者告知的情理并不能够说服听话者。

2. 情理解除与反意外的评价

意外的表达一定有一个情理的动因，当事实不合情不合理的时候就会激发意外评价，而如果情理所依据的前提条件本身就与事实逆反就会出现不必要的意外反应。当说话者通过"又不是X"否定条件P来推出否定Q时，就解除了意外的情理推导依据，从而也就对"反意外"进行解释。其过程简要概括如下：

听话者：情理认知为P，所以Q，事实为~Q。（意外）

说话者：~P，本就应该~Q。（解情理→反意外）

听话者：本不应该Q，或者，并非只有P才Q。（意外解除或者产生新的意外）

(9) 小凡：好啊圆圆，你<u>竟</u>敢用肥皂做成糖骗我吃，看我一会儿怎么收拾你！

圆圆：小姑我逗你玩儿呢——<u>真不识逗</u>。<u>这又不是毒药</u>。

小凡：<u>不是毒药就能吃</u><u>啊</u>？你喝瓶"洗涤灵"我看看！好哇，连你也学着欺负我，等你妈回来我非告你妈不可！（电视剧《我爱我家》台词）

观察例（9）发现，小凡认为，"肥皂做成糖"不应该"能吃"而事实却与之相反；圆圆认为，"又不是毒药"应该"能吃"，解释了"竟然用肥皂做成糖骗我吃"的意外情绪。但是，在第三位置的证明程序中，从小凡的反馈来看，意外其实并没有解除，小凡认为，"又不是毒药"并不是"能吃"的唯一条件，因此不具有说服力。

(10) 傅老：什么你这也……啊这个，<u>家里又没有什么准备</u>，怎么好接待客人……

小凡：爸，<u>又不是外人</u>，还用什么准备呀，你们要是不愿意见都可以不见，我把他领到我的房间里，我们单独在一起……

傅老：美死你！还单独在一起……啊我是说带来咱们大家都见见嘛……（电视剧《我爱我家》台词）

观察例（10）发现，傅老对"家里又没有什么准备"就要"接待客人"感到意外，而小凡告知听话者（傅老）"又不是外人"不需要接待客人，并解释了为什么要"通知他把地点改在咱家"的原因，从而解除了听话者（傅老）对"没准备还要接待"的惊讶情绪。同时，"还用什么准备呀"表达了小凡对傅老的观点不合理的意外。

（11）王小帅：有些家长租了个宾馆，专门在里面给孩子打营养液，吃各种补充脑力的药，最后成绩出来了，家长就说，"<u>吃了这么多保健品竟然也不管用</u>"。

窦文涛：我怎么记得我当年高考的时候，就是带着个盒饭嘛，中午吃个盒饭嘛，家长做了就去考了，至于的吗？我觉得没有什么药能让人吃了聪明的，而且他是高考，他是考试，<u>他又不是登珠穆朗玛峰，他又不是什么体力活</u>，你说。

王小帅：现在有点，有点急了，现在硬式教育，还有这种成功学真是把人弄急了，弄急了，成功学。

窦文涛：疯了，我觉得这些家长。（《锵锵三人行》2009年1月12日）

观察例（11）发现，家长情理认知是"吃了这么多保健品，应该管用"，但事实却"不管用"，这出乎家长的意料。而说话者（窦文涛）认为，"又不是登珠穆朗玛峰，他又不是什么体力活"不应该"吃点药就能聪明的"，从而达到了"反意外"的效果，即"吃药本来就不能变聪明，所以没必要意外"。

（二）"又不是""并不是""也不是"的意外评价功能差异

"又不是""并不是""也不是"的差异关键在于前面的语气副词，"又"的作用是加强否定语气（王力，1944/1984；丁声树等，1979/1999；吕叔湘，1981/1999）。邵敬敏、饶春红（1985）；吴振国（1990）认为，"又"有激活假设性隐含前项的功能。彭小川（1999）认为，

"并"的语法功能是加强对语境预设的否定,其语法意义是"强调事实或看法不是所认为的或可能会推想的那样"。"又"的语法意义是"从否定的角度来强调理由,进而加强对某种行为、做法或心态的否定"。吴中伟(1999)认为,"并"用于 P 有可能被认为真的场合,有申辩意味。"才"既有肯定也有否定,有提醒对方注意的意味。"又"是通过对某个典型的、极端的条件的否定,使相关的结论显得不容置疑,起到加强其语势的作用。马真(2001)认为,语气副词"并"的语法意义是强调说明事实不是对方所说的,或一般人所想的,或自己原先所认为的那样,语气副词"又"的语法意义是用在直接否定前提条件的句子里起加强否定语气的作用。史金生(2005)认为,"又"的语用功能是增强辩驳语气。沈家煊(2011)认为,"又"表示重复的用法一致,只是在"言域"内表达这一意义而已,"又"加强了语力,等于"我又说一遍"。李劲荣(2014)认为,又,多出现在对话语用,标示出现的情况出乎听话者意料之外的交互主观性意义,凸显原因的有效性,是言域的用法。并,多出现在直陈语境中,表示并承关系,标示出现的情况在说话者情理之中的主观意义,凸显事件真实性,是知域的用法。郑娟曼(2018)认为,预期类标记"并不/没"只跟所言预期有关,"又不/没"只能跟所含预期有关,与前者不同,后者需要间接推理过程。聂小丽(2021)认为,"又"字否定句,标明言行或状况在事理层面不具有预期的合理性,凸显说话者认为无法理解的负面事理立场。"并/又(不/没有)"的差别在于事实预期与事理预期的不同。陈禹(2021)从事态角度分析了两者的细微差异,认为"并不 X"构式是对实然事态的否定判断,而"又不是"构式是对应然事态的否定判断。"才不是"常与"呢"共现,而"并不是"和"又不是"却不能。王力(1982)认为,副词"才"有申辩、辩驳、辩解语气。张谊生(1996)认为,"才"经常用于感叹句式,一般情况下后面多和语气词"呢"配合,表推断必然、反驳对方、深化程度和加强否定。邵敬敏(1997)也认为,"才"表反驳语气时与"呢"共现。史金生(2000)认为,情态"呢"作用于言域,"申明"一个信息量更高的事实,与听话者的预期有关。齐沪扬(2002)认为,"呢"的恒常语义,使结构产生"指明事实而略带夸张"的感叹语气。因此,在表达强烈的主观感叹时,"才"的申辩语气和"呢"的申明语气配合形成了特殊交际含义。"才不是 X 呢"有较强的回述对比性,关注听话者的话语。

在前人研究的基础上,本书认为,三者虽然都有否定对方的特点,但是依据的否定对象不同,"并不是"与预期有关,否定对方的预期;"才不是"与言语有关,否定对方的观点;"又不是"与情理有关,否定对方的情理。

(12) 夏雪:我们语文老师说了,如果要想写好一种小动物啊,必须要仔细地观察。

刘梅:小雪,我觉得你实在没有必要把它贴在卧室里。你把它贴在墙上,天天看照片儿反而会禁锢了你的思想力啊,我觉得实在没必要这样。是不是啊夏东海?

夏东海:得得,我把灯给你关了,眼不见心不烦。

刘梅:别别,别关,真的别关,<u>我害怕你关了灯</u>。天天在墙上挂一老鼠,<u>我受得了吗我</u>。

夏东海:它一照片儿<u>又不是</u>活的,你至于吗?

刘梅:你<u>竟然</u>还想活的,它要是活的,我可就死定了。(电视剧《家有儿女》台词)

观察例(12)发现,刘梅认为,"天天在墙上挂一老鼠"应该会"害怕受不了",而夏东海告诉刘梅,"又不是活的"不应该"害怕受不了",是对听话者(刘梅)情理认知的解除。

(13) 窦文涛:我还捍卫我的观点呢,我是说,与其让我改变我的偏见,改变我的观点,我想出一个更好的办法,干脆就让一个不同于我的观点,在这儿当众公开批判我,这不是一个最好的言论自由嘛。

许子东:你揭发他什么了。

查建英:没有,刚才咱们不是说了吗。

窦文涛:<u>他这就是大男子主义</u>。

查建英:什么大男子主义,<u>他才不是大男子主义</u>。

窦文涛:小男人主义。

查建英:小男人的大男子主义,或者怎么说,反正他有点拧吧,但是我觉得一交流完了以后,其实我跟他的观点没有我想象的差别那么大。(《锵锵三人行》2011年9月10日)

观察例（13）发现，窦文涛的观点是"他这就是大男子主义"，而查建英不赞同他的观点，认为"他才不是大男子主义"，可见，"才不是"与对方的言语观点有关。

(14) 金巧巧：一些相对还挺优秀的男人，有时候会有一些不太好的事情，家里有老婆，然后外面还有好多女朋友，当然也有这样的女孩子愿意去和他们在一起，我觉得这是一种畸形的现象吧。

苏芩：并不是这个男人越来越差了，而是觉得这个女人对于男人的这种认识。

主持人：做她的司机，做她的快递，还要做她的提款机是吧？

苏芩：对，这个男人的能力可能就是有限的。（《22 度观察》2010 年 7 月 16 日）

观察例（14）发现，根据金巧巧的一番话，我们推知他的预期是"男人越来越差了"，而事实并非如此，苏芩用"并不是这个男人越来越差了"来表达"反预期"，事实上是"女人对男人的认识有误差"。

（三）"又不是"的语用推理机制及言语行为叠加

"又不是 X"作为对前提 X 的否定来表达"事实不应该发展成 Y"的情理评价，即"因为不是 X，所以不应该发生 Y"。史金生（2005）认为，"又"的语法化过程为：客观增量（重复、并列）→元语增量→凸显事实→凸显原因。文桂芳、李小军（2019）认为，"又 + Neg + Xp"演变过程为"重复＞增量（并列、递进、转折）＞辩驳"，语用推理和语境吸收是其演变机制。本书认为，"又不是"作为语用逻辑的元语增量义，具有强烈的主观性，与表达事理并列的"既不是，又不是"有很大的不同，而说话者通过"又不是 X"来表达对"X"的强调和否定，其意图是期望听话者能够理解"X"为什么本来就不应该做"Y"的情理动因，从而实施激发意外或解除意外的后效言语行为，表原因强调和表辩驳的"又不是 X"是说话者默认听话者不知道"不是 X"，因此"我"要告诉"你"。而此时，"你"又会发生怎样的推理呢？

史金生（2005）认为，"又"字否定句采用的是一种逆果推理，即通过否定条件关系中的前件来否定后件。这其实就是招请听话者根据社会规约、常识经验的情理推出隐含的语用含义,情理上"X 应该 Y",而现在强调并否定 X 的属性"又不是 X",所以推出本来就"不应该 Y",这就利用了"不过量"准则的招请推理,即否定前件隐含否定后件,说话者的目的是想明示事实"不应该 Y"是不符合说话者先前认定的情理的。换句话说,当说话者强调"又不是 X"的时候带有强烈的交互主观性,期待听话者通过溯因推理,推出事实"不应该 Y",从而表达对"不应该 Y"的意外情绪。另一种情况是,听话者依据先验的情理"X 应该 Y"对不合情不合理的事实"~Y"产生了意外情绪,而说话者利用"又不是 X"使得听话者反思先验情理的前提条件是不符合事实的,事实上的情理应该是"~X 推出 ~Y","~Y"是符合当前事实的情理结果,从而解除了意外情绪。两种情况都反映了听话者对"X 应该 Y"的反思,前者是对推理结果"不应该 Y"的惊讶意外,后者是对惊讶情绪"竟然 ~Y"的理解,其实都是依据"不过量准则",推出"又不是 X"后续缺省的部分是本来就"不应该 Y"的。

通过交际双方共享的情理推理激发的意外情绪更容易共情,并且,以情理作为说理基础对意外情绪的解除更具有"说服力"。我们不禁思考:说话者想"说服"对方做什么呢?岳辉、李冬香(2020)认为,构式"又 + Neg + Xp"话语功能投射的话语形式构成了如下相邻对:担心—劝说,观点—辩驳,询问—告知,意外行为—疑惑。从交际互动相邻对的角度进行思考给了笔者很大的启发,但遗憾的是,"又 + Neg + Xp"的投射并没有深挖听话者的"担心""观点""询问""意外行为"等主观情感表达背后的"理",而本书将从听话者的角度出发,根据上文分析的听话者"情理认知"和"意外情绪"两个方面分类讨论说话者激发意外和解除意外的过程中又叠加了哪些言语行为。

1. 情理认知的反驳劝止及委婉劝进

根据前文的分析,"又不是 X"通过否定"X"的属性条件,来解除听话者的情理约束,即表达"你不应该这么认为"的意外语用含义。同时,说话者也实施了反驳劝止或者委婉劝进的言语行为。

(15) 和平:那倒也是,现建立感情是来不及了……哎?哎哎我有一主意哎,咱借一个怎么样?

志国:借?怎么借呀?<u>又不是借自行车</u>,这是借老太太,活的。

和平：**啊！废话！** 不是活的还是死的借她干吗呀，我告诉你，这年头按说是小姑娘不好找，两条腿小姑娘满大街跑，现成儿的就好几个。（电视剧《我爱我家》台词）

观察例（15）发现，和平建议"借个老太太"，但是，志国根据规约化的情理认为，这是不合理的、是令人意外的，明示"又不是借自行车"，从而诱导听话者推出"借自行车是很容易的，而又不是借自行车，说明应该不容易"。所以，说话者（志国）表达了对"借个老太太"的反驳劝止的言语行为，即"不应该借个老太太"。而和平在反馈中的"啊！废话"也表达对"不应该借个老太太"的惊讶情绪。

(16) A：我来给你化个妆吧，争取到这次旅游的机会不容易。

B：还是算了吧，又不是去走T台。

A：**什么呀**，不走T台就不化妆了啊。（BCC语料库）

观察例（16）发现，A认为，争取到这次旅游的机会不容易，应该化个妆；但是B认为，"又不是去走T台"没必要化妆，并表示对"我来给你化个妆"感到意外，反驳了对方的观点，同时劝止了对方的行为。从A"什么呀"的反馈中也可以看到听话者对说话者劝止行为的惊讶。

(17) 傅老：人家一个女孩子，又是头一次出远门儿，不管怎么说，也算是亲戚嘛。

志新：她一个因公出差，咱们凭什么又管接站又管联系旅馆，咱家又不是旅行社。

傅老：**啊？怎么一点亲情观念都没有呢？整个儿一个六亲不认**。（电视剧《我爱我家》台词）

观察例（17）发现，傅老认为，按情理来说，"一个女孩子"应该"留她住宿"，而志新认为，"咱家又不是旅行社"，不应该"留她住宿"，表达了对听话者情理认知的意外，并且反驳劝阻傅老不要让她留宿。由"啊？""怎么……呢？""整个儿"可以看出听话者表达了惊讶的情绪。

除反驳劝止以外，说话者在表达对听话者情理认知的意外同时还表达了正面的言语行为，即委婉劝进。如，

(18) A：我看还是别等这家医院的挂号了，这个都排了好久了，也没排上。

B：再坚持一下吧，又不是所有医院都有这个能力。（BCC 语料库）

观察例（18）发现，A 认为，按照情理来说，"这个都排了好久了，也没排上"不应该"等这家医院挂号了"，但是 B 却认为，"又不是所有医院都有这个能力"，根据经验常识可以推出，别的医院不具有这样的能力，就不会看好病，所以"应该继续等这家医院挂号"。B 解除了 A 的情理约束，表达了对"不应该等挂号"的不合理性意外，同时也劝 A 继续等挂号。说话者通过否定"不应该 Y"的条件来否定"不应该 Y"，即，表达间接委婉地劝进"应该 Y"。

（19）咖啡店总经理：不好意思啊，我们只想招这方面的专业人才。

邱莹莹：可是没有人生下来就是专业人才，都是后天培养的嘛，是不是？而且我觉得咖啡，又不是什么数学难题，不难学的。只要您给我一个机会，我一定会努力学，我希望我可以贴近，因为我有吃苦耐劳的能力，如果您给我这个机会的话。

（电视剧《欢乐颂》台词）

观察例（19）发现，咖啡店总经理认为，"不是专业人士"不应该"做咖啡品尝师的工作"，而邱莹莹却认为，"又不是什么数学难题"应该"不难学的"，从而间接委婉地劝咖啡店总经理收下她"做咖啡品尝师"。

反驳劝止的过程是：听话者表达"应该 Y"，而说话者告知"又不是 X，不应该 Y"。委婉劝进的过程是：听话者表达"不应该 Y"，而说话者告知"又不是 X，应该 Y"。两者都是对听话者情理推断适宜条件的否定，从而对该推断表达意外情绪，并进一步劝止或者劝进。

2. 意外情绪的解释说明及质疑反驳

前文已经分析了当听话者表达意外情绪时，说话者是如何通过"解情理"从而达到"反意外"的语用效果的，而"解情理"的呈现形式主要表现为对"惊讶疑惑"的"答疑解惑"或者是对"否定感叹"的质疑反驳。如，

（20）A：昨天去健身，回来他非要给我拉伸一下，怎么我感觉大腿更疼了？

B：又不是专业医生，说不定哪个地方给你拉伤了。（BCC 语料库）

观察例（20）发现，A 认为，按理说拉伸过后疼痛应该减轻了，但是现在事实是，"怎么感觉我大腿更疼了"，而 B 通过"又不是专业医生"解答了 A 的"惊讶疑惑"，因为"又不是专业医生"按照情理来讲可能会"哪个地方给你拉伤了"，诱导听话者推出"又不是专业医生本就不应该拉伸，就会导致疼痛加重"的情理，从而解答了意外的疑惑。

(21) A：她长那么好看，<u>怎么就落选了</u>。

　　　B：<u>又不是选美</u>，是选举。（BCC 语料库）

观察例（21）发现，A 认为，她长那么好看应该选上，但是，B 通过否定强调"又不是选美"解除了听话者的情理前提，因此推出本来不应该因为长那么好看就被选上，也就解释了"怎么就落选了"的意外疑惑情绪。

(22) A：你也不上点心，自己的儿子都被拘留了，<u>怎么还在这里吃吃喝喝的啊</u>？也不让儿子早点放出来。

　　　B：我<u>又不是公安局长</u>，我说放谁就放谁呢？（BCC 语料库）

观察例（22）发现，A 认为，作为"你"自己的儿子"你"应该上心，不应该在这里吃吃喝喝的，但是事实并非如此，所以 A 表达了"怎么还在这里吃吃喝喝的啊"的意外疑惑情绪。而 B 告知 A "又不是公安局局长"的情理前提，诱导听话者按照情理推出"我不应该说放谁就放谁"，所以"我"上心也没有用，解除了 A 之前的情理约束，从而解答了 A 的意外疑惑。

(23)（背景：高价玩具厂商赞助了某活动，就必须在活动中插播广告）

　　　A：就算是高价玩具，是奢侈品吧，<u>那也不能靠这点广告利益挣钱啊</u>。

　　　B：他们<u>又不是活雷锋</u>，靠什么赚钱呢？（BCC 语料库）

观察例（23）发现，A 认为，就算是高价玩具的成本很高也应该无私赞助活动，并对"赞助商靠这点广告利益挣钱"的事实感到意外，B 认为，按照情理来说，"又不是活雷锋"不应该"无私赞助活动"，否定了 A 的情理前提条件，也就质疑了 A 的意外情绪。

(24) 李佳：来之前我就在想，这个酒店的前台会不会认识我，因为试睡员不能暴露身份，但是实际上说一两句话之后就能感觉到,他们<u>竟然</u>不知道我是这个酒店试睡员的情况。

记者:你<u>又不是</u>什么名人,酒店怎么可能认得呢?(《资讯早八点》2010年6月30日)

观察例(24)发现,李佳来之前认为,酒店有可能会知道他的身份,而现在事实是,"不知道我是这个酒店试睡员的情况",李佳以此表达了意外感叹情绪。而从记者的回应"又不是什么名人"中可以推出,"酒店本来就不应该认得你"。通过否定听话者情理前提,并对听话者意外情绪进行质疑反问"酒店怎么可能认得呢",即"又不是 X,怎么会 Y 呢",从而强调听话者"意外情绪"是不合情理的。

总之,本节从两个角度说明了"又不是"在交际互动中的解情理功能及其相关的意外表达,一个角度是,"又不是 X"否定了听话者情理推断立场的适宜度;另一个角度是,"又不是 X"否定了听话者意外情绪依据的情理前提的适宜度。两者的共同点是,都解除了听话者情理推断的前提条件。但两者与意外情绪相关的语用功能却相反,前者激发了听话者的意外情绪,后者解除了听话者的意外情绪。并且,本书在比较了"又不是""并不是""才不是"后发现,"并不是"是针对说话者自身预期的主观性的,"才不是"是针对听话者观点的交互主观性辩驳,只有"又不是"蕴含了交际双方共享的规约化情理,能够使得听说双方产生共情。之后,本书分析了在两个视角下激发意外和解除意外所叠加的言语行为和语用效果。本书利用情理评价的思路,更好地解释了为什么"又不是"既可以表达激发意外情绪又可以表达解除意外情绪这样两种恰好相反的表达功能。

三 肯定判断与意外属性的确认
——以"X 毕竟是 X"为例

前面一节重点分析了"又不是 X"的解情理特点,及其通过对属性的"强调与否定"来表达意外评价的功能。说话者强化否定判断"又不是 X"来明示"不是 X,本不应该 Y"的情理,修正听话者关于"X 应该 Y"的预期认知,解除导致听话者意外的"性质属性"的情理约束,从而对"本来就不应该 Y"的意外事实的合理性进行解释,最终达到反意外的语用效果。而本节将分析另外一种反意外的情理评价表达，以"X毕竟是X"为例分析说话者是如何通过对性质属性肯定判断进行情理释因的。该构式强调了"X"的属性特征与意外结果"Y"的必然性，即针对听话者认为的意外结果"Y"进行"合情理"的解释，也就是说，"事实不以人意志为转移"，事态总会按照常情常理发展，不会因听话者的意愿而改变，从而解除了听话者意外情绪。前者"又不是X"是对引起意外的前提属性"X"进行解除，后者"X毕竟是X"是对必然发生意外结果的情理属性"X"进行确认，两者的共同点都是通过"讲道理"的方式达到反意外的目的。

（一）确认语气与肯定判断："毕竟""是"的情理释因

本节先从"X毕竟是X"的构件特征谈起，接下来将分析该构式作为同语拷贝式结构是如何对"X"的属性进行确认的，以及副词"毕竟"是如何强化对事物结果"Y"的原因进行肯定的。需要强调的是，"X毕竟是X"的属性确认与释因功能并不是单单由副词或者同语式带来的，而是由构式整体带来的。

1. 拷贝式结构"是"：属性的确认

拷贝式是专门运用羡余（redundance）的语言格式来取得超常的语用目的。同语式是较为典型的拷贝式结构。以往对同语式的研究颇多，Wierzbicka（1991）认为，同语式是高度凝固的程序化结构，并探索了汉语的三种名词复现式。张弓（1963）最早提出了"同语"的概念。吕叔湘（1982）在《中国文法要略》中也注意了这种主宾同形的句法现象，后在《现代汉语八百词》中将"是"字前后同语的情况分为五类：对举、地道/不含糊、强调客观、让步转折、不勉强/稳扎稳打。袁毓林（1986）对"同语"的修辞和语用进行了论述。沈家煊（1995）用适量准则对同语式有过讨论。景士俊（1994）从句法语义角度对让步型、紧缩型、描述型、判断型四种类型的同语式进行了研究。张爱玲（2011）探讨了单项、双项、多项等不同形态的同语式，并从语用角度分出五种类型：有所保留的认同型、毫无保留的称赞型、不容混淆型、不容类推型、解反预期型。刘志样（2005）指出，"A就是A"有四种意义，即"A""A是A""A只是A""A并不是非A"，但最基本的意义是表确认。可见，同语式表达确认客观属性的功能毋庸置疑。
（1）A：他不是老师嘛，问问他不就得了，省得明天交不上作业挨骂。
　　　B：老师是老师，但也不是教这一科的啊。（微博语料）
（2）A：唱这么难听还得了第一。
　　　B：难听是难听，他的歌唱技术和风格确实很难得。歌曲不是好听就有技术含量啊。人家评委看的是技术。外行看热闹，你不能接受，不听就是。（BCC 语料库）
（3）A：还不如去食堂吃呢，烤串太油了。
　　　B：油是油，但是香啊，又不天天吃。（BCC 语料库）
（4）A：你不是吃饭了吗？怎么还喊着饿？
　　　B：吃是吃了，但这外国饭总归是吃不饱啊。（微博语料）

观察例（1）至例（4）发现，无论是名词属性的"老师是老师"，还是形容词属性的"难听是难听"，抑或是动词性质的"吃是吃了"，都表达对属性的确认让步，表达承认确实有这样的属性。

本书研究的"X+副词+是+X"是一种特殊拷贝式结构，后一 X 是对前一 X 的形式拷贝，而非意义拷贝，这种格式是利用判断动词"是"和拷贝对"X"进行信息、资格的确认。前一个 X 是构成范畴中的共性，后一个 X 是它自身具有的个性，也就是说，前一个 X 是外延义，是一个概念的适用范围，具有指称性；后一个 X 是内含义，是指 X 的典型特征，具有评价性。前后两个 X 具有异质性。有学者认为，后一 X 是前一 X 转喻形成的，具有部分代整体的转喻义。邵敬敏（1986）也指出，X2 与 X1 相比多了主观判定的特征。整个构式已经不仅仅是判断句的功能，通过前一 X 的所指空间和后一 X 的表征空间的概念整合得到了整体大于部分之和的意义。虽然前一"X"和后一"X"形式相同，但会话含义仍有差别。前一"X"具有指称性，可以回指前面的序列和话轮所谈论的话题，不具有评述性；而后一"X"作为说明部分，具有评述性，调动言听双方共有的知识背景，凸显"X"的原型特征，所以焦点在后一"X"上。根据会话的经济准则和 Grice 的合作原则，前后相同形式的 X 一定存在语义和语用功能的差异。

与一般的同语式不同，加上副词后，加强了对"X"本质属性的语气强调，是想说明按照情理来讲，"X 的本质属性必定（本应该）实施 Y 的行为"。并且，"X"具有什么样的本质属性也是听说双方共享的社会规约和常规情理。

（5）<u>女人毕竟是女人</u>，在午饭时间她们三五成群快乐地交谈着，脸上丝毫看不出工作的疲惫，而在山谷中也回荡着快乐的笑声。（《新闻早报》2012 年 3 月 7 日）

（6）A：因为那只蚊子吸我血吸得已经飞不动了。

B：<u>年轻到底是年轻</u>！血都比我们这些老年人多！（BCC 语料库）

（7）傅老：那你说该怎么办？难道非得要孟朝阳来捉鬼？

志国：捉鬼不捉鬼的，对和平心理上也是个安慰，算是心理暗示疗法吧。

傅老：什么暗示疗法？<u>捉鬼就是捉鬼</u>！我倒要看看这个小子他到底有多大本事。（电视剧《家有儿女》台词）

观察例（5）至例（7）发现，"女人毕竟是女人"明示了"女人"的典型特征之一就是善于交际闲聊，"年轻到底是年轻"明示了"年轻"的特指就是身体健康，"捉鬼就是捉鬼"中"捉鬼"的实质就是"我倒要看看这个小子他到底有多大本事"，而不具有别的目的，如"暗示疗法"等。可见，名词、动词、形容词都是对"X"的本质属性特征的确认。

2. 副词"毕竟"：原因的肯定

吴硕官（1985）对进入"N +［修饰语 +（是 + N）］"格式的修饰语的类别进行了初步的分析。根据古川裕（1989）的考察，语气副词、范围副词、时间副词、范围副词、关联副词、否定副词等 300 多个副词都可以修饰"是"。张谊生（2003）提到，凡是主观性强、语义辖域大、句中位置自由的副词都能修饰"是"。经过观察发现，因受构式压制的影响，进入本书所谈论的构式的副词都是语气副词，但也并不是所有的语气副词都能够进入该格式，只有表示确认信息的评注副词才能与"是"共现形成"X + 副词 + 是 + X"同语构式，如"毕竟、终归、终究、总归、到底、究竟、就"等。张谊生（2014）认为，评注性副词的基本功用是对相关命题或述题进行主观评价。因此，这些副词进入构式后具有

"增值"功能。本书认为,"毕竟"强调 X 的本质属性和根本原因,解释力最强;"到底、总归、终究"强调 Y 出现的必然情况和承认结果,解释力次之;而"究竟"多表对原因的追究,解释力较弱。因此,本书选用较为典型的、解释力较强的"毕竟"作为研究对象。

祖人植、任雪梅(1997)认为,"毕竟"有两种模式,模式一:虽然 A,但是 B,(因此)毕竟 C,确认 C 意味对 B 情况的肯定,表示对 B 的解释;模式二:虽然 A,(但是)毕竟 C,因此 B,预设结果不会因 A 而改变,或者表示对 A 的辩驳。史金生(2003)认为,"毕竟"类副词都可以强调指明一个不因某种情况而改变的事实。它往往凸显对立属性中最重要最本质的特点,而主次之分往往是依据说话者的主观表达。由此可知,"毕竟"表达了说话者认为事实的出现虽然与人们的正常期待相违背,但是,按照情理来讲某事物"本应该"如此发展,也就是说,违背正常期待的意外事实背后是有深层的情理动因的,而这一情理是通过肯定本质属性进行释因的。史金生(2003)也认为,毕竟,在表原因的分句中,强调已经存在的事实,重点在于解释和反驳。本书认为,"毕竟"解释了意外情况在情理上必然的原因,它经历了这样一个过程:

听话者:按照主观期待 S 不应该 Q,但现在实际上是 Q。

说话者:解释了"毕竟 P"是 Q 的本质属性,按照情理 P 本应该 Q,不以 S 为转移。

可见,虽然 S 与 P 都是指同一主体对象,但是 S 与 P 所表示的概念特征却是矛盾的,S 只不过是人们根据个人经验在主观上对主体特征的推断,不是事物本身固有的属性,不具有恒常性。而真正结果 Q 不以人的意志为转移,最终对 Q 发挥作用的还是情理上 P 本质属性的约束。

(8) A:以前还觉得她挺听话的,勤俭节约,从来不乱花钱,<u>现在竟然学会要钱买衣服了</u>。

B:<u>女孩子毕竟是女孩子</u>,有时候觉得女儿挺委屈的,那么大了连件像样的连衣裙都没有。(BCC 语料库)

(9) (背景:小学六年级的乐乐,说起春节,最兴奋的就是越来越丰厚的"压岁钱"。)

A:在中国,相传压岁钱可以压住邪祟。而如今经济收入高了,<u>孩子们**竟然**拿着高昂的压岁钱开始随意挥霍,互相攀比</u>。从小灌输了金钱易得的不良价值观。

B：<u>孩子毕竟是孩子</u>，掌控不了自己，就像大人说的，把钱用在了不该用的地方。(《海峡两岸》2008年1月17日)

观察例（8）和例（9）发现，在例（8）中，A表达了按照经验习惯，女儿一直都是勤俭节约的，不可能要钱买衣服。而B认为，"女孩子毕竟是女孩子"，按照"女孩子"的属性特征来说，本来就应该爱美，所以解释了意外情况出现的原因。"她不乱花钱"只是A主观意志的判断，违背了"她作为女孩子的属性特征"，也就导致了意外的出现。在例（9）中，A按照传统习俗推知压岁钱的本意是长辈对晚辈美好的期待，所以不应该变质，出现"孩子们竟然拿着高昂的压岁钱开始随意挥霍，互相攀比"这样的情况，但事与愿违，让A感到意外。而B通过"孩子毕竟是孩子"的属性特征的情理约束解除了意外情绪，即，"孩子"本来就"掌控不了自己"，所以出现"随意挥霍、互相攀比"的情况也不足为奇，其语用意图是建议：要改不良风气，关键不在于孩子，而在于给压岁钱"瘦身"。由此，肯定了"意外事实"出现是由"X"的属性特征约束所致，也就是说，说话者用"毕竟"来申辩所谓"意外"的出现是必然的。

（二）"X是X"的意外预示与"X副词是X"的反意外解释

最早，吕叔湘（1944）提到，"是"字有虽然义，本来肯定，可下文紧接着一转，有"要论什么，确然是什么，可是……"的口气。朱德熙（1982）也认为，主宾同形的"是"字结构表达让步的含义。齐沪扬、胡建锋（2006）认为，"X是X"格式无论是单用、对举还是多个同时使用都可以找到一个标准量同时表示新信息的量低于这个标准量。因此，"X是X"是一个负预期量信息标记。乐耀（2016）认为，同语式表达了"先扬后抑"的交际策略，同语式在语言形式上的"求同"，是为了推迟引出后续的"存异"的立场。可见，前人学者一致认为，"X是X"与后续句在篇章逻辑上构成了"让步—转折"的含义，在语用认知上，前者为说话者的预期部分，后者为反预期意外的部分。由此推知"X是X"预示了说话者接下来要表达一个与说话者预期相反的意外事实，"预期—意外"同时出现在"让步—转折"的同语式结构中。如，

(10) a. 好是好，可是有点贵。（BCC 语料库）
    b. 科长是科长，但是不管事。（BCC 语料库）
    c. 闺蜜是闺蜜，但是好多年不联系了。（BCC 语料库）
    d. 染是染，可是染坏了怎么办。（BCC 语料库）
    f. 起风是起风，但是阳光挺好的。（BCC 语料库）

观察例（10）发现，"好是好""科长是科长""闺蜜是闺蜜""染是染""起风是起风"为对属性的让步，后面都有转折连词共现，表达了说话者虽然承认"X"的属性，但是实际情况却有意外。

乐耀（2016）认为，"X 是 X"在会话序列中还表现为对听话者的回应评价，即，A：要论 X，B：确然这样［+评价］，可是并非这样，而是那样［-评价］。该文将"X 是 X"放在互动交际中分析，给了笔者很大的启发，"X 是 X"在回应话轮中表达对上一话轮听话者言论的认可，同时，重点是说话者后续"抑"的转折部分，除表达"存异"立场外，还表达意外情理的告知，即告诉听话者"虽然满足了 X 的内涵，但依然存在意外（例外）情况"。如，

(11) A：我感觉你还是挺幸福的，老公那么积极上进。
    B：上进是上进，就是吧，我也没那么幸福，他不是很顾家，教育孩子、做饭、交水电费，家里一切都让我来做，也是够累的。（BCC 语料库）

(12) A：他一个外国人，你竟然问他旅游攻略。
    B：外国人是外国人，他可是个"中国通"，他在中国去过的城市比我们还多。（BCC 语料库）

(13) A：他不都是演配角吗？出不了名的。
    B：可别小瞧了他，配角是配角，人家就靠演配角出名呢，他还获得过奥斯卡最佳配角奖呢，演技好坏不在配角还是主角。（微博语料）

观察例（11）至例（13）可以看出，B 首先肯定了 A 的评价，即"上进是上进""外国人是外国人""配角是配角"，但"X 是 X"表达了虽然按照情理约束"X"不应该"不幸福""问外国人旅游攻略""演配角出名"，同时，"X 是 X"也预示了后续的意外性事实。

"X 是 X"表达了对事物属性在情理上的让步和认同，但却预示了

"事与愿违",后续句常常与"但是""可是""然而"等转折连词共现,表达实际情况并非情理属性约束那样。所以,"X是X"预示了后续将有意外事实的主观性表达。

"X是X"和"X毕竟是X"同为判断句,而"判断句的作用不外乎'解释事物的含义'和'申辩事物的是非'两种作用息息相通"(邵敬敏,1986)。"凡否定的判断句都是申辩是非的肯定的判断句却可以有解释和申辩两种作用。"(吕叔湘,1982)"X是X"和"X副词是X"都具有申辩"X是什么"的功能特征,但所不同的是,"X是X"侧重解释"X"的内涵,而加入释因语气副词"毕竟"后,就蕴含了对之前事实的反驳和申辩的意味,前文已述此处不再赘述。沈家煊(1999)认为,"否定判断都以相应的肯定判断为否定的前提"。而本书认为,"X毕竟是X"作为肯定判断却预设了否定判断的前提。判断句都是"明辨是非"的,"X毕竟是X"也不例外,只不过与单纯的同语式"X是X"不同,加入语气副词"毕竟"后,强化了对"不是X,所以不应该Y"这一情理的反驳和申辩,并解释了为什么"应该Y"的原因,即因为"是X"的本质属性决定了"应该Y"。如,

(14) A:她是目前中国唯一能完成这一高难度动作的女驯兽师,经验丰富。而且这只老虎跟她合作已经五六年了,平时只听她的口令。<u>这次**竟然**因为一个小小的失误被老虎咬死了。</u>
    B:<u>猛兽毕竟是猛兽。</u>再亲密的关系,也会有发威的时候。
（《乡约》2010年2月21日）

观察例(14)可以看到,按照平时老虎和女驯兽师的亲密关系,不应该发生女驯兽师被老虎咬死的事件。但是A认为,"这只老虎不是猛兽",他忽略了一个事实——"猛兽毕竟是猛兽",因为"是猛兽",所以受到本质属性约束,发生"发威咬死人"的事件是必然的。可见,主观经验和客观属性之间发生了冲突,而A的意外来自对客观情理属性的忽略。

一般的肯定句申辩功能是隐性的,也就是说,对否定判断的反驳不具有外显性,但是在交际对话语境中却不同,当说话者对听话者的否定判断做二次评判的时候,肯定句"X毕竟是X"就发挥了对"不是X,所以不应该Y"这一情理推断进行反驳申辩的价值。语言从根本上讲是

对话性的（Ford，1994）。认知效应取决于交互的文本（co-textual）和语境（contextual）因素的存在（Martin 和 White，2005）。所以，在对与预期相关的表达式进行解读的时候必须借助于互动的对话语境才能了解听说双方的知识状态，并知晓双方对客观事物或事态的断言、信念和观点。同样，英国语用学家 Levinson 主张，同语的意义应该归咎于语境。日常会话互动是说话者话轮的依次交替构成的（Sacks et al.，1974）。因此有必要将"X+副词+是+X"放在互动交际中观察其话语构建功能。如，

(15) 窦文涛：就是说像命运，像人生，我觉得足球这事，他们就说，有的时候你走了狗屎运，有时候自己感觉训练得已经很好的，但一上场还是踢不过人家巴西，运气在他们那里呢。

许子东：虽然它充满了偶然性，但是你长远来看，强国毕竟是强国，足球有安理会常任理事国，第一是巴西，第二是德国，第三是意大利，这是没法否定的。

窦文涛：人家讲了，奥运会是照着 GDP 的顺序划分的大国、强国，但是只有足球给你另一个世界秩序，最牛的是巴西。

(《锵锵三人行》2009 年 8 月 17 日)

观察例（15）发现，从许子东的论述中可以推知，"强国毕竟是强国"发挥了对一部分人观点的反驳，这部分人认为，"巴西并不是强国，不应该每次都赢得比赛，而赢了比赛一定是有运气的成分"，但是，他们忽略了"强国"具有实力，本就应该赢得比赛。可见，"强国毕竟是强国"是对"不是强国"否定判断的驳斥，具有交互主观性的特征。

(16) 王树增：他是逐步往前走的，他说你要我绕过长春和沈阳去打锦州，这不行，我后勤怎么办。对不对，再说我一旦打锦州的话，我两面作战，这边是关内就是傅作义部队，这边还有一个沈阳的卫立煌集团，这边两面作战我怎么打。

许子东：现在的电影都是这样描写，真的很奇怪，就是他们辽沈一打完，毛泽东捏烟头脚底下一擦说，马上入关，而林彪就是服从，是这样吗？还是当时这个是林彪的主意。

窦文涛：电影毕竟是电影。历史毕竟是历史。

王树增：电影我们说它有可能有虚构的地方。但是是这样的，

一开始像这样的战役至少休整四个月，有的连队都打散了。

窦文涛：对。(《锵锵三人行》2010年11月4日)

观察例（16）发现，许子东表达了对现在电影不尊重历史的"奇怪"。窦文涛说的"电影毕竟是电影。历史毕竟是历史"明示了按照情理来讲，"电影"本来就不是"历史"，"电影"本来就应该有虚构的特征，从而否定了"不应该不尊重历史"的判断，也找到了意外事实"竟然不尊重历史"的情理动因。

"X+副词+是+X"类构式凸显了构式中"X"的原型性特征，如"教授毕竟是教授，买个菜都那么儒雅""孩子到底是孩子，发着高烧还在外面玩""酒终归是酒，喝那么多肯定会醉的"这些例子中的后续说明部分都充分体现了前面预示成分中"X"的典型性，这种典型性是由交际双方的"共享知识""规约经验"等情理决定的，"教授"的典型性格是儒雅的，"孩子"的典型天性是爱玩，"酒"的典型特点就是会使人醉。如果把"X"换成非典型性特征，句子语义就不具有适切性，如"教授毕竟是教授，常常在家做饭洗衣""孩子到底是孩子，3岁就会背诵四大名著""酒终归是酒，这度数低可以当饮料喝"。但，如果不加副词，使预示语变成让步同语式，后续句变成转折复句时，后一种情况就可以成立，如"教授是教授，但也常常在家做饭洗衣""孩子是孩子，但3岁就会背诵四大名著""酒是酒，但这度数低可以当饮料喝"，其中的"X"并没有对后续句起到约束作用，仍然存在非典型性例外。可见，加上"副词"后整个同语构式与让步同语构式会形成互补的局面，这也说明了副词对构式有压制作用。"X+副词+是+X"在回应话轮中表达对上一话轮听话者意外依赖情理的反驳和申辩，听话者并不知道"X"的本质内涵是什么，说话者要告诉听话者一个情理：X本质属性必定会导致Y的结果，即意外的结果有情理属性的必然原因。

总之，"X是X"往往是在知道情理的基础上提出相反或相对的观点和事实，具有预示意外性的特征，表达"你不知道情理之外的意外情况，而我告诉你"。"X+副词+是+X"往往是对对方不知道的情理约束的属性进行释因，具有反意外性的特征，表达"你不知道意外情况必然出现的情理动因，而我告诉你"。前者"X是X"重在"预示"一个反情理的意外事实，后者"X+副词+是+X"重在对意外情绪的反意外"释因"。

(三) 主观立场与交互协商：副词"毕竟"与同语式"X 是 X"的互动整合

"立场"包括三个方面内容：评价、情感和道义（Du Bois，2007；Englebretson，2007；Du Bois 和 Kärkkäinen，2012）。用"X + 副词 + 是 + X"回应的主要目的是从主观上判定所言对象是否与听说双方的理想化认知模型（ICM）相符合。根据 Du Bois 的立场三角理论同时评价（evaluate）客体，定位（position）主体（自己或他人），并与其他主体取得一致或者不一致（align），而反意外体现了两个主体间对客体的评价存在不一致时的交互协商。董洁琼（2013）认为，"A 副词是 A"是一个同语式，并指明出现语境的两个共同点：一是表达情感、看法和观点；二是言简意赅，并能引起交际双方的共鸣。前文讨论了说话者"X + 副词 + 是 + X"中的"X"与听话者情理前提中的"X"是矛盾对立的，听话者认为，"X 不应该 Y，而事实却 Y 了"，但说话者却强调了"X"的本质属性，找到了为什么"Y"的根本原因，即"X 毕竟是 X，本来就应该 Y"。可见，听说双方对"X"的评价立场存在不一致的情况，说话者通过立场的交互协商，想要向听话者申明意外事实"Y"发生的必然性情理动因。如，

(17) A：我爸以前一直有登山爱好，没想到这次爬山<u>竟然</u>也摔了一跤。

B：<u>老人毕竟是老人</u>，腿脚难免不灵活。

A：对，以后是要让他多注意点了。（BCC 语料库）

(18) 宋扬：老郭，你有看出咱们嘉宾不一样，说话感觉就不一样了吗？原来咱们请保珠也好，或者说请咱们社保局其他相关的领导也好，说话不是咱们樊军这样，他们可能语速比较慢，但是底气比较足。

老郭：领导。

宋扬：这事该怎么怎么，然后樊军是对政策了解得非常清楚，说的话是语速很快，而且是比较平易近人。

老郭：底气不足是吗？那这政策还能可靠啊？你<u>竟然</u>还说他对政策很了解。

宋扬：没有说底气不足。政策毕竟是政策，无论是用什么语气来说，它都是板上钉钉的。

老郭：办事人员和领导说话是不一样的，领导说话他说要琢磨。咱们一般人说话就快。（《城市零距离》2008年7月16日）

观察例（17）和例（18）发现，例（17）中，A的观点是"我爸一直有登山的爱好，所以不可能会摔跤"。B申明了情理上的道理，即"老人毕竟是老人"，"老人"本来就"腿脚不灵活"，所以摔跤是难免的。从A第三位置的回应来看，A赞同了B告知的情理推断，立场协商达成了一致。例（18）中，老郭认为，"底气不足，政策就不可靠"，但他忽略了政策的本质属性，老郭利用"政策毕竟是政策"的同语形式告知听话者"政策"的情理约束，由此推知，"政策"具有不可变更性，不因主观语气的变化而变化，打消了对政策不可靠的质疑。从这两例可以看出，按照听话者的主观经验来看，"经常爬山确实不会摔跤""底气不足确实政策也不会可靠"，但是之所以发生意外事实，是因为听话者忽略了"X"的本质属性的情理约束，说话者向听话者明示了"X毕竟是X"本应该"Y"的情理动因，解除了听话者的意外情绪。

当说话者与听话者进行立场协商的时候，必然会涉及会话的原则。Grice（1975）指出，谈话要保持连贯性和逻辑性，话语双方就需要遵循合作原则，其中，数量准则要求说话者提供的信息量是适量的，不多也不少。而"X+副词+是+X"的同语结构是一个永真的命题，说话者并没有提供新信息，拷贝形式的冗余导致了信息量的不足，这种"废话"违反了数量准则。但是，"X+副词+是+X"作为说话者选择使用的优先的组织结构（preference organization），为了保证谈话的顺利进行，一定是合作的，因此就需要听话者反复斟酌体会其中的"言外之意"。

Leech认为，人们之所以违反合作原则来传递言外之意是由于礼貌。前文也已经提到，反意外是指交际者双方所持的立场不一致，根据礼貌准则下的赞同准则，要尽力减少自身和他人之间的分歧，尽力夸大自身和他人之间的一致。也就是说，说话者使用不足量的"X+副词+是+X"肯定形式，表达对意外产生原因的肯定，委婉地表达听话者预期认知的否定，尽量减少与对方的面子威胁。如，

(19) A：虽说是相亲会，但来到现场的仍是以父母居多。

B：父母毕竟是父母，年轻人哪有时间去，也就是父母比较操心，想为子女找到心仪的对象。(《新闻晚高峰》2010年8月22日)

观察例 (19) 可以看到，虽然 A 和 B 的立场不一致，但是 B 并没有直接对 A 的立场进行反驳。由 A "虽然，但是" 的让转句式可以看出，A 认为，"相亲会应该是年轻人参加"，并对其表示容忍让步，重点强调对 "父母居多" 的意外情绪。而 B 认为，"父母毕竟是父母"，按照常识经验，"父母比孩子更操心婚姻大事"，不因 "相亲会" 的形式而改变。说话者用肯定的形式表达否定，减少不一致的面子威胁。用一个信息量不足的 "X 毕竟是 X" 同语式，表达 "我知道你也知道" 按照共享常理 "X" 就应该 "Y"，更具有说服力。该类结构的逻辑为：虽然父亲经常爬山不应该不敏捷，但还是摔了一跤，因为老人毕竟是老人，应该不敏捷。虽然相亲会年轻人应该自己参加，但还是来的父母居多，因为父母毕竟是父母，本来就应该比年轻人更操心。"父亲摔跤""相亲会父母来的居多"不因 "经常爬山""相亲会的形式" 而改变，因为 "老人毕竟是老人""父母毕竟是父母"，"X" 有其规约化的情理属性。

(20) 志国：这是什么科学啊，噢，你整天什么都不干，你还是咱家最勤劳的人，这不没影儿的事儿吗？

圆圆：科学毕竟是科学，科学记录往往就是这样，不以人的意志为转移，往往突破人们的常规。(电视剧《我爱我家》台词)

观察例 (20) 发现，志国认为，违反常规的事情往往不应该称为科学，但是圆圆申辩道，"科学毕竟是科学"，科学的本质属性应该是突破常规的，不以人的意志为转移的。由此解释了志国对她的质疑，说话者（圆圆）并没有提供关于科学的新定义，但是，通过 "X 毕竟是 X" 的冗余方式传递了对属性 "X" 的确认，是通过对意外事实 "Y" 原因肯定来表达对听话者的否定态度。圆圆并没有对志国 "科学不应该违反常规" 的情理进行直接的否定，而是强化了 "科学" 本质属性的情理约束，"科学毕竟是科学" 预示了对志国 "科学不应该违反常规" 的反对立场。通过肯定属性 "X" 的情理约束的方式，来对对方的立场进行反驳申辩，减少了对听话者意外结果"Y"直接否定的分歧和面子威胁,遵循了礼貌原则。该类结构的逻辑为:虽然违背了常规,但科学毕竟是科学,因此要突破常规。确认"科学毕竟是科学"意味对"突破常规的肯定",委婉否定了"不应该违背常规"。

说话者之所以能够通过不足量的肯定形式"X毕竟是X"来表达对听话者情理的反叛,是因为"X"的本质属性是交际双方共享的,能够调动听话者头脑中的已有常规,轻松说服对方,从而达到立场的协商。Sperber和Wilson的关联理论认为,交际是一个涉及信息意图和交际意图的明示——推理的互动过程。日常交互中并不是每句话都是明示的最佳关联,有些间接的表达方式就需要交际者利用认知推理运行机制,对有关语境做出假设,然后推断出说话者意图,理解话语。Leech(1987)认为,内涵意义是指除理性意义外的附加、社会或个人的主观认识意义,它所指的内容而具有的一种交际价值。周士宏(2008)认为,听话者会将自己听到的句子与头脑中已有的"背景假设"(background assumptions)相整合,形成"心理表征"(mental representation)。"老人毕竟是老人""政策毕竟是政策""父母毕竟是父母""科学毕竟是科学",其典型属性的情理规约分别是"不因经常锻炼而敏捷""不因传达的语气不足而变更""不因相亲会的形式而变得不操心""不以人的意志为转移",这些属性的情理约束是交际双方共享的社会规约,是合情合理的。

而副词"毕竟"仅仅表达说话者的主观立场释因,没有"同语式"的格式支撑,就不具备调动听话者对"X"属性的情理共知的功能,也就不具有交互立场协商的功能。

(21) 相信随着经济的发展,会有更多保护妇女的假期出现。同样,那些应该休保胎假的半边天们,遇到该休息的时候,也一定要理直气壮地要求,<u>毕竟,身体最重要啊</u>。(《第一时间》2009年9月22日)

(22) 过度依赖网上购物还催生了许多整天呆在宿舍伴着电脑的"宅男宅女们"。他们说,上街采购人多又混乱,还是在网上鼠标一点就解决了。网上购物是方便,可要是为了这个让你连交际能力也退化了就得不偿失了。<u>毕竟,小花小草还要透透风见见太阳,人老待在房子里那怎么行,还是出去走走吧</u>。(《第一时

间》2009年2月18日）

（23）对于想购买小产权房的人可一定要谨慎，<u>毕竟，房子可不是一般的商品</u>。（《第一时间》2009年3月23日）

观察例（21）至例（23）可知，"毕竟，身体最重要啊""毕竟，小花小草还要透透风见见太阳，人老待在房子里那怎么行，还是出去走走吧""毕竟，房子可不是一般的商品"是说话者的主观立场释因，是说话者为自己言论寻找支撑点的过程，不具有交互主观性，不像"老人毕竟是老人""政策毕竟是政策"等同语式一样，"X 毕竟是 X"是说话者对"X"对立矛盾立场的申辩。

（四）情理之中与意料之外：合情理表达"X 毕竟是 X"的语用意图

张秀松（2008）认为，"到底"句，即"（p），到底 q，（虽然）s，（所以）r"，往往强调某情况的出现"既在意料之外，却又在情理之中"。"毕竟"义"到底"句的"反预期"与"解—反预期"是整合在一个句法平面中的。而本书认为，"X 毕竟是 X"的情理释因具有对话立体性，是听话者"意料之外"的解除，同时也是说话者"情理之中"的归因。

通过上文的分析发现，特殊的同语现象与一般同语式现象"X 是 X"有很多不同之处。其实，关于表肯定强调类"X + 副词 + 是 + X"同语构式，前人学者早有涉及，如吴硕官（1985）讨论了"N + ［修饰语 +（是 + N）］"格式中修饰语的类别，邵敬敏（1986）讨论了带副词的同语式具有加强申辩的作用，殷何辉（2003）结合先行句和后续句探索了"NP + adv. + 是 + NP"的评比功能，对本书较有启发。另外，像郑丽雅（1994）、吴继光（1989）、蔺璜（1985）、黄理兵（2000）、刘德周（2001）、司富珍（2001）等学者也都涉及讨论了这一现象，但大部分是简单的静态分析，没有放在互动的实际语境和交际双方的认知中对其功能进行深入动态的研究。本书认为，在交互主观性的背景下，"X + 副词 + 是 + X"具有反意外功能，即打消上一话轮中说话者的意外、自己的意外或双方共享的意外。Aikhenvald, Alexandra Y.（2012）将"意外范畴"（mirativity）定义为"说话者、听话者或者主要参与者意料之外的信息"。与意外范畴所表达的猝不及防、惊讶的情感相反，反意外表达了说话者确信无疑的态度，从而让听话者感觉到事实的发生是在"意料之外"又是在"情理之中"。但问题是，这种反意外功能是副词带来的还是句式带来的。本书认为是构式整体带来的，并且该构式遵循以下交互会话的模式：

情理前提：P，所以 Q。

听话者：认为主体 S，不应该 Q，事实却恰好为 Q。（意外）

说话者：得知 Q 后，强调 P 的属性。（属性肯定→意外释因）

由此可以知道，Q 的出现不因 S 的特殊性而改变，对 P 的固有属性肯定也解释了 Q 出现的原因。Q 在听话者的角度来说是反情理的，但是在 P 的属性约束下却又是符合情理的，只是听话者按照一般的经验常识进行的主观判断，而忽略了 P 的本质特征。

(24) 周女士：这个小姑娘正拦着妈妈商量呢，可结果还是回去了。它这 100 块钱一张票，我这买一张票很多项目都得她自己去玩，多不安全呀。买两张票我们很多很多项目都玩不了，你说我们两个花 200 块钱，顶多玩四五十块钱的东西，剩下那些钱全扔这了，多可惜。

主持人：可不是吗，这个账大人们都能算明白，结果就是不玩了。

周女士：<u>送走这个小女孩，这边还有劝不走的呢</u>。

主持人：<u>孩子毕竟是孩子</u>，到了公园门口不进去，再讲什么道理估计都听不进去。

周女士：这边劝还是好的，那边已经动用武力了。（《7 日 7 频道》2008 年 12 月 5 日）

观察例 (24) 发现，周女士认为，孩子应该听话，但是，孩子却怎么劝也劝不走，令周女士感到无奈。主持人认为，"孩子毕竟是孩子"，通过孩子任性的行为推知，孩子的固有属性本应该就是贪玩的，所以解释了周女士由无奈而导致的意外情绪。

(25) 嘉宾：没有查出来到底是什么原因，我说就是因为没有查出来是什么原因，这才可怕呢，怎么能一下子瘦成这样子，<u>竟然也不跟我抱怨一句</u>。

主持人：<u>男人毕竟是男人嘛</u>，他的心思、压力，他不可能说转

移到女人身上，特别他的个性，他就全部自己一个人承担，扛下来。(《缘分》2008年4月6日)

观察例（25）发现，嘉宾埋怨丈夫瘦成这个样子"竟然也不跟我抱怨一句"，而主持人利用交际双方共享的情理认知告知对方"男人毕竟是男人嘛"。通过语气词"嘛"也可以看出，"嘛"将背景信息共识化，即为听话者提供背景性新信息，并强行共识给对方（王咸慧，2021）。可见，"男人"的典型属性要求其不应该向妻子抱怨，"不可能说转移到女人身上"，从而解除了嘉宾因意外而产生的抱怨情绪。

通过前文的分析，"X毕竟是X"是将听话者认为违背主观期待的意外事实进行情理化的结果，要想解除意外事实就必须找到导致意外的动因，而根据"X毕竟是X"隐含的属性特征要求，结果"Y"的出现是必然的，不因听话者主观经验期待而转移。说话者认为，虽然存在与X对立矛盾的例外情况，但是，X的社会规约化的固有属性是不可被随意更改的，Y的出现吻合X的情理约束。反过来说，说话者是在给意外事实Y寻找与其匹配的属性X进行解释。合情理释因，一方面，实施了对听话者意外情绪的合理化缓解；另一方面，间接实施了对听话者主观期待的申辩与反驳意图。

（26）A：听天气预报说有雾霾，<u>还没下飞机呢，他就</u>把口罩戴了起来。

B：<u>医生毕竟是医生</u>，防护意识就是强啊。(BCC语料库)

观察例（26）发现，A对"还没下飞机呢，他就把口罩戴了起来"感到意外。B对这一行为做了合理化的解释，因为"医生毕竟是医生"，所以防护意识强也就不足为奇了。此处，合情理释因是为了"消奇"。

（27）A：<u>她是不是傻啊，我都教给她多少遍了，对于恶人不要施舍善良，她怎么还有求必应呢？</u>

B：<u>老实人毕竟是老实人</u>，你让她拒绝别人，她也学不会啊。

（微博语料）

观察例（27）发现，A认为，"她不应该帮助恶人"，表达了说话者"怒其不争"的责怪情绪，以及对她"屡教不改"的意外。而B表达的"老实人毕竟是老实人"对她的行为做了合理化释因，因为"老实人"的典型属性就是不会拒绝别人，从而解除了听话者的意外，并缓解了听话者对"她"指责的愤怒之情。

(28) A：你看，你家姑娘真听话，放了学都知道回家写作业，<u>我儿子放了学也不回家</u>，每天出去跟同学玩到很晚才回来。

B：<u>男孩子毕竟是男孩子</u>，贪玩很正常，大了就好了。（BCC语料库）

观察例（28）发现，A对"儿子放了学应该回家写作业，但是竟然出去玩"的行为进行抱怨，B表达的"男孩子毕竟是男孩子"，明示了男孩子的固有属性约束，对"儿子贪玩"的行为进行合理化解释，从而解除了A的意外，缓解了A的抱怨情绪。

(29) 母亲：<u>孙女士特级月嫂</u>，**谁知**今天下午给小宝喂奶**竟然**发生了呛奶，继而引发呼吸衰竭，差点送命，经过连续抢救才挽回了生命。

父亲：<u>外人毕竟是外人</u>，自己的孩子还是得上点心。（BCC语料库）

观察例（29）发现，母亲认为，"作为特级月嫂应该不会发生呛奶甚至送命的事故"，而父亲辩解道，"外人毕竟是外人"，在情理上"外人"的属性特征具有"对孩子不上心"的行为约束。因此，也就对母亲的预期判断实施了辩驳的言语行为。

(30) A：你好厉害啊，**竟然**这么快就识破这不是古董了。

B：<u>学历史的毕竟是学历史的</u>，这都是基本功，这么多年不是白学的。（BCC语料库）

观察例（30）发现，A对"这么快就识破这不是古董"而感到惊讶，而B向A申明，"学历史的毕竟是学历史的"，按照情理可以推出，"本应该能够很快识别古董真伪"，B意在告诉听话者这并没有可奇怪的，因为这是学历史基本功，通过"申明"X的属性特征，从而解除了"惊讶"情绪。

综上所述，本节具体分析了"X毕竟是X"对意外情绪的合情理化释因功能，对比了同语式"X是X"和"X毕竟是X"的功能差异，前者通过让转来表达对后续事实的意外情绪，而后者通过对情理属性的确认来解除意外情绪。之后，又讨论了合情理释因所实施的缓反意外、辩驳论断等言语行为意图。

需要强调的是，虽然副词"毕竟"也有释因的功能，但是进入同语构式"X毕竟是X"后其功能发生了整合。"毕竟"倾向于说话者为自己的立场寻找可解释的证据，以此支撑自己的观点。"X毕竟是X"倾向于对他人的错误预期进行申辩，利用交际双方对"X"的共享情理来进行属性确认，表明该属性必然导致Y的结果，以此解除他人对事实结果Y的意外情绪。

四　小结

本章分析了"又不是X"和"X毕竟是X"的反意外特征，"又不是X"是通过"否定"X的属性来表达"不是X所以本不应该Y"的含义，从而解释了听话者"认为X应该Y，但事实却-Y"的意外逻辑。与之相反，"X毕竟是X"是通过"肯定"X的属性来表达"是X所以本应该Y"的含义，从而解释了听话者"认为X不应该Y，但事实却-Y"的意外逻辑。说话者利用肯定判断和否定判断"一正一反"的强调确认来表达对意外的解除，一方面是解情理约束，另一方面是合情理约束。其实不管肯定还是否定，都是因为说话者默认了这样一个事实：听话者不知道关于属性"X"的情理约束，"我"要告诉"你"。通过"是或者不是X"来确认事实发生的性质属性约束，修正听话者关于意外事实"应该/不应该Y"的认知，进而达到反意外的效果。

从本章可以看到，说话者不仅仅能够利用话题限定"一个X""大X的"来表达反情理事实的意外评价，也能够利用判断构式"又不是X""X毕竟是X"来表达对意外情绪的情理释因。前者是向听话者告知一个意外事实，也就是"摆事实"；后者是向听话者申明一个反意外的道理，也就是"讲道理"。

通过本章对判断句式意外的属性确认的分析，本书发现，无论是对性质属性进行否定判断还是对性质属性进行肯定判断，说话者都潜藏了"X"固有的情理约束，即"X本应该/本不应该Y"，只是后半部分"不应该Y/应该Y"的含义隐含在对"X"的确认表达中。也就是说，通过语用推理听话者能够理解说话者表达"又不是X"和"X毕竟是X"时的隐含情理结果"Y"。当"Y"为触发听话者意外情绪的事实时，说话者仅仅强调对"X"的性质属性的判断就能够讲明意外发生的情理原因，因此，也就解除了意外情绪。可见，"又不是 X"和"X 毕竟是 X"除对性质属性的判断外，还可以表达隐含的情理约束，同时，在语用推理中逐渐浮现出意外的情理评价意义。

第 六 章

因果条件与意外必然性的指明

一 引言

前面一章分析了"又不是X"和"X毕竟是X"的反意外会话功能，并认为，两者是通过确认意外蕴含的情理属性来反驳听话者关于"X"的情理认知。虽然两者是从正反两个方面来说明情理属性的，但两者的共同点都是通过判断X的性质属性来向听话者讲明一个本该知道的共享情理。

同样都是向听话者"讲道理"，说话者除对情理约束的属性特征"X"进行确认外，还会通过向听话者讲明"Y"的实现是必然的来达到反意外的效果。与前一章确认"X"的属性特征不同，从本章开始，笔者将关注说话者对意外结果"Y"必然性的指明。

本章将以"要不是X，才不Y呢"和"X难免Y"为例来说明"Y"的发生是必然的。所不同的是，"要不是X，才不Y呢"是通过指明意外的唯一条件来间接说明结果必然，即，只要满足了X的条件，Y就必然会发生；而"X难免Y"是通过指明意外的必然结果来直接明示结果必然，即，Y的发生是不可避免的必然结果。"才不Y呢"和"难免Y"是从正反两个方面来说明"Y"是本不应该发生或者本应该发生的，可见，两者在对意外进行主观评价时也具有情理关联的规约化特征。下面就来看一下这两个构式在意外评价时蕴含了什么样的情理表达规律。

二 明示意外的唯一条件——以"要不是 X，才不 Y 呢"为例

前人学者关于"要不是 X"的研究多集中在对其违实条件句的静态分析中（参见邢福义，2001；张雪平，2014；袁毓林，2015；雍茜，2015；李新良，2015；王春辉，2016；章敏，2016；李晋霞，2018 等），其中不少学者谈到了该条件句的选择、假设、因果等逻辑语义功能，但可惜的是，他们并没有很好地结合"才不 Y 呢"来解释主观情态功能背后蕴含的情理，也没有在动态的序列环境中对"要不是 X，才不 Y 呢"的功能进行整合，忽略了其对前文语篇中已提及的 Y 的回应功能。接下来，本书就从情理的角度，分析在动态序列语境中说话者如何通过强调条件"X"来间接明示"Y"的必然结果。

（一）从反事实假设到条件强调

"要不是"可以被"如果不是""假如不是"等替换，他们都有一定的虚拟假设特征，学界将这类现象称为反事实条件句。目前，很多学者关注到了反事实条件句的预设问题，如 Lyons（1977）所说，反叙实谓词含有的预设与在传统语法中被认为典型的反事实结构中的愿望句和反事实条件句中含有与事实相反的预设是一样的。Li 和 Tompson（1981）将汉语中的条件句分为三类：真实条件句、虚拟条件句、反事实条件句，其中后两类又可归纳为想象条件句。他们认为，反事实条件句"必然是具有说话人已然认定的事实"，说话者"否定了一个被预设为真的命题"。也就是说，"本应该为真但实际上并不是的句子"。可见，反事实与人的主观预设有关。具体而言，"要不是 X"蕴含了在人们的常规情理预设中"X"为真的命题，即"就是因为 X"。如，

(1) 窦文涛：你**怎么**还是照着年轻人的范儿，染黄了，还是染绿了？
周孝正：不是，我就是随便染，<u>要不是上节目，我才不染呢</u>。
（《锵锵三人行》2013 年 10 月 12 日）

观察例（1）发现，"要不是"是与事实恰好相反的"反事实假设"，蕴含了"就是因为上节目"的真命题，说话者想要强调的事实是：正是

因为上节目,所以我染了头发。听话者(窦文涛)认为,"你"不应该学着年轻人的范儿染头发,说话者(周孝正)也认为,按照常理"本不应该染",即"才不染呢",但是事实却恰好相反。"才不Y呢"表达了说话者认为按照常理"不应该Y"。可见,"要不是X,才不Y呢"蕴含了对真命题"只有X才Y"的否定,表达了说话者反证强化的修辞效果。

  从逻辑推理的角度来看,国内也有不少学者关注了反事实假设的现象。王力(1943)最早关注了反事实条件句,他认为,把相待的两件事同时说出来,表示此事必赖彼事而后实现,或不实现,这叫作条件式。……有时候,在从属部分里加入"若""要""倘或"等字,则假设的意思更明显些。吕叔湘(1990)指出,普通说到条件都是指可能实现的事情(未知的,且多数是未来的),要是明明和已知的事实相反,就只说是假设。叙实是无标记的,反事实是有标记的,明知与事实相反还要言说,说明说话者想要强调该条件的重要性,具有强烈的主观性。袁毓林(2015)也认为,反事实一般都有强烈的情感倾向。可见,反事实的目的是强调主观情态的表达。

  就语言事实的表现来看,陈国华(1988)认为,汉语的"要不是""若不是"和文言的"若非"是名副其实的反事实标记。袁毓林(2015)认为,反事实句通常用假设连词(如果[不是]、要[不]是[因为]、若[不]是[因为])、假使助词(的话),或者用否定性连词(否则、要不、不然、要不然)等来引导或表示条件小句。张斌(2001)认为,"要不是"表示假设条件,用在前一小句,引出与事实相反的情况。张雪平(2021)认为,袁毓林对"反事实句"概念定义宽泛,包括反事实和虚拟假设句,还包括"否则"类假设逆转句。而在现代汉语中可称得上名副其实的反事实假设标记的只有"要不是"。本书赞同前人关于"要不是"具有反事实性假设的观点,但是,前人大多只关注了"要不是"对事实否定的直观事理逻辑,较少关注反事实的内在情理约束。而本书重点关注了"要不是"作为前件语后续句配合下的情理关联,并分析了反事实假设的语用目的。

  与前一章"又不是"对属性的否定不同,"要不是"是通过对事实的虚拟否定来肯定情理的约束。"又不是"是通过否定"不是X"所以本来就不应该"Y"来解除听话者认为"X应该Y"的情理约束。"要不是"

表达了"如果事实不是 X 就不会 Y（或者就会 Y）"的情理假设，但"要不是 X，才不 Y 呢"是对已然事实的否定，而事实 Y 又是人力无法更改的，所以其反事实特征告诉我们：事实上，恰好是因为"X"才导致"Y"（或者非"Y"）的实现。说话者对事实的否定性假设恰好是对条件的肯定性强调，"要不是 X"其实表达了"就是因为 X"的含义。如，

(2) 孟委员：她给人送走了，这是一个故事。还有一个故事是一个老先生，有哮喘，有点认知障碍，他就不会反应，喂饭的时候太急了，一口气就没上来，这也是护理人家去了。还有医院里请的这些护工，不认识字，拿错片子了，他认不了几个字，认字就是大概的。

主持人：那还不出大事啊。

孟委员：<u>要不是护士细心，这事就比较危险了</u>。所以这就引起我提了这个提案。（《北京议事厅》2008 年 1 月 12 日）

(3) 主持人：今晚，我们有幸请到了当红明星来参加我们的节目。他可是以前什么综艺都不参加的，我们可是他第一次参加的综艺节目。

嘉宾：<u>要不是为了宣传他的电影，他才不会来呢</u>。（BCC 语料库）

观察例（2）和例（3）发现，不管后续是表达肯定还是表达否定，后续句都表达了与事实相反的情况，"要不是"通过与事实相反的假设强调了所引条件的重要性，即正是因为"护士细心"才没有出现危险；正是"为了宣传他的电影"才会来。说话者利用反事实假设其语用目的是想强调"要不是"引出的条件。

沈家煊（1999）认为，一个词语如果 F（P）衍推 ~P，意味着相关的命题不符合事实即为逆叙实词。而"要不是 X"衍推"正是 X"符合逆叙实的特点，所以，与其说"要不是"是对事实的否定性假设，不如说是对事实的肯定性强调，我们可以把"要不是"看作条件原因强调的标记。

配合后续句的叙实性来看，与反事实条件相配合的后续结果句往往也是反事实的。前人学者已经有大量文献讨论反预期和事实的关系，但却很少有人讨论反事实与预期的关系。本书认为，反预期是指，说话者

谈论了一个与预期相反的事实，而反事实是指，说话者谈论一个与事实相反的预期。虽然两者都是强调事实和预期的不同，但是侧重点不同，反预期侧重于对事实的惊讶，反事实侧重于对预期的重申。"才不 X 呢"的反事实结果重申了交际双方的共享情理，如：

(4) A：怀孕期间睡也睡不够，我连饭都不想吃。
B：我也是，<u>要不是为了我儿子，我才不会吃饭呢</u>，医生还要求吃肉！我简直要疯了。
A：已经知道是儿子啦？
B：不知道。（BCC 语料库）

观察例（4）知道，按照双方共享的经验常识来说，怀孕期间应该"连饭都不想吃"，而 B 通过反事实叙述告知听话者，虽然"不会吃饭"是合情合理的，但是事实却"因为我儿子"，"我"必须"吃饭"。袁毓林（2015）认为，反事实的推理由反事实的假设条件小句和相应的结果小句组成。王维贤（1994）将反事实条件句表达为"反证"和"强调"。反事实的条件推知后续的结果句也是反事实的，反事实条件"要不是 X"具有强化释因的功能，而反事实结果"才不 Y 呢"则强调了交际双方共享的情理，即"应该 Y"。两者整合后表达了"正是因为 X，才应该 Y"的情理关联。

（二）从必要条件到充要条件

章敏（2016）认为，由于汉语反事实条件句的强烈情绪因素掩盖和抑制了因果推理机制及其逻辑为量，因此在一定程度上影响了人们进行反事实推理。汉语的叙实逻辑并不是按照西方的逻辑进行推理的，邢福义（1985；2001），王维贤等（1994），张谊生（1994；1996；1999），李宗江（1999），李小五（2003），谷峰（2008），陈振宇、刘林（2016）等普遍认为，"才"是必要条件标记。

按照一般的逻辑关系而言，必要条件的前件推不出后件，但是，陈振宇、刘林（2016）指出，"才"最典型的逻辑表达方式为：它的结构是"必要条件＝充分条件＋道义/认识情态"。可见，必要条件是充分条件加上主观情态的结果，在语用上可以由前件推后件。前人研究的着力点在于解释为什么有些充分条件句在认识情态上获得了必要性的强化解读，这也是笔者关注的重点。沈家煊（1991）认为，缺性对立才体现衍推关系……所谓缺性对立是指：就某一语义成分（或语义特征）F而言，两种意义 M1 和 M2 的区别仅仅在于 M1 规定了 F，而 M2 缺乏对 F 的规定。完权（2022）将缺省逻辑下的条件推衍关系概括如下，

　　M（a+b）：强化解，充要条件句［＋充分条件］［＋必要条件］

　　M（a）：不确定解，充分条件句［＋充分条件］

充要条件推衍充分条件，而必要条件是释话人根据整体语用条件的评估，属于"语言以外的东西"（朱德熙，1990）。邢福义（2001）认为，"要不是"形式上为假设，但语义上表达了因果关系，具有反正释因的功能，加强句子的容量和论证性。本书所论及的"要不是 X，才不 Y 呢"本来就具有"因为 X 所以 Y"的充分条件因果推理机制。袁毓林（2015）认为，"要不是"类反事实句弱化了因果推理机制，强化了结果对比机制。笔者赞同袁毓林的观点，但是，弱化因果并不代表可以忽略原因的致果性特点，"要不是"类反事实句依然强调导致结果必然的唯一原因"X"，是充分条件加上必要条件情态后的结果。虽然说话者的主观情态目的是明示结果的必然，但同时也指明了结果必然在情理上关联的唯一原因。因此，"要不是 X，才不 Y 呢"可以做充要条件句的强化解释。

（5）A：恭喜呀，你**竟然**连专八都考过了。

　　B：要不是这次题简单了，我才不会考过呢。（BCC 语料库）

（6）A：你不是老司机吗，**怎么**还会犯这么低级的错误？

　　B：要不是你给我讲笑话，我才不会撞到别人的爱车呢。（BCC 语料库）

观察例（5）和例（6）发现，"我才不会考过呢"和"我才不会撞到别人的爱车呢"分别表达了说话者"庆幸"和"惋惜"的主观情态义，同时说话者也强调了原因的重要性，即"正因为这次题简单""正因为你给我讲笑话"才导致了后续的结果，从而解释了情理上"本不应该考过""本不应该犯错误"的意外情绪。

前文主要论证了"要不是 X，才不 Y 呢"主观情态表达背后的情理动因，指明了说话者在强调对结果的主观情态时也表达了对唯一原因的解释说明。可见，说话者既表达这样的结果是由这样的原因导致的必要

性，也表达这样的原因必然会导致这样的结果的唯一性，后者是帮助解释意外结果的充要条件。包含"才"的反事实条件句蕴含了必要条件句的推衍关系，即，"要不是 X，才不 Y 呢"的逻辑形式为，X 是必要条件，否则的话，就不 Y。"要不是 X"和"正是 X"导致了与一般认知完全对立的意外结果。试想，如果没有"X"，那么结果就如常规认知一致，但之所以出现违背常规的意外结果也恰好是因为"X"的存在，所以"X"的出现是必要的，也是充分的。如，

（7）马未都：因为影视界本身相貌是非常重要的，相貌的重要不在于你是不是长得好看，好看不一定重要，也有很多巨星不好看，你像葛优同志不好看。

窦文涛：有型。

马未都：对，那是人说有型，<u>他要不是一个演员，才不会说他有型</u>。那另说，他不一定是好看占便宜，当然作为女的还是好看一点占便宜。

孟广美：特别也很重要。（《锵锵三人行》2010 年 11 月 24 日）

（8）A：现在重建废墟也是需要艺术眼光的。

B：别说那么宏大了，<u>你要不是拍电视剧，你才不会重建一个废墟呢</u>。（BCC 语料库）

观察例（7）可以看出，说话者表达了"如果不是一个演员"为真，那么"不会说他有型"也一定为真。现在通过诱导推理，否定前件（他是一个演员），推知对后件的否定（会有人说他有型）。"他是一个演员，会有人说他有型"和"不是一个演员，不会有人说他有型"之间构成了"当且仅当"的强化解读。同样，观察例（8）发现，"不拍电视剧就不会重建一个废墟"，通过 Geis 和 Zwicky（1971）语用推理机制"$\sim P \rightarrow \sim Q$"，"拍电视剧才重建了一个废墟"，可见，当且仅当"拍电视剧"这一条件才能够使得"重建废墟"这一结果实现。

综上所述，"要不是 X，才不 Y 呢"是充要条件表达，说话者强调了"X"是导致意外结果"Y"出现的唯一的原因。在情理上表示为"只要有了 X 就应该会有 Y"，从反面来说，没有 X 本不应该有 Y。这就对"本不应该 Y，但却 Y"的意外事实进行了充要条件的强化解释。

（三）反意外的唯一条件与情理蕴含

根据前文的分析，"要不是X，才不Y呢"表达了"正是因为X，才会实现Y"的情理关联，"X"是"Y"情况实现的充要条件。说话者强调了"Y"实现背后存在特殊的原因"X"，该构式在互动交际的回应话轮中表现为以下模式：

听话者情理：A不应该B，但事实却实现了B。

说话者情理假设：要不是C，S+才+否定+B+呢。（C是B实现的唯一条件）

"S+才+否定+B+呢"是说话者向听话者申明自己也认为按照情理B本不应该出现，表达了说话者和听话者站在同一立场上，能够与听话者的意外情绪产生共情。根据前文的分析，通过反事实假设"要不是"推知后续的结果也是反事实的，说明B是已然实现的事实，说话者为B的出现附加了充要唯一的条件C，使得B的出现合乎情理，从而解除了B因不合情理导致的意外情绪。

说话者默认听话者不知道C是B成立的唯一条件，也就是说，说话者默认听话者不知道必然引发B实现的条件C。说话者利用"要不是C，S+才+否定+B+呢"的表达式对听话者的意外表达进行回应，指明必然引发意外事实的唯一条件。如，

(9) A：夜雨中狂奔是我好早就有的梦想！<u>你别打伞了</u>。

B：今晚要不是护书，我才不想打伞呢。（BCC语料库）

观察例(9)发现，听话者（A）认为不应该打伞，"不打伞"是符合"夜雨中狂奔是我好早就有的梦想"的，而说话者（B）也申明"才不想打伞呢"，由此可知，说话者与听话者之间产生了共情。在回应话轮中，说话者（B）解释了"打伞"的唯一原因——"护书"。从而解除了听话者（A）对"打伞"这一举动的意外，同时也回绝了听话者（A）的建议。从主观性的角度，说话者（B）也表达了对"护书"的抱怨。

(10) 弟弟：妈妈，<u>今晚竟然吃螃蟹</u>，自从爸海鲜过敏，咱家可好久没吃过螃蟹了。

妈妈：<u>要不是姐姐得了第一，你才不会吃上螃蟹呢</u>。少讽刺人了，快吃吧。（微博语料）

观察例（10）发现，弟弟对家里"今晚吃螃蟹"感到意外，因为按照"自从爸海鲜过敏"的经验常规来看，"家里好久没有吃过螃蟹了"，而突然"吃螃蟹"，令弟弟感到奇怪。妈妈在回应话轮中，对"吃螃蟹"的事实进行了释因，"姐姐得了第一"是咱们家吃螃蟹的充要条件。"要不是姐姐得了第一，你才不会吃上螃蟹呢"解除了弟弟的意外情绪，同时也暗含了说话者期待听话者对此感到庆幸。

（11）A：好不容易大老远地来了，<u>怎么这么着急走</u>。
　　　B：<u>要不是我明天要开会，我才舍不得跟你分别呢</u>。我会再来看你的。（BCC 语料库）

观察例（11）发现，听话者（A）认为按照情理来讲，"好不容易大老远地来了"不应该"着急走"。从说话者（B）的回应可以看出，交际双方都不舍得分别，说话者（B）解释了之所以"着急走"是因为"明天要开会"，解除了听话者（A）"怎么这么着急走"的意外情绪，同时也给予了听话者安慰。

（12）A：她不是眼光挺高的吗？<u>怎么和一个又丑又老的男人去约会</u>。
　　　B：<u>要不是他一身名牌，她才不会浪费自己的时间跟他约会呢</u>。（BCC 语料库）

观察例（12）发现，按照常识常规，"她眼光挺高的"不应该"和一个又丑又老的男人约会"，而这一意外事实发生的充要条件是"他一身名牌"。由此，解答了听话者（A）的疑惑，并解除了意外情绪。

综上可知，"要不是 X，才不 Y 呢"表达了虽然"不应该 Y"是交际双方共享的情理常识，但是由于特殊的原因"X"，所以意外结果"Y"的实现也是必然发生的。说话者想要向听话者讲明的道理是："X"是唯一可以要求"Y"实现的条件。该构式的情理意义为：正是因为 X，所以才 Y 的。除解除听话者对"Y"的意外情绪外，在不同语境中，"要不是 X，才不 Y 呢"也具有抱怨、庆幸、安慰、答疑解惑等交互主观性的言语行为功能。

（四）反意外的情理评价：常规情理的打破与意外情理的建立

在交际中，说话者使用"才不 Y 呢"的目的是想拉近与听话者的关系，表达共享的常规情理，即听说双方都认为"本不应该 Y"。章敏

(2016)认为,在反事实语义辖域内,认识情态的使用最为自由,动力情态的使用用例较少,道义情态的使用最为受限。但本书认为,"要不是 X,才不 Y 呢"建立了"X"和"Y"之间的道义关系,"X"是实现"Y"的唯一原因,在情理上,"X"强制要求"Y"的实现。而一般的反事实句"要不是 X,就 Y"却只表达情态上的主观认识,"X"和"Y"的关系不具有社会规约的关联。根据反事实条件"要不是 X",其后的结果句"才不 Y 呢"也是反事实的。该构式实际上表达了"正是因为(只有)X,所以(才应该)Y 了"的含义,解释了意外事实"Y"的情理动因,即之所以出现违反常规认识的意外情况,是因为存在制约"Y"的特殊条件"X"。可见,"X"的出现突破了常规的情理认知,但是在情理上却能够规约意外事实"Y"的出现,从而解除意外情绪,表达对意外的评价态度。由此,建立起了针对意外事实的情理约束,即"只有 X,才应该 Y"。如,

(13) A:梁祝的门票是 40 吗?这么贵你还去?真有钱**啊**!
B:嗯,网上买好像是的,窗口要 50,<u>我要不是有赠票,才不会去呢</u>,不值这个价。(BCC 语料库)

(14) A:你不都说戒酒了吗?**怎么还喝啊**!
B:戒了戒了,<u>要不是应酬,我才不喝酒呢</u>,但是现在退休了应酬场合也没那么多了。(BCC 语料库)

(15) A:你不是麦霸吗?这次歌手大赛**竟然**没有报名?
B:<u>要不是现在洗衣做饭看孩子,我才不会放过这么好的机会呢</u>。(BCC 语料库)

观察例(13)至例(15)可以看出,按照常规常情,"票价贵就不应该买""说好了戒酒就不应该再喝酒""麦霸不应该不报名歌手大赛",但事实却并非如此。因此,说话者在回应话轮中向听话者指明意外事实背后的隐情,正是"赠票""应酬""现在洗衣做饭看孩子"这些特殊的原因才会出现突破常规认知的意外事实,由此解除了听话者的意外情绪。

综上所述,本节通过违实条件句"要不是 X,才不 Y 呢"分析了该构式是如何表达对意外的情理评价的。与其他假设条件句所表达因果逻辑不同,该构式通过讲明充要条件的方式建立起针对意外的情理逻辑,即"正是因为(只有)X,所以(才)应该 Y",并以此解释"本不应该

Y，但却 Y 了"的意外。随后，本节还分析了该构式从认识上的必要条件到道义上的充要条件的拓展，说明"X"在情理上对"Y"的释因制约关系，指明必然引起意外事实"Y"的特殊原因"X"。在互动交际的回应话轮中，说话者有意使用"才不 Y 呢"的形式保持与听话者的立场一致，在与听话者共情的前提下，更容易说服对方发生意外的背后制约动因。说话者使用反事实条件"要不是 X"强调"如果不是 X，否则就会发生意外"，表达了将意外结果归因于唯一条件"X"的强烈情感态度，同时，解除了上一话轮中听话者的意外情绪。

三 明示意外的必然结果——以"X 难免 Y"为例

前一节通过违实条件句"要不是 X，才不 Y 呢"来分析说话者是如何对意外进行解释的，该构式是通过指明唯一原因的表达方式来间接解除意外情绪。"才不 Y 呢"表达了说话者与听话者站在同一立场认为常规情理为"本不应该 Y"，对于充要条件"要不是 X"的强调是想重新建构一个针对意外事实的情理，即"只有 X，才应该 Y"，从而解除关于"本不应该 Y，但却 Y 了"的意外情绪。

本书认为，通过寻找意外的唯一原因"X"的方式来解释意外结果"Y"的必然是一种间接的表达，情理说服力往往比较弱。接下来，本节将从意外结果"Y"本身的特点出发，探索更为直接的、更具有说服力的反意外的情理表达——"X 难免 Y"，即向听话者通过"讲道理"的方式明示"Y"是按照情理必然会发生的结果，是不需要意外的，从而解除听话者的意外情绪。

（一）从揣测到确信再到指明必然

"难免"的语义为"难以避免某种结果的发生"，而人们想要避免的往往是不期望的结果，"难免"表达了说话者对"不如意"结果的揣测，表达了担忧的情感，前面往往有"恐怕""怕是""弄不好""说不定"等词语共现。如：

（1）民间了解不够，灾区的民众没有能够充分掌握信息，**恐怕**<u>难免</u>

会造成一些认知上的落差。(《海峡两岸》2009年8月13日)

(2) 微博就像是一个发育中的少年，看起来非常壮实，**怕是**难免也会有自己成长过程中的烦恼。(《新闻纵横》2011年11月6日)

(3) 体操比赛是由裁判人工评分，所以**弄不好**难免会有主观上的偏差。(《奥运中国》2008年2月23日)

(4) 窦文涛：你想我现在问我有的朋友，他为什么要开微博，甚至工作都不干了，把主要精力都放在这上头，他给我讲出来的动机，居然是说，他说文涛你知道在这个社会里头，有的人是没有力量的，你难免会碰到一些不公正的待遇，甚至是坐飞机的时候，航班延迟，不给你赔什么的。他说我要有一个微博，哪怕有十万个粉丝，我只要做成了，我就是一个有刀的人，我就是一个有枪的人，我碰到什么不公正的待遇，或者你侵犯我们家宅子，或者拆迁，我在上面一发，就是一呼百应，它获得一种力量感，我说他居然是为了给自己找兵器去弄这个东西。

(《锵锵三人行》2009年3月7日)

观察例（4）发现，窦文涛还原了当时"朋友"的话语场景，说话者言说"难免"是对普遍价值规律的主观性情理推测，具有强确信的主观性，认为只要条件具备，结果必然会发生。景士俊（1980）、史金生（2003）也认为，"未必、难免"等表达确定性、必然性的意义。跟之前例（1）至例（3）相比，由说话者大概率的推测担忧转向对结果的确信。

就"难免"出现的环境而言，陆俭明（1982）在谈到副词独用功能时指出，"难免"是语气副词，可以单独成句。但只出现在对话形式中表明"难免"的这一用法口语色彩很浓，所以，本书将"难免"放到互动交际中进行考察。

在互动中，听话者已经表达了结果的不如意，说话者关注到听话者的主观立场，在回应话轮中，"难免"表达了说话者期望能够用双方共享的"难以避免"的普遍道理来消除听话者的负面情绪，说话者对不如意的事态结果出现的可能性"坚信不疑"，即结果具有本应该遵循情理规律而发生的必然性，说话者认为后续事态发生的可能性很高几乎接近必然，即说话者把大概率事件当作必然事件来言说，增强了说话者的确信度。

(5) 许子东：在绿草地上休息要占地方，结果他们的方法也是挺奇特的，脱下鞋子放在四个角，把袜子连起来，圈起来，这块地方是我坐的。

窦文涛：哎哟，这是气味留痕迹，动物的那个。

查建英：撒一圈尿，画个圈。<u>人类竟然也占地方</u>。

许子东：占地方，当然这是过度现象，因为这个本来是我们中国人的说法，外事场合，这跟外国人打交道，可是现在全民开放，你只要花钱，不分级别都可以进来，<u>占座就是难免的了</u>，还有最典型说明中国人的世界观和世界的热潮，就是护照。你知道世博进去可以买一本叫世博护照，印得很像一般的护照，到每个馆理论上你都可以盖一个，出现什么现象呢？有的人进来什么都不看就要盖那个，排队就排得很长。(《锵锵三人行》2016年7月4日)

观察例（5）发现，听话者（窦文涛和查建英）认为，人类不会像动物那样占座，而现在的占座现象是"不如意"的意外事实，"难免"表达了说话者（许子东）对人类占座现象的"坚信不疑"，认为这是在人类社会中必然发生的结果，倾向于对听话者表达对抗的立场。听话者（窦文涛和查建英）对说话者（许子东）的话题表示好奇，接续了说话者第一个话轮的内容，从"哎哟""竟然"等可以看出，说话者所述事实超出了听话者的预期，说话者赶紧解释"占位"之类的现象是必然的，消除听话者的惊讶情绪。这是说话者大概率揣测的主观义减弱，而反驳对方情理预判的交互主观义增强。

"难免"表示说话者确信自己对结果的推量就是结果本身，而听话者此时"不如意"的意外表达恰好用来证明事实确实如说话者所料。听话者对"不如意"事实的意外是错误情理预判所致，而按照常规常理，"不如意"的意外事实应该被人们所预料，是确信无疑的、难以避免的事实，是符合情理规约应该出现的事实。

(6) A：豆腐表面怎么都结块了，真窝心。

B：<u>豆腐制作过程难免有些沉淀的渣滓</u>，你就放心吃吧。(BCC语料库)

观察例（6）发现，听话者（A）在抱怨豆腐结块的消极结果，让人窝心，表达了"不如意"的负面意外情绪，而说话者（B）对其进行安慰，认为豆腐沉淀形成渣滓是必然的，"豆腐制作过程难免有些沉淀的渣滓"是应该被听话者（A）所预料到的，是合情合理的"难免"的事实。说话者（B）告诉听话者（A）"X难免Y"这一共享的情理，一方面，证实了"豆腐结块"这一"不如意"事实的必然性，期望解除听话者的意外情绪；另一方面，否定了听话者（A）对于"豆腐"不应该"结块"这一情理推断，期望对听话者有所安慰，并建议听话者"你就放心吃吧"。

"难免"的意义相对复杂，除对"不如意"意外事实表达"难以避免"的确信义外，还暗含了对听话者情理预判的否定。袁毓林（2012）认为，"难免"本身含有多重否定，其中的一个否定意义就有可能溢出，以便为整个句子的否定性定调子，可概括为："不容易使某种事情不发生。"本书认为，"难免"用双重否定表达了肯定义，说话者借此指明意外事实的结果必然性，而否定意义的溢出却蕴含了对听话者情理认知的反叛，即听话者"如意"的预期是不合情理的。在确认意外结果的必然和反叛情理预期两个方面共同作用下，解除了听话者对"Y"实现的意外情绪。

"难免"反意外表达的演变路径表现为：说话者对不如意结果的揣测并表示担忧→说话者坚信自己担忧的大概率事件为真，呈现出对不如意结果的推测的强确信度，认为自我的推量就是事实本身→听话者表达不如意结果的负面情绪，说话者证实对结果的推量，表达对事实的断言，以此来扭转听话者因错误情理预判导致意外的负面情绪。

"难免"表达了对"不如意"事实的补充说明，即在情理上，事实的发生本就应该是"不如意"，也就是说，"不如意"是无法避免的，因此，消除了听话者的意外情绪。

另外，本书认为，"难免"解释听话者意外情绪的程式有两条。

一是听话者认为不应该发生"不如意"的事情却发生了，对事实的预期值偏低，但事实却超出预期，说话者用"难免"提醒听话者注意"不如意"事实是不可避免的，按照常理也应该发生，这时所指事态结果有"高于预期量"特征。如，

(7) A：我已经道歉了，她表面说原谅我了，<u>但后来也没再理过我</u>。
　　B：争吵过后，感情难免会受到影响。（BCC语料库）

观察例（7）发现，听话者（A）认为按照情理来讲，我已经道歉了，她不应该不理我，但事实却是"后来也没再理过我"，听话者低估了事实不可避免的因素，所以导致了意外情绪，说话者提醒听话者共享情理认知"争吵过后，感情难免会受到影响"，指明"争吵过后，她不理你"这一事实是不可避免的，因此，理解了意外事实是难以避免的必然结果也就解除了意外情绪。

二是听话者认为应该发生的"如意"的事情却没有发生，对事实的预期值过高，但事实却未达到预期的理想状态，说话者用"难免"提醒听话者关注不以人意志为转移的事态，这时所指事态结果有"低于预期量"特征。如，

（8）赵现红：在用药的理念上，中国人竟然不认同中药的用药理念，在我们看来是治病的，他们认为是致命的。

吴宪：受西方影响，中药和西药在处方原理上差异较大，误解也是难免的。（《中国之声》2013 年 9 月 18 日）

观察例（8）发现，听话者（赵现红）认为，中国人应该认同中药的用药理念，听话者高估了不可避免的事实，但事情并没有如愿，原因就在于"受西方影响，中药和西药在处方原理上差异较大"。根据规约化的常识，"中国人对中药的用药理念存在误解"是本应该出现的、不可避免的事实。因此，也就解除了对"不认同中药的用药理念"的意外情绪。

两种情况都是提醒听话者不能高估也不能低估普遍存在的、不可避免的规约化事实，应该乐观处置，减缓负面情绪。虽然表达了与听话者情理判断的违逆，但用听话者也知晓的道理提醒听话者注意，可及度高，易推度高，人际冲击力减弱，人际协作力增强，最终达成人际同盟，解除了意外情绪。

另外，需要注意的是，从担忧揣测到强确信度推量再到解除意外的过程中，时体特征发生了以下转变：从将来事件的预测到现在事件的陈述再到过去结果的断言，担忧揣测是对未发生的事件的预估，具有将来时的特征；强确信度推量是说话者坚信自己揣测的结果就是当前的事实，具有现在时特征；解除听话者的意外是在上一话轮中听话者就已经言说了事实的结果，是已然的事件，具有过去时的特征。但是，汉语因为缺乏形态标记，"难免"的时体特征还需要靠语境进行推断，因此表达"解

除意外"的"难免"不与表不确定的词"可能""或许""说不定""恐怕""有点"等词共现，也不与表达假设的词"如果""要是"等共现。

信息的反预期性与说话者的意外语气有直接关联是不言自明的，而跨语言研究证实，意外语气跟完成体、结果体是密不可分的（Delancey，1997；Hengeveld and Olbertz，2012；强星娜，2017）。范晓蕾（2019）认为，反预期与完成体、结果体这类有界性的体貌义理应存在联系。反预期指当前信息异于先前的预期状况，反映了事态的"状况变化"，而有界VP（尤其含结果义时）恰好体现了这种特点。反意外，是指说话者认定的事实信息异于先前的听话者情理预期状况。本书所研究的对象"难免"表达了说话者印证自己推测的结果与已经完成并实现的事实是相吻合的，因此，"难免"表达反意外时后接已然的有界的结果事件，且将来一定会持续的惯常事件。如，"感情难免受到影响""难免有些沉淀的渣滓""误解也是难免的""占座就是难免的了"。说话者认为，听话者预期是没有这些消极结果的，而事实却是存在的，从没有到有的过程完成了一个有界性的转变，由此解除了意外。"难免"表达了过去完成并且将来持续，从感情不会受影响到受影响，从听话者预期没有误解到事实有误解，从听话者预期豆腐不应该有结块到事实客观存在的沉淀渣滓，从听话者预期不应该占座到存在占座事实等，都完成了从预期无到事实有的有界性转变过程，提醒听话者这一过程是惯常的并且在未来也会持续存在。

（二）羡余否定"难免/难免不"的反意外功能及情理表达

羡余否定也称为冗余否定，是指否定标记在否定形式中没有意义，否定形式与肯定形式一样表示相同的语义，即否定不影响命题意义。有的学者也把这种现象称为同义异构现象。吕叔湘（1985）就曾整理列出了九种羡余否定现象。"难免＋X"和"难免不＋X"属于不凝固型构式。人们的潜意识里总会从正负两方面思考问题，张谊生（2006）认为是"难免……但愿不……"的叠合紧缩类。江蓝生（2008）指出，人们的潜意识作用和正反思维习惯是"难免不"产生的认知动因，"难免不"＝"难免……"＋"不……很难"。肯定式中，"难免"的"免"意思很实，不可缺少，羡余否定式中，"难免"的"免"意思很虚，"难免"的意义相当于"难于"或"难以"。本书认为，"难免不"是"不可避免，必然出现"的正概念和"预期不出现"的负概念的整合叠加。

（9）主持人：上海的张小姐是个白领，她每天都会发现自己的邮箱里塞满了各种垃圾邮件，让她纳闷的是，对方是从何处获取她的信息。结果一个偶然机会，她在网上发现，<u>竟然有公司在"收购"个人隐私信息</u>。

嘉宾：一个不能保证个人信息资料安全的环境，<u>难免不让人整日提心吊胆，心燃怒火</u>。（《BTV新闻》2013年2月21日）

观察例（9）发现，听话者（主持人）认为，网络环境如果安全的话，人们才会安心，但事实却因网络环境不安全引起人们的恐慌。说话者（嘉宾）认为，要是不能保证信息资料安全，"提心吊胆，心燃烧怒火"是必然发生的。说话者保持了和听话者的同盟关系，但是却以有违听话者预期的方式安慰听话者的负面情绪。这里"难免"可以替换"难免不"，"不让人整日提心吊胆"是听话者所期望的，"让人整日提心吊胆"又是不可避免的，说话者关注了听话者的主观态度，形成了交互主观性。

（10）餐厅服务员：主要就是餐饮，我们餐饮人少。

专家：春节前农民工返乡过年，春节后不少用工企业面临新一轮招工高峰，尤其以餐饮、快递、建筑等中低端劳动力市场为主。业内人士表示，<u>当前结构性缺工竟然已成普遍性难题</u>。

李建：很多用工企业仍停留在用短期利益留人的方式上，<u>难免不出现用工荒</u>。（《海峡两岸》2010年3月17日）

观察例（10）发现，听话者（餐厅服务员和专家）都不期望出现用工荒，但是事实却出现了用工荒，说话者（李建）提醒听话者，由于"很多用工企业仍停留在用短期利益留人的方式上"的充要条件的出现，一定会导致"用工荒"，"用工荒"是不可避免的，从而解除了听话者的意外。这里的"难免不"可以替换为"难免"，只是"不出现用工荒"是听话者所期望实现但是没有避免的情况，为了与听话者共情，"不"溢出表面。

由此可见，以上例子中"难免不"后都接续了消极的事件，这时可以与"难免"替换。但如果接续积极的事件，就不能替换成"难免"。

（11）A：班长不好当！没事。

B：我们班倒没什么。可是大家一起难免不和谐，中专时候一个班的都这样，说实话现在五个班这样我一点不惊讶，只怪自己技不如人，服不了众罢了。

A：走自己的路。（BCC语料库）

观察例（11）发现，听话者（A）认为大家应该和谐，但是事实非如愿，说话者（B）劝慰听话者，难免会出现"不和谐"的情况，这时"难免"后续连接的对积极情况的否定，"难免不"不能换为"难免"。

(12) A：跨年上别人送你花，他怎么那么拽。那时候他在鞠躬，鞠躬完接的花，抱着花就走，歌迷不是应该得到尊重吗？

B：其实刚看的时候也这样觉得。后来想想，出了那么大事，刚出来难免不细心啊怎么样的，多理解吧。也不是故意这样的。（BCC语料库）

观察例（12）发现，听话者（A）认为他应该尊重歌迷，但是事实是他没有尊重歌迷，事实没有达到听话者的预期。说话者（B）解释了他没尊重观众的原因，即他出了很大的事情，必然导致他因不细心而不尊重观众，根据充分条件的推理，"难免"肯定了原因是"不细心"，也就肯定了结果"不尊重观众"是不可避免的。

(13) A：李龙大，国民偶像颜值高，有兴趣你可以去看他打球很厉害。

B：可惜没门票，在我们酒店住，连他人都没看到，就只看到了他的搭档，好郁闷。

A：大明星，难免不露相。

B：好想去大大昆山，可惜在上学，去不了。

A：来，请假过来看比赛。（BCC语料库）

观察例（13）可以看出，听话者（B）认为明星应该露相，但是事实没有露相，使得听话者产生失望的情绪。说话者肯定了"不露相"是必然存在的事实，认为作为大明星"难免"不露相，这时，"难免不"也不能替换为"难免"。

本书对比了"难免"和"难免不"在表达反意外时的差异及规律，并从以下几种角度进行分析。首先，从语义的整合叠加和溢出压制角度来看，

"难免 X" 义为:

a)"很难避免 X", b)"不发生 X"

与之相符合的句式是:

a')"难免 X", b')"不 X"

整合为:

难免 X + 不 X→（难免 + 不）+ X→难免不 + X

"难免"后面的成分应该是不容易避免的非预期情况，而"整日提心吊胆""出现用工荒"等，这些非预期意义的概念正是人们想要避免却在语境中很难避免的情况，可以直接用于"难免"后。加"不"后，受到语义牵制影响，"不"的语义淡化，仅仅表达主观的不期望，否定标记成为羡余成分，"难免不 + X"更具有主观强调意味，否定标记淡化导致了否定形式表示肯定意义，即事态的典型属性导致结果必然发生。而在"难免 + X"这一框架中人们不可能想要避免积极的事情发生，因此，如果后面的成分是积极的，"不"就是属后的，是否定副词，否定标记没有淡化，"不 + X（积极意义的形式）"表示消极意义后，才与"难免"相结合，表示不可避免的情况，如"难免 + 不 + 积极义"。

在互动中，"难免不" = "难免"的动态过程有两种情况，一是听话者预期某种事态不应该发生，即不期望的消极事件，但是事实却发生了，说话者根据听话者所指对象的典型性特征提醒听话者事态的发生在情理上是必然存在的，从而"难免不"和"难免"都表达解听话者意外，即听话者预期不应该 X，说话者表达必然存在的结果——"难免 + X"或者"难免不 + X"，"不"是否定溢出的结果。二是听话者预期某种事态应该发生，即期望的积极事件，但是事实却没有发生，说话者根据听话者所指对象的典型性特征提醒听话者事态不存在的必然性，从而"难免" + "不（否定）积极"表达反意外，即听话者预期应该 Y，说话者表达"难免 + 不 Y"，这时就不能用"难免"来替换"难免不"。所以，"难免"后不能加如意或者期望的积极事件，只能加不期望发生但是又必然发生的消极事件，而"难免不"有两种情况，第一种是"难免" + "不期望发生，但是却必然发生的消极事件"，如"难免不出现用工荒"；第二种是"难免" + "不" + "期望发生，但是却不可能发生的事件"，如"难免不和谐"。但是，第二种情况中，"难免"后的"不" + "期望发生"事件，

往往是隐性否定的形式,即不出现否定标记"不"。简单表示为:

①听话者预期:不应该 Y

事实:但是却 Y

说话者表达解除听话者的意外:"难免 + Y""难免不 + Y"

(听话者【-Y】,事实【+Y】,难免【+Y】,难免不【+Y】。所以,"难免"和"难免不"在听话者不期望发生的消极事情方面,都表达反意外。Y 表达消极,"难免"后肯定消极事件,"难免不"也肯定消极事件。)

②听话者预期:应该 Y

事实:但事实却 -Y

说话者表达解除听话者的意外:"难免" + "不 Y" = "难免 + 隐性否定"

(听话者【+Y】,事实【-Y】,难免【-Y】,难免不【+Y】。所以,在听话者期望的积极事态下,只有"难免"表达反意外。Y 表达积极,"难免"后否定积极事件,"难免不 +"不存在,"难免 + 不"也不能替换为"难免"。)

总之,"难免"和"难免不"都表达了情理上是不可避免、必然的结果,"难免 + 消极""难免不 + 消极"等于"难免 + 消极","难免不 + 积极"等于"难免 + 消极"。另外,如果"事实没有如愿以偿地出现积极结果",就没有必要用"难免"肯定积极事态的存在,人的认知心理也不可能想要避免"积极"的结果,因此,"难免 + 积极"这种情况不存在。当听话者否认消极的时候,说话者"难免"和"难免不"可以替换,告知听话者预期不应该出现的情况是必然会出现的,即"难免"肯定消极。当听话者肯定积极的时候,说话者只能用"难免"来告知听话者预期的积极情况必然不会出现,即"难免"否定积极。第一种情况是听话者不希望消极事件发生,第二种情况是听话者不希望没发生积极事件,这体现了"趋利避害"的心理,但事实却发生了与预期相左的事件,即"趋利避害"没能如愿,听话者往往表达负面情绪,说话者为了消除听话者的负面情绪,进行乐观评价。"难免 + 消极"和"难免 + 否定积极"都是表达反意外,也就是说,"难免 + 消极"消除了听话者悲观情绪,逐渐固化为话语标记或者单独作话轮,而"难免不"却不能,第一种情况是

"不"语义溢出,必须与后续的消极语境搭配,第二种情况是"不"必须与积极语境搭配才能够进入"难免"的构式压制。所以,"不"必须有语境的制约,不能单独悬空在"难免"后,因此,"难免不"不能构成单独的话轮或者话语标记。"难免+消极"="难免不+消极"是听话者低估事实导致的,"难免"和"难免不"表达了超听话者预期,而"难免+不积极"往往是听话者高估事实导致的,"难免"表达了负听话者预期。当"难免不"为羡余成分时,"不"为属前成分,句法成分距离相近的词,其语义成分也相近,因此,在羡余否定句中,"难免不 X"="难免 X"。而非羡余成分中,"不"为否定标记,是属后成分,"不"是对后面成分的否定修饰,因此,在非羡余否定句中,"难免不 X"≠"难免 X"。

表 6-1　　"难免"和"难免不"的反意外功能分析

构式	难免不+消极	难免+不积极
听话者 预期情理 (意外的负面评价)	听话者:不应该(否定)+消极(避害),但发生了消极事实(未如愿)	听话者:应该(肯定)+积极(趋利),但没发生积极事实(未如愿)
反意外 (乐观)	说话者:难免(肯定)+消极 (反听话者预期情理:本应该+消极)	说话者:难免(肯定)+积极 (不存在)
	说话者:难免不(双重否定)+消极 (反听话者预期情理:不应该不+消极)	说话者:难免(肯定)+不积极(消极) (反听话者预期情理:本应该+不积极)

"难免不"和"难免"都表达了"不期望出现的状况出现了",那么,两者有什么差别呢?"难免不"表达了对"不出现某种情况都难"的回顾、推测的主观意义,即期待消极情况不发生的主观意愿难以实现,"难免"只表示一种情理必然存在的状态。因此,在互动中,"难免"用于说话者陈述事实的必然来否定听话者的预期。由此可见,"难免不"更

关注听话者产生意外背后的情理预判,具有交互主观性特征。

袁毓林(2012)指出,语义层面上的隐性否定意义,有时可以语义溢出(semantic overflow)转移到表层结构的有关句法成分上。这本来就是说话人与听话人互相博弈的结果。在句法形式线索不足的情况下,他就得求助于有关的语用原则。因此,事件 E 的如意与否等语言之外的信息就显得尤为重要。前文提到了"难免"后跟不如意的情况,由于难免的否定意义很虚,说话者怕听话者不明晓,于是否定标记"不"就此出现。但是,"不"溢出的只是否定标记形式,并不是意义上的溢出,整个结构还是表达肯定意义,所以,"难免不"肯定积极事态的必然才显得很奇怪,"难免"肯定了"消极""不如意"的事情是必然的,是不以人的意志为转移的,"难免不"="难免"也是肯定消极事态。

可见,在表达对听话者意外情绪的评价时,"难免"和"难免不"本身就有规约化的说理功能,也就是说,"难免 Y"和"难免不 Y"在不同的意外投射语境中都潜藏了情理的认知。

(三)人际交互功能:坦然接受与同盟共情

Boucher 和 Osgood(1969)提出了乐观假说(pollyanna hypothesis),人们倾向于追求好的一面,排除坏的一面。这与"趋利避害"的心理有关,即人们都期望"如意"的事情应该发生,而"不如意"的事情不应该发生。但事实却往往不以人的意志为转移,也就是说,"不如意"的事情发生是难以避免的。说话者通过"X 难免 Y"来指明意外发生的结果在情理上是必然存在的。

既然不如意的事情是必然发生的,那么说话者就会劝说听话者"坦然接受"。同时,按照常理常情,说话者也知道"想要避免,但却很难"的事情一般为"不如意"的事情,以此表达对意外事实的"无奈"之情,从而与听话者产生共情,达成人际同盟关系。

何自然(1991)认为,"移情"(empathy)在语用学上指言语交际双方情感相投,能设想和理解对方用意。说话者表达"X 难免 Y",一方面是对听话者想要避免"不如意"事情发生的理解,就是因为趋利避害的心理才会对"不如意"事情的出现产生"惊讶"情绪;另一方面又是对"不如意"的事情确实难以避免的申明。前者是"免",后者是"难";

前者是听话者移情于说话者，后者是说话者移情于听话者。如，

（14）A：一块骨头怎么会崩牙。

B：你那是上年纪，也难免牙口不好。再说骨头那么硬。以后吃东西就注意点。

A：谢谢！我年轻时，瓶盖都用牙开的，现在不敢了！（BCC语料库）

观察例（14）发现，听话者（A）对一块骨头把牙崩掉的事实感到意外。他误判了导致这一事实的根本原因，也就忽略了结果的必然性。说话者（B）向对方明示，"上了年纪"必然应该"牙口不好"，从而解释了"一块骨头怎么会崩牙"的疑惑。同时，也表达了"我"知道"牙口不好"是"你"想避免的，但是，"我"也要告诉你这很难，"以后吃东西还是要注意"。

（15）A：现在的年轻人，长辈"唠叨"几句就觉得烦人。过年回家、婚恋、生育这些话题是长辈对晚辈仅存的话题了，这样才有了中国特有的"人情味"嘛。

B：长辈对于晚辈的这些问题，往往是想控制、指导，而不是平等地交流和沟通，在中西文化融合的今天，难免会引起晚辈的逆反心理。（《新闻广播》2013年1月27日）

观察例（15）发现，听话者（A）向说话者（B）抱怨"年轻人被长辈'唠叨'几句就觉得烦人"，"难免"表达了说话者（B）的共情与申明。"共情"是因为，说话者理解长辈想要避免年轻人逆反心理的态度，"申明"是想要告诉对方，"引起晚辈的逆反心理"也是必然的，期待对方坦然接受事实。

（16）A：父母那代人，带他们去餐馆吃个拉面，竟然也要犹豫半天，更不会花个几十块去看电影了，像我们年轻人玩的娱乐他们通通都比较抵抗，所以想带父母享受一下生活还真挺难的。

B：毕竟他们一辈子勤俭节约惯了，难免会舍不得花钱。父母有父母的娱乐方式，顺从他们的心愿最好，不必给他们施加压力。（BCC语料库）

观察例（16）发现，说话者（B）使用"难免"，一方面是对听话者（A）想要避免"父母不舍得花钱"现状的理解，这是听话者移情于说话

者；另一方面又是对"父母不舍得花钱"的事情确实难以避免的申明，这是说话者移情于听话者。说话者站在听话者的立场上，与听话者达成共情，形成人际同盟关系，有利于说服对方接受"不如意"的意外事实。"难免"表达了说话者对"情理必然""难以避免"的无奈，并安慰听话者应该"坦然面对"不如意的意外事实。

本节分析了"难免"是如何从主观推测到情理必然进行功能拓展的，并关注了"难免"和"难免不"的互换环境。另外，还对比了几对相近概念——"难免""未免""不免""免不了"。本书认为，只有"难免"具有解除听话者意外情绪的功能。在交际互动语境下，本书探索了说话者是如何利用"难免"对听话人"不如意"的意外情绪进行解释说明的。本书发现，指明意外发生的情理必然是"难免"规约化的表达功能，这样就能从动态的角度解释为什么只有"难免"可以用于对意外情绪的说理性评价表达。

四 小结

本章分析了说话者是如何利用因果条件来对意外情绪进行情理解释的。无论是非现实因果表达还是现实性因果表达，说话者都是利用情理"本应该如此"的不以人的意志为转移的因果关联来向听话者讲明"本不应该"意外的道理。"要不是 X，才不 Y 呢""X 难免 Y"之所以有对意外的情理必然进行解释的功能，是因为构式本身就蕴含了说理的性质。一方面，"要不是 X，才不 Y 呢"潜藏了"本不应该 Y"的常规情理，而现在意外情况 Y 的出现完全是因为"X"在情理上对"Y"的必然性要求，该构式表达了"只有 X，才应该 Y"的意外情理评价。也就是说，说话者为意外事实找到了唯一的释因条件——"X"，从而也就解除了意外情绪。另一方面，"X 难免 Y"指明了"Y"的结果在情理上是"难以避免"的，即"难以避免应该 Y"。也就是说，说话者认为"不如意"的结果事实是"不以人的意志为转移"的，是"理所应当"的。说话者讲明了意外结果的情理必然，也就解除了意外情绪。

需要说明的是，两种构式都是建立在与听话者共情的基础上，"才不 Y 呢"表达了说话者对按照常情常理"本不应该 Y"的认知。"难免 Y"

又蕴含了说话者"趋利避害"的普遍心理期待，这两种认知心理都是交际双方共享的情理。本书认为，在人际同盟立场下，"要不是 X，才不 Y 呢"和"X 难免 Y"以交际双方的共享情理为表达基础，能够使得说话者更容易将意外结果解释为"非人力可为"的情理必然，也使得听话者更坦然地接受意外事实。因此，语言形式本身的说理特征增强了反意外的情理解释语力，反过来，反意外的因果解释也赋予了"要不是 X，才不 Y 呢"和"X 难免 Y"情理评价的规约化功能。

第 七 章

元话语评价与意外言行的解说[1]

一 引言

第五章和第六章分别分析了说话者通过"讲道理"的方式,针对意外进行的性质属性确认及必然结果的指明,以判断形式"又不是 X""X 毕竟是 X"为例分析了说话者对意外属性 X 的情理立场。以因果条件形式"要不是 X,才不 Y 呢""X 难免 Y"为例分析了说话者对意外结果的必然性评价,无论是针对意外信息的性质属性的强调还是针对意外信息的必然结果的说明,都表达了说话者关于"事实不以人的意志为转移"的情理认知。

之所以要"属性确认"和"指明必然",是因为说话者默认听话者不知道关于"X 本应该 Y"或"不是 X 就不应该 Y"的情理。这两种表达方式都是说话者通过"讲道理"的表达方式来解除听话者的意外情绪。这与第二章到第四章的语言表达功能不同,"一个 X""大 X 的""也不 Y""才/就 Y""还真的 Y""连 X 都/也 Y"等叙述了性质 X、实现 Y、级差 X/Y 在情理上不匹配的意外事实,是通过"摆事实"的方式向听话者表达对意外事实的评价。"摆事实"的意外情理评价重在"说事","讲道理"的意外情理评价重在"讲理"。

本章将分析另外一种"讲道理"的表达方式,这种表达方式旨在向

---

[1] 需要说明的是,本章与"摆事实"部分"一个 X""大 X 的"表达的关于意外事实的情理评价功能有所不同,"一个 X""大 X 的"具有反情理意外表达的规约化倾向,而"说好 X 的"和"还 X 呢"重点强调对意外事实的情理预示,是在条件或预期句中的"正/反预期触发语"(陈振宇,2021)。具体论述见绪论部分,此处不再赘述。

听话者指明"说辞"不符合情理,讲明既然有了"行为 Y"就不应该有"还 X 呢"的说法,或者讲明既然"说好 X 的"就不应该发生"行为 Y"。可见,无论是"行不副言"还是"言而无信",说话者的语用意图都是在讲明"说辞"和"行为"不匹配的情理,表达之所以意外的情理原因。无论是"说辞 X"不应该"Y",还是有了行为"Y"不应该有"说辞 X",都是在情理对抗的语境下对听话者的话语进行的元话语评价。接下来,本章将结合具体语言事实对这两种"讲道理"的元话语评价进行详细的分析,以期找到"还 X 呢"和"说话 X 的"针对意外进行评价的规约化语用表达规律。

二 行不副言——以"还 X 呢"为例

现代汉语中"还 X 呢"是一个多功能构式,不同学者对此进行了不同视角的讨论。吕叔湘(1980)就曾在讨论"还"的语气问题时,提及了"还 X 呢"所表达的"名实不副"的评价功能。宗守云(2016)从三域角度讨论了该构式行域贬抑、知域否定、言域嗔怪的功能特点。本书第四章讨论过"还 X 呢"的级差等级问题,沈家煊(2001)认为,"X"之间存在语义量级的问题,"还 X 呢"有时并不强调级差等级问题,而是倾向于实施元语增量——对客观事实进行的主观评价,申明属性"X"不合情理。更进一步,有时"X"并不表示某种固有的性质属性不合理,而是引述某种言论,表达说辞不合理,"还 X 呢"是对"X"的元语评价。笔者发现,前人对"还 X 呢"的元话语评价的研究还不够深入,并没有关注"说辞"与"行为"的情理适宜问题,也没有关注"还 X 呢"的情理评价功能及元话语的表达规律。接下来,本节将探讨说话者是如何运用"还 X 呢"的元话语形式对"行不副言"的意外进行情理评价的,其中又表现出了哪些规约化的表达规律。

(一)回应话轮中"还 X 呢"的引述话语特征

1. 从指明事实到指明声言

前人学者早就注意到"还 X 呢"具有指明事实未达到"X"要求的表达功能。吕叔湘早在1980年就提到了"还 X 呢"表达"名不副实"的负面现象。杨玉玲（2004）用"心理期待值"的高低来解释"还 X 呢"的负面评价功能。丁力（2007）认为，"还 X 呢"否定了认识的虚假和客观事物的某种特征两个方面。郑娟曼（2009）将"还 X 呢"的四种形式概括为"反期望"和"反预期"。而宗守云（2016）进一步将"还 X 呢"的构式义概括为行域贬抑、知域否定与言域嗔怪，三者分别指违背了社会固有模式、事实本身状况、表达得体原则。如，

(1) 安姐说："你慢点吃，<u>还人民教师呢</u>，坐没个坐相，吃没个吃相。"（张楚《野象小姐》，《人民文学》2014 年第 1 期）［行域贬抑］

(2) 上次冯年打个电话回去，留的活话，"<u>先处处看</u>"。挂了电话就没跟人家联系过。冯姨在电话里说："屁话，<u>还处处看</u>！一条街上长大的，谁头上有几根毛都一清二楚，处个屁处！"（徐则臣《六耳猕猴》，《花城》2013 年第 3 期）［知域否定］

(3) A：箱子里有<u>苹果</u>自己拿！
    B：<u>还苹果呢</u>，都烂光了！（转引自郑娟曼，2009）［知域否定］

(4) A：这是特意给你请的<u>天珠</u>。
    B：<u>还地灭呢</u>。（《别拿自己不当干部》）［言语嗔怪］

本书认为，"还 X 呢"的行域贬抑功能是指说话者在申明事实（实）与性质属性（名）的不匹配，既不合情又不合理。吕叔湘（1980）认为，其"表示应该怎样而不怎样，名不副实，有责备或讥讽的预期"。与"名实不副"的行域贬抑不同，知域否定和言语嗔怪是所说话的话语（言）与事实本身（行）的不匹配，可见，例（2）至例（4）与例（1）情况明显不同。虽然都是"说辞"和"行为"的不匹配，但例（4）属于故意违反会话原则而形成的话语修辞，不是本书的研究对象。而例（2）和例（3）虽然都是对认知的否定，但略有不同，例（2）否定了对方的预期，例（3）是否定了背景信息的焦点。其中，例（3）对认知预设的否定，不是本书的研究重点，而例（2）这种与预期有关的语言评价方式却引起了笔者的关注。"还处处看"这种知域的否定其实是对听话者"说辞"的否定，而后续"行为"在情理上的不适宜构成说话者进行元话语评价的原因，显然知域的否定与元话语的情理评价有关，而前人学者并没有对其情理动因进行过多的关注。

其实，在实际的语料调查中，笔者发现了很多用元话语形式"还 X 呢"来表达"说辞"和"行为"情理对抗的情况。这种情况既没有否定行为，也没有否定认知，更没有故意违反会话的关系准则，而是否定了一个与"立场评价"相关的"声言"，即说话者常常指明一个声言（言）与行为（行）不匹配，即"行不副言"。如，

(5) a. 还从未出过国呢（言），英语说得那么好（行）。
　　b. 还只上过小学呢（言），连这个字都认得（行）。
　　c. 还从来没练过长跑呢（言），居然5000米跑了第一（行）。
　　d. 还不知道呢（言），别人早告诉我你做过的那些事情了（行）。（BCC语料库）

可见，例（5）中"还 X 呢"中的"X"并不是与社会固有模式或者实际常规情况的"实"不一致，而是与新出现的"行为"不一致。实际情况"英语说得那么好"就不应该说"从未出过国"；事实是"连这个字都认得"就不应该说"只上过小学"；实现"5000米跑第一"的行为就不应该说"从来没练过长跑"；实情是"你已经做过那些事情了"就不应该说"不知道"。其中，"X"为他者的声言，可以添加"说"，即"还说 X 呢"，后续的行为具有新闻性质。"还 X 呢"是向对方声称该"言论"与实际"行为"在情理上不匹配。

行域贬抑是在"说事"，是说目前的事实违背了"社会规约"的预期，重在强调事实违背了性质属性的情理约束，是"名不副实"。而本书所论及的情况是在"说理"，是说对方的言论违背了"新闻事件"的实际行为，重在强调"说辞 X"与"行为 Y"在情理上的对抗，是"行不副言"。

2. 元语回应

"还 X 呢"关于指明一个声言的用法具有"回应话轮"的位置敏感特征。其中，"X"与一般事实命题中指称事物性质属性不同，该处的"X"指称之前话轮中的论述。"还 X 呢"表达"行域贬抑"时，前面没有所依托的否定对象，是说话者根据社会固有的认知进行的负面评价，而"知域否定"和"言语嗔怪"时之前都有他者话语的刺激。表达"行不副言"时，说话者引述了之前的声言判断。"知域否定"和"言语嗔怪"的用法都是对上一话轮听话者关于"X"性质属性的认识的引述，

而本书所论及的"行不副言"是指说话人对听话人关于"X 能否实现 Y"的立场判断和评价的引述。如,

(6) 婆婆：有什么可以证明你们是好呢？你怎么爱他呢？
观众 3：他们好不好只有他们自己知道。
翟女士：我们感情一直特别好，非常相<u>爱</u>。
婆婆：连孩子都不生，你还<u>说爱</u>呢？我们小军是非常喜欢孩子的。(《22 度观察》2010 年 7 月 8 日)

观察例（6）发现，"还爱呢"可以被"还说爱呢"或者"还说呢"替换，而"爱"是说话人（婆婆）通过之前的"言论"（我们感情一直特别好）推衍出来的会话含义。说话人（婆婆）认为，"连孩子都不生"的行为不能称得上是所谓的"爱"，是通过间接引述听话者的话语来对其话语进行反驳，利用"行为"和"言论"的情理错配来明示听话者不合理的"声言立场和评论态度"。

借用听话者言论来对其进行反驳的方式是元话语的方式。波兰现代逻辑学家塔斯基（Tarski）为解决说谎者悖论语言分层理论，首次提出了"元语言"的概念，并提出了语言分层理论，即对象语言、元语言、元元语言，处于不同的层次。元语言，发端于逻辑学，解决逻辑悖论；实现的根源，在于语言特殊的工具性，具备自反性。元话语和元语言均源于"元"：自我指称性、层级性、解释性。元话语互动性的主要实现形式是元话语标记语。元话语的性质正如 Hyland（2005）所阐述的那样，元话语是用来协商语篇中互动意义的自我反省表达形式。"还 X 呢"利用对听话者言论的"投射"，来引导听话者对自身话语进行反省，利用对方的"行为"与"言论"之间的情理错配来"以子之矛攻子之盾"，强化表达的交互主观性。其中，就引述对方的方式来讲，共分为以下三类。

一是完全同形（直接引述）。如，

(7) 观众：5 千万光年到底远不远？<u>一个 30 岁的黑洞</u>。这个黑洞又会带给我们什么？
主持人：朱馆长，我想很多人都和我一样特别不理解，这个黑洞离咱们 5 千万光年远，<u>就是光也得走 5 千万年，等咱们拍到它，不早就过了 5 千万年了吗？怎么还说 30 岁的黑洞呢？</u>
朱进：这个黑洞首先是 5 千万年形成，但是形成之后它得经过 5

千万年才传到地球上来。1979年4月,美国的一个天文爱好者发现了一颗超新星,超新星当时叫SN1979C,就等于是1979年发现的第三个超新星。(《新闻纵横》2010年11月16日)

(8) 母亲:我儿子没谈过恋爱,不太懂这些。
邻居:还说儿子没谈过恋爱呢,思想这么成熟,连怎么讨女孩子开心都知道。(BCC语料库)

(9) 男嘉宾:我们当时好像是很快就结婚了,闪婚。
女嘉宾:还闪婚呢,当时你说有个考试,我们婚期都因为你拖了3次了。(BCC语料库)

观察例(7)至例(9)发现,例(7)是以问句的形式表达了对"30岁的黑洞"的质疑,认为按照常识经验来讲,5千万光年不应该称作"30岁",是对科学家之前论断的"直接引述"。同样,例(8)的回应也与上一话轮中"儿子没谈过恋爱"的言论完全同形。例(9)说话者(女嘉宾)也是完全引述了听话者(男嘉宾)的话("闪婚")。

二是部分同形(部分引述)。如,

(10) A:你们应该给孩子报个学外语的辅导班,不能让孩子输在起跑线上。
B:我一想孩子才多大啊,还学外语呢,连母语都说不利索。(BCC语料库)

(11) A:元旦肯定能通车。
B:还元旦呢,现在都春节了也没通。(BCC语料库)

观察例(10)和例(11)发现,该处两例都是部分引述了听话者的言论,可以看出这两例分别引述了听话者言论的焦点,即报辅导班的内容"学外语"和通车的时间"元旦"。

三是蕴含推衍(关联引述)。如,

(12) A:你还让我洗衣服呢,我检查过了,医生说这个是发炎了,不能碰水。
B:还相信医生呢,你根本连医院都没去。(BCC语料库)

(13) 窦文涛:说起整容我最近也是体会挺深,因为你看我为了防止胖现在都不吃晚饭,就这样虐待自己。
许子东:还减肥呢,我看你整天也不运动。

窦文涛：我是易胖体质，要是稍微有点不控制，体重就上涨很快。(《中文台》2013年8月10日)

观察例（12）和例（13）发现，说话者并没有直接引述听话者的内容，而是通过说话者的话推衍出了会话含义。例（12）通过听话者（A）"医生说这个是发炎了"的说辞推出"应该相信医生"，而"根本连医院都没去"的行为与说辞不匹配，即说话者认为在情理上不应该这么说。这里，说话者引述了上一话轮听话者话语的语用推理结果。而例（13）是根据听话者（窦文涛）所述"为了防止胖现在都不吃晚饭"推衍出窦文涛正在减肥，两处内容为关联性的引述。

3. 言语反击

言语反击，是指对话语的不适宜性进行批判和质疑的言语行为，它与言语嗔怪不同。郑曼娟（2009）、宗守云（2016）都曾提到"还X呢"言域嗔怪的类别。郑娟曼（2009）认为，言域嗔怪的"还NP呢"是通过故意违背关系准则和质准则来实现否定功能的。宗守云（2016）则认为，在说话人看来，对方引发话语是一种言语行为，这种言语行为违背了表达得体原则。本书所述对象的言语反击并不是指说话者有意违反合作原则的表述方式，而是针对听话者的言论判断进行的反驳，是针对听话者情理认知的"说辞"的责问，但是又有别于"知域否定"。前人学者指的知域否定是"还X呢"关于性质属性"X"的认知的否定，是"名实不副"，即实际情况并不符合情理认知上的性质约束。而本书研究的"言语责问"主要是指对听话者关于实现事态的情理认知的判断的否定，其实是对实现结果"Y"预判的否定，是"行不副言"，即实际情况并没有实现听话者的言论。如，

(14) A：胃不好，想养好身体，我下周就不跟你们去喝酒了哈。

B：还养好身体呢（言），昨天你还通宵玩游戏呢（行）。[言语责问：行不副言]（BCC语料库）

B1：还养好身体呢，你这么年轻就学会养生了？[知域否定]

B2：还身体养养呢，你就知道找借口。[言域嗔怪]

B3：还好身体呢（名），身体早被你累垮了（实）。[行域贬抑：名不副实]

观察例（14）可以看到，B是我们所说的"言语责问"，即"养好

身体"的说法不符合"通宵游戏"的行为，因此，明示了 B 对 A 言辞的意外情绪。而从 B1 中可以看到，说话者认为"这么年轻不应该养生"，因此，从性质属性的认知约束角度批判了"养养身体"的情理认知。从 B2 中可以看到，"还身体养养呢"这种情况属于宗守云所说的"言域嗔怪"，是说话者故意在方式上违反合作原则，以此来实施反驳的间接语用意图。而 B3 属于名实不副的行域贬抑，即"身体垮了"的实与"好身体"的名不符合。通过 B1 – B3 与 B 的对比发现，"行不副言"的责怪质疑是依据情理的元语评价，虽然 B1 – B3 都不同程度地引述了听话者的话语，但是并没有报道一个具有新闻性质的意外行为。可见，本书分析的"还 X 呢"的元话语功能，主要是通过"讲道理"的方式对意外行为进行评价的。语言形式"还 X 呢"本身就预示了"行不副言"的说理特征。

（二）话语潜藏，场景补偿："还 X 呢"与实际行为"Y"的情理适配

1. "还 X 呢"构件分析

前人关于"还 X 呢"的研究主要集中在对"还 NP 呢"的语义功能的分析上，宗守云（1995；2016）、郑娟曼（2009）、王长武（2017）等关注最多的还是"名"与"实"的问题。

其中，对语气副词"还"形成了统一认识，由表示延续、持续、返回语义的副词到表示元语增量（沈家煊，2001）及主观评价。所谓元语增量，是指认为原命题信息量不足，而增补一个充足的信息量，这种关于语言本身而传递信息的方式带有强烈的主观性，"还"传递的信息就是关于客观事实的主观态度和立场，由此引发了"反预期"的负面评价功能（武果，2009；郑娟曼，2009；宗守云，2016）。而就本书"行不副言"的研究对象而言，说话者认为，既然出现了"Y"的行为"还"继续说"X"的话，就显得很不合时宜。"还 X 呢"是在后续行为的刺激下，借用前一说话者的"言论"对"行为"进行主观评价，是元语增量的用法，即该行为应该匹配相反的言辞。只是这种评价常常移位到话轮首，充当另一种功能，即对对方言论进行反驳。可见，"还 X 呢"充当两种功能：一是引述听话者论断（X 实现 Y），对听话者言论进行反驳（X

并没有实现 Y），这体现了"还"的"持续"语义的引申。二是借用听话者的评论（X 应该 Y），对现实行为进行第二次评价（X 本不应该 Y），这体现了"还"的"返回"语义的引申。两者都表达了对于"竟然还这么说"言行错配的意外情绪。如，

(15) 夏东海：生气了？

刘梅：没有啊，真是，我才不那么爱生气，<u>你以为我，我成小孩儿了，真逗</u>。

夏东海：真没生气啊？行了，行了，别跟我装了啊，我还不了解你呀。

刘梅：本来就是，那照片儿咱们那么长时间都没洗，我当然特别想看看了，大伙儿都挺高兴的，谁知道她就生气了，我招她惹她了，干吗呀。

夏东海：好了好了，<u>还说自己不跟小孩儿一样呢（言）</u>。<u>那你干吗老说小孩话（行）</u>，小雪那哪儿是冲着你呀？

刘梅：怎么不是冲着我呀，她那样就是冲着我。（电视剧《家有儿女》台词）

观察例（15）发现，"那你干吗老说小孩话"的行为反驳了"我成小孩儿了"的言论，说话者（夏东海）意外在于，既然你有了小孩的行为，竟然还"延续"了"不跟小孩一样"的说法。同时，也表达了听话者的说辞"我不跟小孩儿一样"与实际的行为"老说小孩话"不相符，"老说小孩话"竟然还说"自己不是小孩"。说话者认为，这种行为"应该是幼稚的"，不应该有"说自己不是小孩"的论断，这体现了对行为的立场评价，是元语增量的用法。

而"呢"具有"指明事实而略带夸张"的功能，在构式中主要表示"申明"义，前人研究都涉及了对一个"事实"的申明，而本书的研究涉及对一个"声言"的申明。如，

(16) A：你要是知道孝敬父母，就不应该嫁那么远。

B：<u>还孝敬父母呢（言）</u>，<u>你离那么近，怎么也没见你常回家看看啊（行）</u>。（BCC 语料库）

观察例（16）发现，说话者（B）与听话者（A）产生了异议，说话者（B）对"孝敬父母"的声言进行了申明。

对于进入该构式的变项"X"而言，杨玉玲（2004）认为，指称在说话者看来是某种高标准、高水平的典型代表的名词性成分才能进入该格式。郑娟曼（2009）认为，NP"蕴含某种心理期望"。宗守云（2016）认为，NP"具有推移性"。但他们也注意到，并不是所有进入该构式的"X"都具有"期望性"或者"推移性"。本书所讨论的"X"本身也不具有规约化的固有期望，而是表达一个"事件"的说法、判断，即"X应该/不应该Y"，后续实际行为明示了"X"的"言论"在情理匹配上具有不适宜性。如，

(17) 夏东海：那你到底什么意思啊你这是。

刘梅：你说什么意思啊？你就从来都不了解我，我根本就没有不相信你。

夏东海：那你生那么大气干吗呀？真是无理取闹。

刘梅：废话，人家饿着肚子等了你一晚上，你那么晚才回来脸上还带着口红印（行），然后还说我无理取闹呢（言），我是无理取闹吗？你问问哪个女的受得了啊。

夏东海：那你怎么不想想我呢，我可是被关在那黑咕隆咚的电梯里整整一晚上。经研究表明，被关在笼子里的狼比放在外边的狼更容易发怒。（电视剧《家有儿女》台词）

观察例（17）发现，说话者（刘梅）表达"还说我无理取闹呢"是对听话者（夏东海）言论的反驳，听话者（夏东海）认为刘梅是在无理取闹。而后续的行为"你那么晚才回来脸上还带着口红印"又证实了"刘梅没有无理取闹"。"还X呢"表达了行为与言论的不适宜，"X"引述了一种说法、判断，不具有约定俗成的情理约束属性。

学界公认"还X呢"整体表达"反预期"的负面义（郑娟曼，2009；吕叔湘，1980；杨玉玲，2004；宗守云，2016，等等），并且认为该构式不能表达常理命题，如"星期天还休息呢""在学校还学习呢""下雨还打伞呢"等常理表述都说不通，因此，"还X呢"倾向于表达不合情理的命题。王新（2020）认为，"还NP呢"构式与后续语段的表述存在事理上的关联。"还X呢"引述听话者言论的用法表达了说话者对听话者的异议态度，通过后续实现的行为证明"你不应该这么说"，即在实现的行为刺激下"你这么说"是不合情理的，强调了听话者"还X这样

说"的反情理特征，由此表达了说话者的意外情绪。如，

(18) 志新：还一根奶油的，一根巧克力的，左一口右一口，美得你！

燕红：<u>还说呢</u>，那巧克力的后来我不给你了吗？（电视剧《我爱我家》台词）

观察例（18）发现，说话者（燕红）直接否定了听说者的说法，并补充说明"那巧克力的后来我不给你了吗？"可见听话者（志新）这么说是不符合行为事实的，冤枉了燕红。

(19) 和平：<u>怎么啦这是？刚好两天又病啦？</u>

圆圆：<u>她根本就没好！</u>天天晚上在床上哼哼，今天是我硬拉她到医院看的病，给你！——这是大夫的诊断证明！

和平：什么病呀这是？（看证明）腰肌……脑膜炎？

志新：腰上得脑膜炎？我看这大夫小时候八成得过大脑炎，后遗症还不轻哪！

圆圆：<u>是腰肌肋膜炎，属于腰肌劳损，大夫说就是因为腰扭伤以后没有好好休息才得的</u>——<u>你们还说人家是装病呢！</u>（电视剧《我爱我家》台词）

观察例（19）发现，说话者（圆圆）认为，大家说"人家是装病"的言论是不合情理的，因为实际上"大夫说就是因为腰扭伤，以后没有好好休息才得的"。看来，"言论"和"行为"存在情理上的错配，即实际情况是"真病"，而听话者说"怎么啦这是？刚好两天又病啦？"由此引发了说话者对听话者言论的意外情绪。

2. 缺省理论和话语潜藏

根据前文的分析可以知道，"还X呢"引述并表达对对方言论不合情理的意外情绪时，后续往往明示一个与言论相对的行为。但当"还X呢"单独作为话轮出现时，即缺省后续的行为"Y"的刺激时，也具有抨击对方言论的功能。这是因为"还X呢"本身就蕴含了对对方言论的异议态度，说话者默认听话者知道只有当实际"行为"与听者"言论"在情理上不匹配时才会表达异议的态度。如，

(20) 罗茜茜：这简直就是猪窝，<u>你们虐待我</u>，我要做我的小公主，爸爸妈妈我不要在这里，这里好脏。

邻居：呦，<u>还虐待呢（摇头）</u>。
妈妈：茜茜怎么这么没礼貌，他们这么热情款待。
奶奶：（对妈妈）你怎么这么说孩子，茜茜我们走哈，我的小公主。（电视剧《虎妈猫爸》台词）

观察例（20）发现，邻居表达"还虐待呢"与罗茜茜的观点形成异议，其单独作为话轮，隐藏了后续的证明行为，而这一行为在下一话轮中由妈妈补充说明，实际上"热情款待"的行为与"虐待我"的言论不相匹配，因此引发了说话者（邻居）的意外情绪。由此可见，虽然缺省后续行为的解释，但言论引述"还虐待呢"具有不言自明的特点。

Reiter（1980）认为，缺省逻辑充分体现了一般会话含义的缺省性和可取消性。Grice（2002）认为，常规含义不止决定了说出的话语，还能够决定说话者所说话语潜藏（discourse latency）的内容。实际上，Grice研究的侧重点并非常规含义，而是非常规含义的一个子集——特殊的会话含义，即"言外之意"。之所以能够潜藏一部分交际目的还是因为交际的场景可以补偿缺省的部分。

该用法是后续行为潜藏在对言论的批判中，对言论的异议也就蕴含了对"言行不一"的肯定。而这种潜藏在"引述言论"中的批判，往往又在前后场景中得到了补偿，这又使得与言论不一致的"实际行为"浮出水面。因此，凸显了"言论"和"行为"的不合情不合理的匹配关系，从而表达说话者对听话者不适宜的"言论"的意外情绪。

3. 疑而不信："还 X 呢"的弱化传信功能

当"还 X 呢"独立话轮时，可以通过序列环境的场景补偿补全缺省的行为。除在互动交际中潜藏"行不副言"的含义之外，在叙述中"还 X 呢"本身就带有说话者"疑而不信"的传信语气。方梅（2018）发现，"说是"除转述功能之外，还可以用作表达言者态度。根据语料分析发现，"还 X 呢"在言行不一的表达中都可以加入"说"，如"还说 X 呢""还说呢"。说话者传递了对"说 X"的质疑，通常可以用于疑问句中。在传信中，由质疑进一步引申为否定，"还明天来呢""说是明天来"都表达了对"明天来"这一言论的不认同，但同时以"质疑""不确信"的形式弱化负面评价的语力。如，

（21）A：为什么要辞掉我啊。我可是重点大学毕业的，难道就因为

我不会为人处世？

B：并不是，根据我一年以来对你的观察，你工作缺乏创造性，做事没有计划，干什么都需要领导手把手地教，胜任不了我们的工作。<u>还重点大学毕业的呢</u>。（BCC语料库）

观察例（21）发现，说话者（B）不相信听话者（A）的"重点大学毕业的"说辞，引述A的话是为了与实际的行为"胜任不了我们的工作"做对比。说话者（B）认为，在情理上"重点大学毕业的"不应该"工作缺乏创造性，做事没有计划，干什么都需要领导手把手地教"。"言行不一"导致了说话者对言论传递的信息"疑而不信"。

（22）曲筱绡：藏什么呀你？什么东西啊？我看看。

邱莹莹：巧克力，费列罗的，特别好吃，要不然你尝一块吧。

曲筱绡：有情况啊。

邱莹莹：没情况没情况，这是我的一个老乡，加上一个客户，一男孩送我的，因为之前他生病了，我就给他送了一份我做的腊肉饭，他这是作为回礼，人家没那个意思，你别瞎想。

曲筱绡：<u>还没情况呢</u>，越描越黑。你们的留言我看到了啊。但是我还是不知道赵医生这一笑有何深意？

邱莹莹：我刚才说的话你听进去了吗？你别瞎想，你不许乱说啊，人家没那个意思。（电视剧《欢乐颂》台词）

观察例（22）发现，实际情况明明就被抓了正着"你们的留言我看到了啊"，邱莹莹还狡辩说"没情况"，说话者（曲筱绡）引述了该言论来表达对"没情况"说辞的"不认同"，进而表达了对此的负面评价。

（三）责怪与称赞："还X呢"的意外情理评价

崔希亮（2020）指出，在话语交际中，判断言者态度对于成功的交际来说极为重要。大部分学者认为，"还NP呢"因为常常表达反常理的信息，所以倾向于负面评价。但也有学者认为，该构式表达的态度评价既有正面评价义也有负面评价义。周维维（2010）认为，"还NP呢"构式在不同的语境下既可表达肯定义，也可表达否定义。王新（2020）以评价理论中的"态度系统"为基础，分析了"还NP呢"构式表达的鄙夷不满、惊讶诧异、无奈惆怅、欣赏赞美的"反事理"情感态度。丁力(2002)①区分了"还 NP 呢"和"到底是 NP 啊"两种截然相反的构式，后一种类似于本书第五章分析的"X 毕竟是 X"的结构，即后续的行为与"NP"的性质特征恰好吻合，而"还 NP 呢"表达了后续行为与"NP"的性质特征恰恰相反。可见，说话者对事态行为的评价依赖于 NP 固有的性质特征情理约束。还有一种情况是说话者对行为的评价依赖于听话者的言论，是对听话者评价的第二次评价。

本书认为，"还 X 呢"除对性质属性进行评价外，还可以对听话者的言论进行第二次评价，表达与听话者的异议态度和差评立场。第二次评价体现了说话者对听话者的个人态度，体现了双方之间对事态认知的同盟关系。需要注意的是，虽然在对听话者"言论"的态度立场上持有异议和差评，但是对事态"行为"的评价上却既有负面责怪也有正面称赞。

1. 责怪的言语行为与惊异的负面态度

根据前面的分析，"还 X 呢"更倾向于负面评价。如，

(23) A：我真是想死你了。
　　　B：<u>还想我呢</u>，上次离开大半年不知道来个电话。(BCC 语料库)
(24) A：等下次我请你吃饭。
　　　B：<u>还请我吃饭呢</u>，哪次不是我请的。(BCC 语料库)
(25) A：你儿子年轻，不着急结婚的，先忙事业嘛。
　　　B：<u>还年轻呢</u>，他同学都是好几个孩子的爹了。(BCC 语料库)
(26) A：我也是好心提醒嘛，谁知道她这么敏感。
　　　B：<u>还好心提醒呢</u>，你这一好心不要紧，劝得人家都分手了。(微博语料)

观察例(23)至例(26)发现，说话者都表达了"责怪惊异"的负面情绪。"上次离开大半年不知道来个电话"不应该说"想我"，"哪次不是我请的"不应该说"下次我请你吃饭"，"他同学都是好几个孩子的爹了"不应该说"年轻"，"劝得人家都分手了"不应该说"好心提醒"。

---

① 丁力：《"还 NP 呢"与"到底是 NP 啊"句式在两种不同思维层面中的比较》，《汉中师范学院学报》(社会科学)2002 年第 1 期。

"言行"在情理上的错配，导致了说话者对对方"这么说"的惊异情绪，并触发了说话者的责怪言语行为。

2. 称赞的言语行为与惊叹的正面情感

"还 X 呢"大部分倾向于"责怪"的言语行为，但是，也有一部分语言现象借用"负面"的情感基调来反衬"正面"的评价。如，

（27） A：我其实一点都不聪明，干什么都很拧巴。
　　　　B：还不聪明呢，都考上博士了。（微博语料）
（28） A：我一个小大夫，还要继续学习，现在中医还是不被人信任，再说我技术也不行。
　　　　B：还技术不行呢，都有人给你送锦旗了。（BCC 语料库）
（29） A：我五音不全，唱首简单的吧。
　　　　B：还不会唱歌呢，与原唱的相似度98%，堪比原唱啊。（BCC 语料库）
（30） A：我就做了一点力所能及的小事，不值得一提。
　　　　B：还不值得一提呢，校长都亲自点名表扬了。（BCC 语料库）

观察例（27）至例（30）发现，虽然"还不聪明呢""还技术不行呢""还不会唱歌呢""还不值得一提呢"表面上是表达对对方言论的负面反驳，但实际上暗含了对对方的夸赞，这时对方的言论往往是自我谦虚，而说话者惊讶于"都已经很值得称赞了"竟然还说"谦虚的话"。后续的行为常常与"都 X 了"共现。"都 X 了"可以推出前面"还 X 呢"中相反的评价，如"都博士了"，在情理上可以推出"聪明"的肯定性评价，而不能相反，后续例子同样如此。"还 X 呢"表面上是否定对方的话，表达惊叹情绪，实际上是通过责怪对方自谦来实施称赞的言语行为。

本节分析了"还 X 呢"的元语引述功能，"还 X 呢"潜藏了"情理适配"的后续行为"Y"，即表达了"如果说 X，那么一定会有与之匹配的行为 Y"。但现在行为"Y"却与所说的声言"X"不匹配，这种"行不副言"的表达方式激发了说话者对意外进行情理评价。在回应话轮中，"还 X 呢"是根据实际的行为对"声言 X"做出的第二次评价，虽然表达对听话者言论的异议，但根据不同的语境，当通过引述"声言说辞"来对"意外行为"进行情理评价时，也存在责怪和称赞两种正反不同的评价态度。

三 言而无信——以"说好 X 的"为例

前一节分析了因"行不副言"触发的意外情理评价表达——"还 X 呢",该构式侧重于对不合情理的"言论"进行反驳,即按照现实行为的情况,听话者"不应该这么说"。而本节将探索另外一种"言行不一"的表达形式,即"言而无信"的意外情理评价表达——"说好 X 的",该构式侧重于对违反约定的"行为"进行批判,即按照情理的约束,一旦约定好的事情就"应该这么做"。

(一)预示语"说好 X 的"的知识共享与传信功能

1. "说好 X 的"构件分析

就"说好 X 的"的组成构件来看,"说"表示双方对某事进行约定,"好"表达双方达成一致,约束事情必须按照约定的发展,而"说好"作为动结式的用法毋庸置疑,但是否像学者们说的变成了一个虚化的体标记"了"还有待商榷。因为,把"好"变成"了"之后语用功能就发生了变化。如,

(1) 今天一早起来我们俩就去采购去,做了这儿菜,您看看,这全都是,焖了一大锅面条,就等孩子们来吃呢,都来不了了。<u>说好家庭聚会的</u>,又取消了。(《7日7频道》2009年1月13日)

(2) 当初<u>说好100平米以上的</u>,<u>现在一量只有90平米</u>。真让人恼火。(《第一时间》2009年5月26日)

(3) 我们<u>说好秘密访问的</u>,<u>结果你发了朋友圈,这不都知道了吗?</u>(BCC 语料库)

观察例(1)至例(3)发现,"家庭聚会""100平米以上""秘密访问"是双方达成一致的约定,按照"言而有信"的社会期待,接下来应该履行承诺。

(1') 说<u>了</u>家庭聚会的,又取消了。

(2') 当初说<u>了</u>100平米以上的,现在一量只有90平米。真让人恼火。

(3') 我们说<u>了</u>秘密访问的,结果你发了朋友圈,这不都知道了吗?

由上例可见，当把"好"改成"了"之后，显然就只表达约定的完成，却不具有强制履行诺言的情理约束，即使出现没有履行诺言的情况也不会感到意外，即"说了 X 的"没有对意外事实的说理性。

"的"表示言者对所说"自信之坚""事实确凿，毫无疑问"（吕叔湘，1944；2014），在"说好 X 的"中，加强了行为"Y"必须按照约定"X"进行的确信语气，也就是说，"的"强化了说好的事情就应该履行诺言的情理立场。张伯江（1997）、袁毓林（2003）都认为，"的"表达传信语气。句末"的"是传信标记，它所在的句子就应该是非事件性的，表现为低及物性特征，主要表现为背景化。"说好 X 的"时间发生在过去，是为后续的行为施加一个外在的背景条件。

观察例（2）发现，"说好 100 平米以上的"前面可以加"当初"这样表过去的时间词。"说好 X 的"降级为表达过去约定的背景条件句，而这一背景条件就作为了交际双方共享的情理基础。如，

（4）<u>之前说好安心创作的</u>，你**竟然**在这里偷偷打电话！（BCC 语料库）

（5）<u>当初说好给我优惠的</u>，结果**竟然**比正常价格还高，你这是杀熟啊。（BCC 语料库）

（6）随着他们关系破裂，<u>当初给她个人画的画像</u>**竟然**也被当作商品销售，<u>说好作爱情纪念品的</u>。（微博语料）

观察例（4）至例（6）发现，"安心创作""给我优惠""只作爱情纪念品"的约定发生在过去，都可以与表示过去的时间词"之前""当初"共现，说话者重点是想强调违反约定的事实，即"偷偷打电话""比正常价格还高""个人画像被当作商品销售"，而"说好 X 的"被当作对照的背景信息强化了后续行为的不合理性。

而变项"X"作为引述内容可以是社会规约也可以是交际双方共享的约定。与"还说 X 呢""说是 X"的"疑而不信"不同，"说好 X 的"不表达对言说"X"不认同的负面评价，而是表达对"X"的确信。姜其文（2021）认为，"说好"都具有一定的道义情态和外在约束性。说话者表达"说好 X 的"时默认后续行为"Y"会按照约定发展，而实际上，后续行为"Y"往往并没有实现，即"应该 X 的，但实际并没有"。这说明在情理上，人们往往期望事情按照约定进展，但客观事实却不以人的意

志为转移。

（7）说好4000元建设补贴的，到了她们的手里就只剩下了3000元。

（《中国之声》2013年8月7日）

（8）去了以后他就敲门，敲门都半夜了，人家说你女朋友不在，说她回北京了。他不相信，他说怎么可能呢，她回北京她跟我说啊，我们说好一块回北京的。打开门一看，确实回北京了。

（《锵锵三人行》2009年2月3日）

观察例（7）和例（8）发现，说话者坚信应该"给4000元建设补贴的"、应该"一块回北京的"，但是事与愿违，实际并没有按照承诺的实现。

需要说明的是，说话者除采用"说好X的"表达约定外，还会采用"说好的X"的形式。两种形式类似于焦点强调句与准分裂句的关系，"X"是说话者想要强调的"约定内容"，"说好的X"相当于"说好的是X"，"说好X的"相当于"说好是X的"，有时可以直接省缩为"说好的"这一固有形式。完权（2021）用语言的统一性对"的"进行了解释，认为"的"具有切分注意力视窗的功能。"的"类似于切分标记，"的"前的内容是说话者想要提示听话者注意的信息。方梅（2021）认为，说话者常常用"的"给引述做一个边界。完权认为，引述一段话也是一个窗口，一个更高级的窗口。也就是说，"说好X的"更加强调"X"的约定内容，其目的是与后续违反约定的行为"Y"进行对比，并在后续的对话中就"X"展开话题讨论。说话者利用"说好X的"加强了对之前约定内容"X"的提醒语力，而"说好的X"主要强调之前存在一个约定，并不强调约定的说辞对行为的约束语效，也就是说，"说好的X"没有框定说辞"X"和"Y"之间的情理关系。"说好X的"本身就具有说理性质，即"说好X的，就应该Y"，"的"在句尾要比在句中的主观情态义明显。所以，本书主要考察"说好X的"的功能特征，对于"说好的X"不作过多的讨论。

2. 引述传信

"说好X的"表达经历了这样一个过程，即由"言说"一个提议到达成一致"认识"，最后确信按照"道义"应该实施该认识。回顾之前对"还X呢"的研究，笔者发现，"还X呢"表达了说话者对引述言论疑而不信的语气。乐耀（2013）指出，说话人使用传信范畴要向听话人传达的是所言信息的来源及信息获取的方式，其中也会暗含说话人对信息可靠度的判断。前文说明了"的"具有传信语气的功能，其所在的构式"说好 X 的"同样也是引述之前的话语，但并不是对言论的反驳，而是传递事态应该如约而至的信念。可见，"说好 X 的"作为引述传信，表达了说话者对"X"坚定的立场，确信度要比"还 X 呢"高。

（9）开发商推出 132 套房，不少买房人半夜就去排队，说好现场摇号的，临时竟然变成了排号。（《今日观察》2010 年 12 月 2 日）

（10）说好看电影的，怎么变成开会了？（BCC 语料库）

（11）说好不喝酒只吃饭的，怎么来了就开始劝酒啊？（BCC 语料库）

（12）说好为了孩子不离婚的，现在好了，都闹到法院了。（电话录音）

观察例（9）至例（12）发现，说话者确信应该实现当初约定好的事情，引述了当时的约定"现场摇号""看电影""不喝酒只吃饭""为了孩子不离婚"，因为是双方达成一致的认知所以对此深信不疑，确信度很高，不容置疑。说话者引述之前的约定其目的是想提醒听话者应该信守承诺，表达"说好 X 的，就应该 Y"的共享情理。而"竟然 Y""怎么 Y""现在好了"等都是激发说话者强调约定的原因。

传信语的信息来源往往决定着可信度，当"X"为约定俗成的社会规约时，已经无所谓谁是信源了，这时说话者把"说好 X 的"作为一个情理约束的依据进行叙说，后续失约行为将被看成"反情理"的意外事件。观察例（9）至例（12）发现，说话者默认对方知晓"说好 X 的"的主体对象是谁，因此重点并不在于信源，而是说话者将引述的信息作为实施行为的参照依据。

3. 违约预示

事物是发展变化的，事件行为的发展未必能够按照"说好 X 的"事情实施，人们常常会因事态的变化无常而感到失望。其实，汉语中传信构式也常常表达与事实相反的情状或传递言说者的反预期，比如之前提到的"说是 X"构式（樊中元，2016；方梅，2018；李冬梅、施春宏，2020）。陈振宇（2021）认为，"本来、说好的、毕竟、虽然"存在于条件或预期句中，并不是"反预期"而是"正/反预期触发语"，刘瑞（2020）也持有类似的观点。笔者赞同陈振宇和刘瑞的观点，但认为，"触发语"的定义有不妥之处，"说好X的"如果作为反预期的触发语，那么后续不合理的行为应该是"X"导致的，但实际并不是这样。"说好X的"应该预示了"违约行为"，即"说好的约定本应该实施，但事实行为并没有实现"。

(13) 记者：她拍了一个60寸的，还加裱了一个框？

胡建飞：对，<u>本来说好她爱人开车来的</u>，结果她爱人开会，她说老公忙，自己打车来，我说别来别来，这框太大了，我们就拿着电钻工具什么的，上他们家。看到我们的照片，我就觉得特自豪，我说看来看去还是我这照片好看。(《资讯早八点》2008年7月14日)

观察例(13)发现，"说好她爱人开车来的"预示了"事与愿违"，本来约定好的事情往往会有变故，如"她爱人开会，她说老公忙，我自己打车来的"。"说好X的"前与"本来"共现，强化了"本应该实现而没有实现"的事实。

(14) 主持人：<u>明明说好5月底退款的</u>，<u>已经过去两个多月了还没有音讯</u>。是因为走流程需要时间，还是商家压根就没把消费者的权益当回事？这个问题值得浩沙健身俱乐部好好思考。办健身卡，是一种预付性消费，消费者买的是商家的诚信；希望商家不要失了诚信，失去市场。(《新闻热线》2010年8月4日)

观察例(14)发现，"说好5月底退款的"与"明明"加强了对约定的确然语气，同时，也预示了后续即将出现一个与约定相违背的意外事实，即"已经过去两个多月了还没有音讯"，表达了说话者对显然应该"5月底退款"但是实际却"失去诚信"的行为感到失望。

4. 联合注意，树靶打靶

"说好X的"引述传递了约定好的信息，但其目的是想聚焦后续的违约行为。李讷、安珊笛、张伯江(1998)认为，"的"具有背景化的功能，它是确认一个活动而不是报道一个事件。因此，"说好X的"作为背景信息，已经失去了单纯的传信功能，转而变成了话题的依照，后续围绕"X"进行"话题—说明"，"X"变成了交际双方"联合注意的中心",下面的序列不断围绕"X"扩展进行。Jackendoff（1972）认为，预设是句子中说话人和听话人所共享的那部分信息。"说好 X 的"提醒听话者对"共享的约定"进行深究，以此探索后续行为是如何违反约定的，因此，后续常常会围绕约定的内容"X"展开说明，"说好 X 的"为后续对话的进行提供了叙述的对象。也就是说，"说好 X 的"往往是说话者谈论事件信息的"靶子"，与后面照应的意外事实共同构成"树靶打靶"的互动模式。

（15）小尚：电视台的记者马上到家里来采访。

刘梅：啊，真的？夏东海，夏东海，快快，小尚来了，他说了电视台的人要到咱们家来采访。

夏东海：什么？来咱们家采访？<u>说好去电视台采访的，怎么跑家里来了？</u>

小尚：对对，<u>原先是定到电视台</u>，可是人家记者说到家里来好，我一想啊，到家里来你不会太紧张能放得开呀，所以我就答应了。嫂子，我这主意怎么样？

刘梅：你太了解他了。我告诉你小尚，他这人啊，你别看平时在我们孩子面前，在亲戚朋友面前他挺能说的，只要一有生人立刻就完，有时候弄不好都直结巴。（电视剧《家有儿女》台词）

观察例（15）发现，"说好去电视台采访"的约定与"跑家里来了"的行为"言行不一"，后续话轮围绕"说好去电视台采访的"的约定没有实现进行了解释，即"原先是定到电视台，可是人家记者说到家里来好"，可见，整个序列把"说好去电视台采访的"作为"靶子（联合注意中心）"展开讨论，之后又对违约行为"跑家里来了"进行质疑，构成了"树靶打靶"的表述方式。

5. 共享视角

"说好 X 的"前一般不凸显"说"的"主体"，说话者往往强调的是"约定好的内容 X"，说话者默认"我知道你也知道"共享的约定，即交际双方对"X"是心知肚明的。有时"X"的约定主体范围限制在"你我"之间，有时"X"的约定主体范围扩展到社会集体，但无论如何"说好 X 的"都是利用双方的"共享视角"来表达后续事件的"反常理"的特征，这样更容易引起听话者对意外行为的共情。

(16) 志国：根本不可能，咱都已经有孩子了，不符合领养条件。

和平：什么领养不领养的，我就愣养着了，神不知鬼不觉的。

志国：那怎么行啊，这养个孩子不像养个小猫小狗，这是孩子，活的。

和平：啊废话，可不活的么，死了我养他干吗，这小孩儿啊就跟小猫小狗一个样儿，啊没什么区别，啊吃完了睡，啊睡完了吃。

志国：怎么没区别啊？区别大了，户口怎么办啊？上学怎么办啊？咱们可说好让你玩儿一晚上明儿就给人送回去的。

和平：那可不成，当时不知道他这么可爱，现在我变主意了，我可舍不得我们小方方。

志国：方方？什么方方？

和平：啊，我给这孩子起的名字，咱老大叫圆圆，这就得叫方方啊。

志国：行，都跟几何图形干上了，明儿再拣一个来叫三角。

（电视剧《我爱我家》台词）

观察例（16）发现，说话者（志国）用"你我"都知道的共享约定"让你玩儿一晚上明儿就给人送回去"来劝说听话者（和平）不应该"领养这个孩子"。说话者（志国）言说"说好的约定"，期待听话者（和平）能够认可之前的约定，强化了劝说的语力。

(17) 曲爸：这是我的公司，怎么连会议室也不让我来了？

曲筱绡：你知道我不是这个意思，说好这个项目由我全权负责的啊，我都拼死拼活好几个星期了，你要是这时候插手的话，我真不理你哦。

曲爸：好，爸爸不插嘴，你们开会的时候啊，我坐在旁边看着以示重视，这总可以了吧。好，爸爸保证不说话，一切全靠自己反应。（电视剧《欢乐颂》台词）

观察例（17）发现，说话者（曲筱绡）引述之前共享的约定"说好这个项目由我全权负责的啊"，其语用意图是想引发听话者（曲爸）对约定的认同，由此产生共情，利用"我知道你也知道"的共享视角更有利于劝说听话者实施"说好的约定"。

（二）"说好 X 的"的位置敏感及意外情态关联

"说好 X 的"与"还 X 呢"一样都是对话语的引述，并且对引述话语进行评注，体现了说话者的立场，即"说好的事情就应该实现"，属于元话语的表达方式。而"说好 X 的"到底表达了什么样的评价态度还需要结合具体语境进行分析。"说好 X 的"作为预示语常出现在话轮首，但位于始发话轮、回应话轮、独立话轮有不同的位置敏感特征。下面就来具体分析一下。

1. 始发话轮首与意外信息的预示

在始发话轮首，"说好 X 的"预示了后续违背约定的意外事实，即"说好 X 的，但是竟然 Y"。其中，"说好 X 的"表达了说话者对于约定的"认可"，以约定好的事实作为"准绳"与后续行为进行对比，与转折连词"但是"等共现，告知听话者一个与"约定好的承诺"相违背的意外信息。如，

(18) 王艺璇：有的时候跟我婆婆讲，可能我是无心地讲我们明天去干吗干吗，我婆婆就会听在心里，结果第二天我就忘了，我跑去干自己的事了，我婆婆就会不高兴，我记得有一天，我是出去剪头发去了。

记者：所以呢。

王艺璇：本来说好带我婆婆去外滩的，但是我就忘了这个事了，我就去剪头发了。我婆婆就在家里，早上起来化好妆穿好衣服坐在那里等，等了我好久我都没回来，跟他讲说，我跟你爸爸出去了，晚上的饭你们自己吃吧，我们不回来了。然后他赶紧打电话给我，说你在干吗，你赶快回来，妈不高兴了。我就不剪头发了，弄完了冲回来。

记者：当时说完就完全给忘了。

王艺璇：我完全给忘了，对。

记者：路上赶回来的时候还有点后悔？

王艺璇：我可紧张了，我就害怕，我说万一我婆婆跑出去，这样不高兴怎样怎样，其实开始我觉得没多大的事，但是我一觉得我婆婆性格是这样的，可能对她来说是很重要的一件事，这

个就是不同,但对我妈来说,没关系,说好了干吗,你不想去行,那我们干别的,就这样。(《缘分》2009年4月19日)

观察例(18)发现,说话者(王艺璇)向听话者传递了背景信息"说好带我婆婆去外滩的",同时也预示了后续的意外信息,"但是我就忘了这个事了,我就去剪头发了",表达了说话者羞愧担心的情绪。王艺璇认为约定好的事情就应该照做,但是事实并非这样,"说好X的"与"本来"和"但是"共现,凸显了"本来应该X,但是却Y"的违约性。后续句可以加"竟然",即"我竟然就忘了这个事了,我就去剪头发了",证明说话者想要告知听话者"事与愿违"的意外信息。

(19)新郎:<u>本来说好一块回家的</u>,看父母。<u>这一下子我去参加国庆阅兵,一个是时间紧、任务重,身为一个军人肯定服从命令,必须要服从这个命令</u>。进入阅兵,我们按照部队规定都得实行全封闭管理,给家人电话都不让打,很少有联系的机会。刚开始的时候她也是不理解、不了解。

邢云:特想吧。

新娘:想。(《人物周刊》2009年11月3日)

观察例(19)发现,说话者(新郎)在传递一个新的信息前先说明一个"本来说好的约定"作为铺垫。通过"说好"和"行为"之间的对比,说明说话者想要传递听话者一个"言而无信"的意外事实。

2. 回应话轮尾与意外消解的依据

"说好X的"放在回应话轮尾,作为言论的依据,加强对前续句判断的证明,表达了按照情理来讲不应该出现意外的情况。"说好X的"潜藏了对听话者叙述事实的质疑和否认,即"说好X的,怎么会Y呢?/不应该Y吧/不可能Y的"。其中,"说好X的"明示了听话者一个推测的依据,按照"约定好的承诺"推测本不应该发生意外信息。如,

(20)A:孙小姐,你的奋斗史对现在的年轻人有一个示范的作用,应该出一本回忆录。

B:出什么回忆录啊,<u>说好出写真的啊</u>。(BCC语料库)

观察例(20)发现,说话者(B)在回应话轮中,对听话者(A)让她出一本回忆录的事情表示疑问,说话者(B)认为之前约定好"出写真"的,就应该信守承诺,对违反约定感到疑惑与意外。

(21) A：这次竟然又是让我买单，让我帮忙还让我花钱。

B：就是啊，<u>说好的她请客的</u>。（BCC 语料库）

观察例（21）发现，听话者（A）对"让我帮忙还让我花钱"的行为表达不满和惊讶，认为这是不符合常理的，说话者（B）赞同 A 的观点，根据"说好的她请客的"的约定推测不应该"让我帮忙还让我花钱"，说明听说双方达成共情，B 的回应强化了"不合理"的行为。

(22) A：我一大早就去市场买了新鲜的大虾，她这次不会又临时有事吧。

B：怎么会呢，再等等哈，<u>说好周末回来吃饭的</u>。（BCC 语料库）

观察例（22）发现，听话者（A）对"她这次不会又临时有事吧"表示怀疑，担心意外再次发生，而说话者（B）提请听话者注意约定好的事情"说好周末回来吃饭的"，按照情理推测，应该不会违约，因此，说话者（B）安慰听话者不应该担心。

3. 独立话轮与意外情绪的表达

"说好 X 的"还可以单独充当话轮，这种情况常常与申明义的"呢"或者反问形式"不是吗？"共现，如"说好 X 的呢""说好 X 的，不是吗？""不是说好 X 的吗？"胡明扬（1981）认为，"呢"是在"提请对方特别注意自己说话内容中的某一点"。当说话者向听话者明示"约定好的承诺"时，其背后潜藏了一个与之相反的事实。越是对承诺的强调，越凸显实际行为没有兑现承诺的意外情绪。李元瑞（2018）认为，"说好的"出现在句首，陈述式中有上下文呼应时可以删略，但删略后预期与现实之间的巨大反差不复存在；反问式中"说好的"不能删略，否则与前文无法形成有效的关联。可见，"说好 X 的"反问句时独立承担会话组织的能力更强，违约行为整合进了说好的承诺中。郭继愁（1997）认为，反问句蕴含了"不合乎情理"的意义。"说好 X 的"独立用于反问句也表达了"没有实现 X 不合乎情理"的隐含义。如，

(23) 夏东海：站起来。我问你，弟弟杯子里牛奶是你倒的吗？

刘星：哎呀，<u>不是说好不提尿裤子的吗？</u>

夏东海：我没提裤子的事儿呀，我在说牛奶的事儿。

刘星：您看啊，咱按小雨的说法来说，他说他尿裤子是由于喝

牛奶引起的对吧？要是不想提尿裤子呢就不能提喝牛奶的事儿。

夏东海：说得有道理，好好好好，那我就不再提尿裤子和喝牛奶的事儿了。（电视剧《家有儿女》台词）

观察例（23）发现，"说好不提尿裤子的"在"不是……吗"的反问环境中单独作为话轮强调"没有实现约好的不提尿裤子的事情"而感到不合乎情理。说话者（刘星）表达了"违约"的意外情绪。

(24) A：导演临时决定你演前夫吧。

B：啊？<u>说好男一号的呢</u>。

A：你要服从安排。（BCC 语料库）

观察例（24）发现，说话者（B）明示"说好男一号的呢"的约定，表达对听话者（A）告知的新信息"言而无信"的意外情绪，与"啊？"共现，增强了质疑惊讶的语气。可见，说话者强调约定好的事实是想提醒听话者告知的新信息与原本的约定之间"不合情理"。

（三）"说好 X 的"的信息地位与意外情理评价方式

经过前文的分析可以看出，"说好 X 的"既可以作为告知意外信息的情理预示，也可以作为对意外情绪的表达手段，还可以作为消除听话者意外的情理依据。归结为一点，这些功能都与交际双方共享的情理认知有关，即听话双方默认"约定好的事情就应该履行诺言"。但是，到底是传递一个意外信息，还是接收一个意外事实，与言听双方的信息地位 [K+]／[K-] 有关。Labov 和 Fanshel（1977）提出的事件信息类型分别为，A 事件：言者所知较多；B 事件：听者所知较多；AB 事件：言者和听者都知道。方梅、谢心阳（2021）在研究对话中的问句的时候指出，如果该语言形式所包含的是一个 A 事件，那一般行使的是一个告知行为。如果是 B 事件，那么以疑问句的形式出现，寻求信息的确认。也就是说，知识掌握的多寡决定了说话者以什么方式对意外进行情理评价，这些表达方式表现为，是讲明告知意外信息的情理，还是讲明质疑意外事实的情理，或者是面对听话者的意外行为时，拿"言出必行"的情理作为与听话者进行协商的支撑手段。具体有什么表达规律还需要根据说话者 [K+] 还是 [K-] 的情况进行分类分析。

1. 说话者［K+］与意外信息告知

当说话者处于信息地位高的［K+］位置时,"说好 X 的"预示了接下来将要传递一个与约定违背的意外事实,常与转折连词"但是"共现,后续句可以加表意外的"竟然"进行测试。说话者强调之前的"约定"是想与后续的"言而无信"的事实做对比,告知听话者实际"做的"与"说好"的"情理错配",该种情况是输出一个与约定相违背的意外信息。

(25) 居民:房屋漏雨已经严重影响墙体剥落,正好在床头上,发霉,上面都是小虫,小虫很多。我每天都在擦,这一点一点都是虫子,过年之前保修到现在一直没有声音,<u>本来说好黄梅天前做完的</u>,<u>但竟然一点消息都没有了</u>,像黄梅天漏雨漏成这样以致墙体剥落,虫到处都在爬。雨很大,只好用大的桶来接水。

主持人:长期屋顶漏水还危及用电的安全。

居民:刚搬进来没多久就漏,刚开始厅里灯的位置漏水,漏得蛮严重,以致灯都不能开,灯罩盘里全是水而且都锈掉了。

(《东广早新闻》2010 年 7 月 5 日)

观察例(25)发现,"本来说好黄梅天前做完的,但竟然一点消息都没有了"为陈述句,说话者(居民)处于［K+］的位置,"本来说好黄梅天前做完的"预示了接下来要告知听话者一个"本应该做但没有做"的意外信息。"说好 X 的,然而"构成了转折关系,前后形成"言而无信"的强烈对照。

2. 听话者［K+］与意外信息质疑

当听话者处于信息地位高的［K+］位置时,说话者处于［K−］位置,说话者好奇为什么之前"说好 X 的"但现在却没有实施,表达了说话者对听话者告知的新信息的质疑态度,希望听话者能够给自己一个合理的解释。该种情况是表达对接受的新信息的意外情绪,对"违背情理约束"的行为进行质疑。

(26) 和平:唉唉唉,不是,你不是拿着钥匙了吗?

志国:是拿着了。

和平:啊,两室一厅。

志国:没错两室一厅。

和平：啊！

志国：跟人合住。

和平：什么？……**怎么又改主意啦**？<u>不是说好分房的吗？</u>

志国：是说好了，他又变了呀，他计划再好也赶不上变化呀。

和平：唉你们单位领导怎么说话不算话呀。（电视剧《我爱我家》台词）

观察例（26）发现，与例（25）陈述句不同，"说好分房的"表达了说话者（和平）对意外信息"跟人合住"的疑问，通过与前面"什么？""怎么又改主意啦？"共现也可以看出，"说好 X 的"在该例中表达了质疑态度，约定"说好分房的"和实际行为"跟人合住"在情理上错配导致了意外情绪的产生。听话者（志国）处于［K＋］的位置，在下一话轮中肯定了和平的困惑，即"计划赶不上变化"。

3. 言听双方地位平等与意外后的人际协商

当听说双方处于平等的信息地位时，无所谓谁知道的多或者谁知道的少。说话者好奇为什么听话者没有履行约定好的承诺，并与听话者重新协商，提醒听话者应该信守承诺。该种情况强调了应该"履行承诺"的立场态度，说话者通过明示一个"合情合理"的建议来进行人际协商，期待重新达成同盟。

(27) 刘星：你**竟敢**压榨你亲弟弟。

夏雪：我说您能别瞎用词行吗？什么叫作压榨呀。

刘星：本来就是嘛，<u>说好给人家劳务费的</u>，你为什么不兑现啊？还让人那么点儿的小孩儿给你抄五线谱，最后还不给人家工钱，这跟以前的地主婆有什么两样呀？

夏雪：你没经过调查你别瞎说行不行啊？我是让他一个人抄又没让他找那么多人抄。（电视剧《家有儿女》台词）

观察例（27）发现，说话者（刘星）对"说好给人家劳务费的"但实际没有兑现的行为表示责怨，虽然处于问句中，但并不表达疑惑，也不期待听话者做出合理的解答。在下一话轮中，夏雪虽然向刘星解释出现"违约"的行为另有隐情，但是刘星表达"说好 X 的"时默认交际双方处于平等地位，"说好给人家劳务费的"为指责对方不应该不兑现找到了依据。

(28) 老胡：不要不要不要，我就是不要。

傅老：胡学范，你这个人**怎么**反复无常啊？

老胡：啊？

傅老：<u>本来说好要把这台空调让给你的嘛，你现在忽然又不要嘛</u>。老胡呀不是我批评你，出尔反尔，一会儿一变，你这个毛病怎么老也改不了呐？

老胡：我出尔反尔？我一会儿一变？我告诉你。

傅老：老胡啊，不要激动，啊，不是你自己说的吗？两千九买一台空调，跟白捡的一样啊，这个我们志国现在还年轻，以后捡东西的机会多的是，所以我就把这次机会让给你了，你不要辜负我对你的关心呐。（电视剧《我爱我家》台词）

观察例（28）发现，交际双方处于信息平等的地位中，说话者（傅老）并不是向听话者（老胡）询问信息，而是提醒老胡之前的约定"说好要把这台空调让给你的嘛"，指责对方不应该"现在忽然又不要嘛"。

（四）"说好 X 的"的语用意图及会话原则

1. 语用意图：责怨失望、质疑困惑、安慰共情与请求协商

通常我们说与预期不相符，包含了惊喜和惊异正反两种情感态度。但是本书所说的"说好 X 的"明示了后续行为与承诺不一致，而"应该兑现的承诺却没有兑现"往往会引发说话者的"负面情感态度"。向外，表达了对听话者责怨的交互主观性；向内，表达了自身对违约行为失望的主观性情感。

(29) 郑胜利：爸，你说现在这个社会，哪还有诚信呢？就说这个王校长，<u>说好是跟我们阿尔法公司一起联合办学的，现在倒好，办着办着学还改拍戏了</u>，我跟宝宝好像现在是给他打工的。

郑西坡：胜利啊，你们教育这事办得不顺利啊？

张宝宝：不是不顺利，是太不顺利了，爸，最近我们干什么什么不顺，连钱都来得慢了，我觉得改名叫郑乾之后，好像一点用都没有啊。（电视剧《人民的名义》台词）

观察例（29）发现，说话者（郑胜利）表达了对违约"说好是跟我们阿尔法公司一起联合办学的"行为"现在倒好，办着办着学还改拍戏

了"的意外情绪，同时传递了对对方的责怨意图。

(30) 张先生：开始我觉得被暗算心里不爽，但想想，大喜的日子，别弄得不痛快。得，给吧。可这还没完，下面的收费还多着呢！想要放气球吗，给钱！想要录像带吗，钱！连当初<u>说好给赠品的</u>，<u>最后全都要钱</u>。

主持人：我算明白了，原来竹杠是可以这么敲的。以后哪位朋友结婚，咱签订的协议可得看细了。(《第一时间》2008年3月10日)

观察例(30)发现，"说好给赠品的"约定却并没有兑现，表达了说话者（张先生）意外之余对对方的指责，同时也表达了对违约的失望情绪。

(31) 窦文涛：我觉得他们现在知道伦敦这个奥委会的人对外一说就是说什么，我们现在的这个花费还在预算控制之内，你说他这个市长为什么紧张，这个市长刚上任三个月。他是遇到了压力，市民要求他减少市政开支。他办奥运这点钱，小部分来自纳税人，大部分是来自英国的产业，他筹不到钱。本来说澳大利亚一个建筑公司给他盖奥运场馆什么的，<u>原本说好是盖完了这个场馆的</u>，人家这个公司有产权，可以把这个房子卖了，把这个本儿还回来嘛，可是现在美国次贷危机，英国这个房地产价格下滑了，<u>澳大利亚那公司说不干了</u>，说咱得重新谈谈合同，所以他挠头嘛。

许子东：不过回到伦敦，热爱体育的人觉得也是有顺理成章的一方面，因为现在的这些体育项目，英国是1/3的起源地。
(《锵锵三人行》2008年8月26日)

观察例(31)发现，说话者（窦文涛）告知听话者一个与原本约定相违背的新信息，实际行为"澳大利亚那公司说不干了"并没有履行原本的约定"说好是盖完了这个场馆的"，社会共享的期望是"说到做到"，但是现在却失约了，表达了说话者（窦文涛）对该新闻事件的负面评价态度。

当"说好X的"用于对听话者的回应时，是想告诉听话者"说好的约定"一个推测，即不可能不履行承诺X，根据听话者传递的信息这里分了三种情况,第一种情况是,听话者表达一个新信息时,说话者发现该信息与头脑中预先默认的承诺"说好 X 的"不相符,从而表达对违约事实的质疑意外。第二种情况是,当听话者表达一个意外事实时,说话者利用"说好 X 的"来明示事实与承诺的抵触,表达对意外事实的共情。第三种情况是,当听话者表达一个担心的事实时,说话者利用"说好 X 的"来打消意外事实出现的念头。后两种情况都实施了对听话者安慰的言语行为。

(32) 嘉宾:是的,因为可能关心得少了,因为外面的事情太多了,那忽然之间,有一天晚上,就一个一个向我来提出辞职了。我这个时候找了一下原因,就是其他人给他们工资稍微高一点。

主持人:还剩下多少?

嘉宾:还剩下一个,那天实在是非常寒心,因为我心里想,我那么给她们关心,也那么亲手培养的,忽然之间提出走的时候,我是承受不了的。

主持人:不是说好演出的吗?人都走了?怎么办?

嘉宾:我临时在上海聘请了一帮演员,临时高薪聘请,所以撑不住了,发不出工资啊。(《乡约》2010 年 1 月 14 日)

观察例(32)发现,说话者(主持人)处于信息地位低的位置,向听话者询问信息,期待听话者能够解答"不是说好演出的吗?人都走了?怎么办?"的疑惑。

(33) A:我都等得快睡着了,怎么还没有更新啊。

B:就是啊。说好十点更新的。(BCC 语料库)

观察例(33)发现,听说双方都期待更新电视剧,但是却事与愿违,说话者(B)强调了约定"说好十点更新的",表达了对对方意外情绪的共情。

(34) A:爸又把房产证藏起来了,怕他儿子没地方住吃亏。

B:说好一视同仁的,怎么又开始护着儿子了,女儿也是孩子啊,难道就因为你有钱?(BCC 语料库)

观察例(34)可以看到,交际双方都对"爸又把房产证藏起来了,怕他儿子没地方住吃亏"的行为感到意外,说话者(B)认为,"说好一视同仁的"不应该"又开始护着儿子了",表达了与听话者的共情。

(35) A：他怎么到现在还没来报到啊，你说他会不会骗我们啊，万一他没报考这所学校怎么办啊。

B：不会不会，<u>说好了一起上大学的</u>。（BCC 语料库）

观察例（35）发现，说话者（B）安慰 A 不应该担心，因为既然约定"说好了一起上大学的"就应该履行，按照情理上来讲，不应该"言而无信"，从而打消了听话者（A）的疑虑。

当"说好 X 的"作为反问形式独立存在于话轮中表达意外情绪时，说话者重申应该兑现而没有兑现的承诺，依据"言而有信"的社会规约，说话者期待能够与听话者重新协商，达成一致意见。如，

(36) A：好期待我偶像的演唱会啊。

B：你自己去看吧，我临时加班。

A：<u>说好陪我一起看的</u>。

B：那好吧，不然我请个假。（BCC 语料库）

观察例（36）发现，说话者（A）对（B）"出尔反尔"的行为表达了惊讶，并利用"说好陪我一起看的"的约定提醒听话者不应该"言而无信"，其语用目的是想重新与听话者（B）协商，重新让（B）履行约定。

(37) 唐晶：我在想，不知道再过十年、二十年，我们还会不会像现在……

贺涵：我们<u>说好在一起不谈未来的</u>。

唐晶：还有不谈婚姻。

贺涵：不谈恋爱。（电视剧《我的前半生》台词）

观察例（37）发现，说话者（贺涵）提醒听话者忽略的约定，最终协商一致，即"在一起不谈未来"。

总之，"说好 X 的"表达了言者对"X"的确信认同的立场，引发了交际双方共同注意"约定好"的信息，预示了对后续"言而无信"行为的负面情理态度，期待听话者能够与自己重新协商，达成同盟的人际关系。

2. 会话原则：质量准则与礼貌原则

"说好 X 的"表达负面的意外情绪时，遵循了礼貌原则和质量准则。"约定好 X 但却没有实现"打破了"言而有信"的社会期待。"说的"和

"做的"不一致,违反了会话合作的"质量准则"。"说好 X 的"以肯定的形式提醒听话者共享的约定,要比直接叙述违反约定的行为更加维护面子,这遵循了礼貌原则中的得体准则,即最小限制地使别人受损,最大限制地使别人得益。

(38)(背景:客厅,和平收拾东西,傅老拖一大纸箱上)

和平:哎哎,爸,咱说好自个儿收自个儿东西的,您怎么又动我们的东西呀。

志国:爸,这箱子里东西还没清理呢,您就往外扔啊。

和平:是啊。

傅老:这还用得着清理呀,我记得很清楚,这个箱子是和平过门那年,他们娘家给她装被和用的。

和平:对呀。

傅老:完后呢你们就放在屋外,一放就是十来年,你看这十多年都用不着了,这被子肯定用不着了。(电视剧《我爱我家》台词)

例(38)通过"咱说好自个儿收自个儿东西的,您怎么又动我们的东西呀"推断出父亲违反了质量准则,没有信守承诺,引发了和平的意外情绪。而说话者(和平)为了维护父亲的面子,用了肯定式的约定"咱们说好自个儿收自个儿东西的"来提醒听话者注意,即给听话者"讲道理",既然说好的约定就应该履行,是正面劝说听话者实施约定的行为,没有直接用"不应该动我们的东西"来指责对方,尽量避免对方面子受损。

当"说好 X 的"作为对听者重新协商的依据时,遵循了礼貌原则中的一致准则。这要求说话者:使对话双方的分歧尽量减至最小限度;使对话双方的一致尽量增至最大限制。"说好 X 的"调动听话者固有共享约定,提醒听话者"不按照约好的 X 实施行为"是不符合情理的。说话者并没有直接对听话者的话进行反驳,而是以之前的"约定"作为铺垫,说话者坚持与共享的约定保持一致,表达赞同"X"的立场,期待把听话者拉回到之前同盟关系中,减少与听话者的直接分歧。

(39)高育良:你坐下,急什么?坐下!

高育良:既然意见发生了分歧,就要进行充分的讨论,要更加慎重，我看这件事情，还是要请示一下省委书记沙瑞金同志。

侯亮平：陈海啊，你那边什么情况啊？<u>说好协同作战的，你们就这么掉链子？</u>还有季检察长真想帮我就别去汇报，我现在协作手续已经传过去了，你也别和他们商量了，丁义珍我是志在必得，直接抓人吧。

陈海：你有点耐心啊，等我们省委的决定。

侯亮平：还等？我可告诉你啊，这人要是跑了，别怪我跟你翻脸，好，等你好消息啊。（电视剧《人民的名义》台词）

观察例（39）发现，以前听说双方处于同盟关系中，对"协同作战"达成了一致的认知。说话者（侯亮平）以此约定来提醒听话者注意，没有直接反驳对方"不应该掉链子"，尽量减少与听话者的分歧，期待听话者能够履行承诺、重新协商一致。

综上所述，本节将元话语"说好X的"看作是对"言而无信"的意外进行的情理评价表达。随后，分别从位置敏感、信息地位、会话原则、语用意图等角度对该构式所表达的预示意外信息、表达意外情绪、解除意外担忧等功能进行了分析。

"说好X的"不仅表达了对约定的强调，而且还预示了违背"约定"的"行为"事实，由于违背约定所以激发了说话者对意外进行情理评价。作为意外的预示语，"说好X的"背后蕴含了"言出必行""言而有信"的社会规约化情理期待，也就是说，语言形式"说话X的"本身就暗含了说理的含义。

四 小结

本章分析了两种用元话语来表达"言行不一"意外的情理评价形式，分别是表达行不副言的"还X呢"和表达言而无信的"说好X的"，前者是反驳"不应该这么说"，即按照现实的行为这么说是不合情理的；后者是指责"不应该这么做"，即按照约定好的事情这么做是不合情理的。因此，说话者的意外情理评价是由于"言"与"行"在情理上的不适宜所激发的。本章重点分析了说话者在讲明"不应该这么说"或"不应该这么做"时背后所依据的情理，即按照社会规约化的情理期待"还说X

呢，就不应该 Y""说好 X 的，就应该 Y"。而意外是指"做了 Y，却还说 X 呢""说好 X 的，却没有 Y"。意外情理评价表达与元话语本身的说理性质有关，说话者利用"说好 X 的"和"还 X 呢"来对意外进行"讲道理"。可见，元话语评价既可以是对"话语"的否定，也可以是对不符合"说辞"的"行为"进行否定。

由此可以看到，利用元话语来对意外进行情理评价是交互主观性的用法，更关注交际双方共享的情理认知以及听话者的立场。与之前所论述的"又不是 X""X 毕竟是 X""X 难免 Y""要不是 X，才不 Y 呢"等构式不同，本章并不探讨说话者是如何通过讲明事物本身蕴含的情理来解除意外情绪的，而是分析了另外一种"讲道理"的方式，即通过讲明"说辞"与"行为"的情理对抗来表达对意外的评价，这种方式更重视"话语"的情理约束，而不仅仅是事物本质属性的情理约束。

第八章

意外的情理评价表达规律及理论思考

一 情理表达和意外表达的特征差异

人们做事总会遵循一定的道理,而对道理的认知往往与人们头脑中已有的潜在情理有关。经过前文的分析我们知道,"情理"和"事理"存在细微的差别,李先银、洪秋梅(2017)首次将两者进行了区分,"情理"专指人行为做事的道理、理由,"事理"指的是除人以外事物行为或运行的规律。有些学者谈及的"事理"其实就是"情理",如刘娅琼、陶红印(2011)认为,事理立场,粗略来说就是说话人对事物的合理性所作出的一定判断。如果说话人认为事物是不合理的或不能令人满意的,这个事理立场就是负面的。显然,他们谈及的是与人的认知和情感有关的"情理"。李先银、洪秋梅(2017)将情理定义为,人们行为做事的道理、理由,包括社会道德、法律法规、或明或暗的社会行为准则等。而也有学者认为,情理除表达"做事的规则"外,还包括主观认识、评价事物的道理。如,赵彧(2021)认为,评价及其对象之间也存在情理关联,这会对人们的认识起指导作用,呈现为合情理语境和反情理语境。许多话语研究者把情理属性称为评断立场(evaluativestance,如Englebretson,2007)。另外,情理与预期也有一定的关联,陈振宇、姜毅宁(2019)认为,常规反预期,即事实与社会对事物的普遍看法、社会道义情理等推出的有关知识不符或相反。一般情况下,说话者认为自己是一个正常的社会人,故自预期一般包括常规预期。合乎说话者心理"联想"

(association)的一般方向，被称为语义和谐。虽然前人在研究中已经触及了"情理"的概念，但是仍然缺少对语言事实本身的系统观察。

人们无论是"行为做事"还是"认识评价"抑或是"言论表述"，都与心理知识库中已有的社会规约、经验习惯、常识常理、约定规则等情理约束有关，人们头脑中潜藏的情理约束其实就是常理预期，离开了情理的约束就会使人因违背"常情常理"而感觉到"不适宜"，所谓"意外"其实就是对"情理"之外不适宜的事实的情绪反应，往往表现为惊讶和感叹。寻找到"意外"和"情理"的关系后，本章将主要分析"意外表达"和"情理表达"有什么特征差异。

（一）情理表达的内化规约性和意外表达的外显新闻性

"情理"最显著的一个特征就是其稳固不变的、群体共享的规约性特征。"意外"是指"不合情不合理"的突变的新闻性事实。"情理表达"就是对这种规约性特征的内化表达，是对内心已有认知逻辑的理性阐释。"意外表达"就是对这种违背情理的事实的情感外显。"客观事实的发展不以人的意志为转移"，"情理"就是心理知识库中潜藏的道理，人们对事物发展、社会活动的预期、认知、评价、情态等都依据社会规约的规律，即情理是具有主观性的规约，而客观事实的发展往往不会按照主观规约进行，常常会出现新的特异情况，偏离人们的情理预期。李先银、洪秋梅（2017）认为，关联框架一旦情理化后，会以规则性条款的形式储存于我们的心理知识库中，构成语言互动交际依赖的共享知识（common knowledge）的一部分。心理知识库中的情理关联一般处于非激活状态，一旦行为关联的事件出现，潜藏的情理就可能会被激活，驱动话语的启动和前进。潜藏情理的激活一般分为两种情况，一种是新的事物按照情理约束进行，这也是大部分情况，人们社会活动总是会按照约定俗成的规矩来，行为、认知、言论都有其发展的本质联系和必然趋势，即"X本应该Y"。另一种是新的事物打破了情理约束的社会期待，出现了新异现象，偏离了人们固有的认知，因事物与情理的不匹配激发了说话者的意外评价，即"X本应该Y，但实际却没有Y"。反过来说，意外等主观性的表达背后蕴含了情理的动因，找到背后的逻辑也就能更好地解释主观情态的表达。

(1) 大冬天的 [规约性]，凉水泡脚 [新闻性]。(《7 日 7 频道》2008 年 1 月 12 日)

(2) 一个大品牌的饮料 [规约性]，竟然被检测出了农药 [新闻性]。(《焦点访谈》2021 年 9 月 29 日)

(3) 又不是过年 [规约性]，写什么春联 [新闻性]。(微博语料)

(4) 生病了 [规约性]，你也不关心我一下 [新闻性]。(BCC 语料库)

观察例（1）至例（4），冬天不应该用凉水泡脚、大品牌的饮料不应该被检测出农药、不过年就不应该写春联、生病了应该关心"我"一下，这些社会规约、常识经验、约定俗成的情理已经潜移默化在人们的头脑中，不需要特意地强调，交际双方就能够达成共识，而事实一旦违背了时间属性、角色特征、必然实现的情理约束就会激发意外表达。无论是用语言形式标记规约性的情理认知，如"大 X 的""一个 X""又不是 X"，还是用语言形式标记新闻性的意外事实，如"也不 Y"等，其实都是用富有说理性的语言形式来表达对意外的评价。

再来对比一组单纯"情理表达"和单纯"意外表达"的例子，如，

(1′) 大冬天的，本应该在家洗个热水澡。[情理：X 本应该 Y]

(1″) 你竟然用凉水泡脚啊！[意外：竟然……啊！]

可见，意外表达是面对"反常理"的新闻事件的情感外显形式，而情理表达则是"合常理"的规约化认知的理性内化形式。

（二）情理表达的预期动因性和意外表达的现实结果性

根据前文的分析可知，客观事实激活了情理的认知，而事与愿违激发了意外情绪，意外表达归根结底是由于当前信息在情理上"不适宜"引发的。因此，情理是"因"，意外是"果"，由因致果。前人在分析意外的时候常常会涉及"预期"的概念，陈振宇、姜毅宁（2019）认为，意外与"反预期"和"未预期"有关。但是遗憾的是，前人对意外的分析很少关注情绪表达背后的"理"和"逻辑"，往往从情态、评价、认知等主观性的视角定义意外并分析意外，这样就难免随文释义或者主观臆断，缺乏理性形式上的抓手。而本书对意外的分析不止步于单纯的情绪表达，而是找到主观性表达背后的道理和规律，探求说话者是如何通过

"摆明事实"和"讲明道理"两种方式向听话者传递"不言自明"的"情理",期待与听话者产生共鸣。本书在语言实际使用中找到了一些本身就具有"说理"性质的语言形式,对其表达意外的情理评价的规约化功能进行了分析。

(5) 连老师都不认识这个字。[用情理动因评价意外结果](BCC语料库)

(6) 还(说)不会写作呢,都出书了。[用情理动因预示意外结果](BCC语料库)

(7) 孩子毕竟是孩子,再懂事也有幼稚的一面啊。[用情理动因解释意外结果](BCC语料库)

观察例(5)至例(7)发现,在例(5)说话者的情理认知中,老师是知识的权威,不可能不认识这个字,而现在却出现了这样的极端情况,激发了说话者对极性颠倒的意外情绪。这是通过"摆事实"的方式向听话者传递一个意外信息,可以加"竟然"进行测试,如"竟然连老师都不认识这个字"。在例(6)说话者的情理认识中,都出书了,不应该说不会写作,体现了"行不副言"的特点。这是通过"讲道理"的方式向听话者讲明为什么不应该说不会写作的道理。例(7)中的说话者通过确认"X"的本质属性来向听话者讲明"孩子本应该是幼稚的"道理,对听话者的意外情绪进行了解释说明,即说话者认为,按照情理,听话者不应该对"孩子的幼稚"感到惊讶,修正了听话者的错误情理预判。

需要注意的是,本书并不仅仅依据语境来判断语言形式的功能,而是探索了语言形式本身的固有功能。"连X都Y"本身就蕴含了"X作为极端典型,X最应该Y"的情理,"还X呢"本身就蕴含了"有了Y的行为就不应该说X"的情理,同样,"X毕竟是X"本身也蕴含了"X是Y的本质属性,所以,X本应该Y"的情理。而这时一旦出现了违背情理的意外事实时,说话者就会利用这些语言形式"摆明情理评价的事实"或者"讲明意外事实的情理"。

(三)情理表达的交互说理性和意外表达的主观抒情性

从主观性和交互主观性的视角来看,"意外"情绪的表达更倾向于个人主观情态的表达,是说话者对与一般情理"不相适宜"的事实进行的主观性评价、立场、认识。而说话者向听话者传递一个意外事实时，总是期望交谈对方能够与自己共情。因此，说话者常常会利用交际双方共享的"情理"来"摆明事实"，从而达成双方的同盟关系，使得听话者更容易理解反意外情绪的动因。除此之外，当听话者表达意外情绪时，说话者会利用社会群体规约的"情理"来"讲明道理"，从而"以理服人"。通过"晓之以理、动之以情"的方式更容易让听话者修正已有的情理预期，从而解除意外情绪。Cooper（1997）在讨论影视剧中"观众认同"（audience identification）时曾指出，剧中的人物表达情绪来引发观众的认同感。而"情理"的表述方式就是为了增加听话者对意外情绪的认同感，并增强对意外情绪答疑解惑的说服力。可见，单纯的意外表达是具有"主观抒情性"的表达方式，而意外的情理评价表达更关注听话者的接受程度，更具有交互主观的"说理性"特征。如，

(8) 又不开车[说理]，怎么能不喝酒呢[抒情]。（BCC 语料库）

(9) 窦文涛：像昨天第一天这个直播，我后来一回看，我发现我把韩国的那个朴智星，竟然叫成"柳三肺"了[抒情]。

　　许子东：所以说这个直播也就难免有这个口误[说理]。（《锵锵三人行》2010 年 6 月 15 日）

(10) 一大早就起床炖肉[说理+抒情]。（BCC 语料库）

观察例（8）至例（10）发现，例（8）中的说话者通过解情理的方式强调了事实不具备"开车"的属性，诱导听话者根据溯因推理推导出"不应该不喝酒"的道理，从而使得听话者理解说话者的意外评价意图，达到说服听话者的目的。例（9）中的"直播也就难免有这个口误"补充说明了"竟然叫成柳三肺"的口误是情理上必然的结果，说话者用共享的情理期待听话者认同，解除听话者的意外情绪。例（10）中的说话者摆明了"一大早就起床炖肉"的事实，激活了听话者头脑中的认知，按照经验习惯的情理来讲，"一大早不应该起床炖肉"，而事实却违背了常理，激发了意外情绪。

可见，"又不是 X"表达了"不是 X 所以不应该 Y"的情理，"X 难免 Y"表达了"X 本应该 Y，Y 是不可避免的必然结果"的情理，"X 就 Y"表达了"X 在情理上早于 Y，所以 X 本不应该 Y"的情理，这些情理之所以可以用来作为"摆事实"和"讲道理"的强有力证据，是因为这

些情理是交际双方所共享的规约化的认知，因此，"情理表达"具有交互主观的说理性，而"意外表达"更倾向于说话者的主观性抒情表达。

二 情理表现和意外评价的制约关系

本书的目标就是从情理的角度出发探求意外评价表达背后的动因，找到语言形式的情理表现与意外评价的制约关系。在言语交际中，当说话者想要表达一种主观情态时，总是会"晓之以理、动之以情"。意外，作为一种具有强烈情感情绪特征的主观情态表达，当然也涉及说理的方式。说话者通过"以理服人"的方式期待听话者对意外情绪产生共情。"常情常理"本身就潜藏于交际双方共享的认知中，由于不适宜的意外事件激活了说话者对其进行情理评价，这说明，考虑到听话者的接受程度，说话者利用双方熟知的道理来拉动对方参与。那么，到底有哪些不适宜的情理激发了意外评价表达呢？也就是说，情理表现与意外评价的制约关系在语言表达中呈现出哪些规律呢？

（一）性质属性的情理错配与意外的立场

在分析意外的情理评价表达过程中，比较常见的就是因"性质属性"与"实现结果"两者的"情理错配"而激发的意外评价表达。笔者在第二章已经指出，不同的性质属性都有各自的情理约束，如"X 本应该/不应该 Y"，"Y"的实现与否是由"X"的性质属性来决定的。因此，说话者就会通过确认属性特征、告知性质特点等方式调动听话者对性质属性本应该制约的行为结果的情理认知，而后续的实现结果又打破了这种情理认知，所谓意外就是指实现结果与性质属性错配了。说话者表达对性质属性的立场，目的是向听话者摆明一个违背性质属性情理约束的意外事实，并期待听话者共情。如，

（1）一个大医生［角色属性 X］，竟然见死不救［实现结果 Y］。（BCC 语料库）

（2）大半夜的［时间属性 X］，逛什么街［实现结果 Y］。（日常录音）

观察例（1）和例（2）发现，例（1）中的"一个 X"框定了社会

角色"X"的行为特征,说话者通过确认"一个大医生"的角色属性,强化了"医生"应该"救死扶伤"的情理认知,而当前的事实却与之相反,"见死不救"与"医生"的角色错配激发了说话者的意外评价表达。对于例(2),在人们的生活习惯和经验认知中,"半夜"不应该"逛街",一旦出现了情理上的错配,就会引发说话者对意外事实的负面评价,与"什么"共现,也能够看出说话者的责怨态度。需要说明的是,"竟然"和"什么"对意外实现结果的叙述略有不同,"竟然见死不救"表达了对见死不救事实的惊讶,而"逛什么街"是说话者对逛街这一提议的评价态度,前者为叙实性的,后者为主观性的,但是都表达了"性质属性"与"实现结果"在情理上的错配关系。

可见,说话者通过"性质属性"的强调表达了对当前事实的立场,即"X本不应该Y,但却Y了"或者"X本应该Y,但却没有Y"。"一个X"和"大X的"除对角色属性和时间属性的强调外,还具有表明对后续句Y的意外立场的功能。其目的是想通过摆明"情理错配"的意外事实来与听话者互动,因为情理是双方共享的,所以当表达"情理错配"时其对意外情绪的评价也就不言自明了。

(二) 实现结果的事与愿违与意外的态度

根据情理的"X本应该/不应该Y"认知制约方式,说话者除通过强调性质属性"X"的方式来表达对意外事实的"情理错配"评价以外,还可以通过比照行为实现"Y"是否达到了情理约束的要求来表达说话者对实现情况的主观态度。当行为实现与情理约束存在"不适宜"的结果时,就会激发说话者的意外情绪。笔者在第三章分三种情况进行探索,一是行为的实现结果与情理的预期相反,这是最常见的一种情况,称为"反情理实现";二是实际行为虽然最终实现了情理的要求,但是并没有实现好,即与情理期望的量值有偏差,称为"超情理实现";三是实际行为恰恰实现了主体情理的预判,称为"合情理实现"。合情理实现与前面两种情况的不同之处在于,合情理中的情理预判是推测主体的个人意志,而说话者总是认为事实不以人的意志为转移,所以说话者对主体的情理预判抱有怀疑态度,当最后结果恰恰又与主体预测情理相吻合时就会让人产生惊讶的情绪。本书认为,无论是"反情理意外"还是"超情理意

外"或者是"合情理意外",都是因"事与愿违"而触发了说话者的意外态度。如,

(3) 都过年了,也不回家看看。[反情理意外]（微博语料）

(4) 40多岁了才上大学。/15岁就结婚了。[超情理意外]（BCC语料库）

(5) 据说当年就是他把张小平从摔跤队送到了内蒙古的拳击队[情理预判],为了这事,当年摔跤队的老教练没少埋怨他,说他把摔跤的苗子给挖走了[质疑],不过这一"挖"还真的挖出了个拳击奥运冠军。[合情理意外]（《第一时间》2008年8月25日）

观察例（3）至例（5）发现,在例（3）中,按照中国的传统习俗,"过年"当然应该"回家看看",但实际情况却与之相反,因此引发了说话者的意外情绪。对于例（4）,按照常理常情来看,40岁上大学超出情理预期,15岁结婚低于情理预期。虽然社会期望人应该上大学也应当结婚,但是实际情况却与情理期望实现的时间量不相符。例（5）中的教练把张小平挖走肯定是期望他能成为奥运冠军,但实际情况还真的实现了,就会令人感到惊喜,从而导致意外情绪。

可见,说话者通过对比"实现结果"与情理的要求后发现"事与愿违",由此激发了说话者对"事与愿违"意外事实的情理评价态度,其目的是想通过摆明"事与愿违"的意外事实来与听话者共情。从本书所分析的"也不Y""才Y""就Y""还真的Y"的语言形式上看,这些表达本身就具有说理的性质,因此用这个语言形式表达意外的情理评价是规约化的结果。也就是说,语气副词"也""才""就""真的"具有强化意外的情理态度的功能。

（三）量级落差、极差颠倒与意外的推理

在分析语料的过程中发现,当极差等级不符合情理的期待时也会激发意外情绪的表达。在第四章,笔者结合语料做了详细的分析。一方面,分析了当主观大量"都X了"与主观小量"还Y呢"共现使用的语用功能。大量应该与大量匹配,小量应该与小量匹配,而一旦等级搭配颠倒实现就违反了情理的价值观,说话者会因为量级程度的错配而感到意外。

另一方面，分析了"连 X 都 Y"所表达的在情理中最不可能实现的情况却实现了（或者最可能实现的情况却没有实现）的情况。当极量情况颠覆人们情理认知实现时就会激发说话者的意外评价。而说话者通过"极差颠倒"的情理"适配落差"向听话者传递意外信息时，更容易激活交谈对方的情理认知，从而与听话者产生意外的共情。

(6) 都当妈妈了［主观大量］，还跟个孩子一样呢［主观小量］。（微博语料）

(7) "免费午餐"并不好吃，这些试点大多位置不好，记者在采访过程中，为了找逢源街的点，就问了不下 5 个人，连街道的工作人员也不知道在哪［极端大量］。位置偏僻，生意当然比不上在商业旺地。(《广视新闻》2010 年 8 月 28 日)

观察例(6)和例(7)发现，例(6)中的"都当妈妈了"为主观大量，应该与高量义相匹配，而实际情况却恰恰出现了主观小量的情况"还跟个孩子一样呢"，表达了说话者失望、意外的情绪。在例(7)中，按照情理认知，"街道的工作人员"是最熟悉街道情况的人，也是最应该知道要找的地点在哪的人，即"X 最应该 Y"，"X"与"Y"在情理上关联最紧密，而现在却极差颠倒，引发了说话者的意外情绪。极差推理也是言谈交际中比较常见的情理表述方式。

可见，无论是"主观大量"和"主观小量"的搭配落差，还是"最应该实现的极端量，却没有实现"的极差颠倒，说话者都是想利用"都 Y_1 了，还 Y_2 呢"与"连 X 都 Y"的语言形式表达对意外的推理态度。其实，"都 Y_1 了，还 Y_2 呢"和"连 X 都 Y"两个比较构式本身就蕴含了逻辑，与前人所说的因果逻辑、极端逻辑、周遍逻辑不同，本书将这两个构式运用于对意外的分析中，赋予了其情感逻辑的推理评价意义。

(四) 性质属性的情理释因与意外的解除

前文总结了当说话者强调性质属性"X"的时候是想要衬托后续情理错配的意外事实"Y"，通过表达对"X"情理立场的方式来摆明意外事实。而在本书的第五章中，笔者换了另外一种思路来思考说话者对性质属性的强调意图。除了想要摆明后续意外事实外，说话者还可以通过对性质属性进行判断的方式来表达对意外事实的释因，从而达到解除意外情绪的语用意图。而判断无非是肯定判断或者是否定判断，否定判断是通过解除性质属性约束的方式来反意外，肯定判断是通过肯定性质属性的约束来反意外，两者都表达了对意外情绪解除的语用目的。如，

（8）A：以后不要送我礼物了，送了我也不要。

　　B：<u>又不是什么贵重的东西</u>。［不是 X，所以不应该 Y］（微博语料）

（9）A：我要去跟法官说，他不能冤枉一个好人。我丈夫是好人，_{~~怎么就判死刑了呢~~}。

　　B：<u>法律毕竟是法律</u>［是 X］，不能违反。不能因为你是好人就不给你判刑［本应该 Y］。（BCC 语料库）

在例（8）的情理认知中，"不要贵重的东西"才"情理可原"，而现在解除了这层约束关系，即"不是贵重的东西本来就应该收下"，如果再不要就"情理难容"了。可见，"又不是 X"否定了"X"的属性，"不是 X"就不能实现"Y"，一旦错配就会激发意外情绪，"又不是 X"体现了说话者认为听话者不知道这个道理而对听话者进行宣告。例（9）中的说话者利用对"法律"性质属性的判断，来说服听话者认同按照法律来说就应该判死刑的事实，解除听话者对"怎么就判死刑了呢"的意外情绪。

可见，说话者在这里对性质属性的强调并不是对话题进行限定，不用来为后续的意外摆明情理约束。第五章的分析都是针对说话者用性质属性的判断来解除听话者意外情绪的语用目的而言的。同时，"又不是 X"经过回溯推理本身就具有"不应该 Y"的说理含义，"X 毕竟是 X"也潜藏了"本应该 Y"的情理。因此，说话者对性质属性的判断就是在说理，通过讲道理的方式"以理服人"，从而达到解除对方意外的语用功能。

（五）因果条件的充要必然与意外的解释

在语言表达中，通过讲明意外评价背后蕴含情理来解除听话者意外情绪的方式有很多，除了对性质属性的判断外，还可以对因果条件进行解释说明。第六章就分析了说话者是如何通过指明意外发生的充要条件或者指明意外发生的必然结果的方式来表达对意外情绪的补充说明。如，

(10) A：你手机才用了几天啊，**竟然**又要换新的。
　　 B：<u>要不是手机丢了［充要条件］，我**才**不会想着买新的呢</u>
　　　 ［必然结果］。（BCC 语料库）
(11) A：现在交通拥堵的问题倒是解决了，但出行**竟然**更受约束了。
　　 B：要治理拥堵，<u>难免会有一部分交通参与者的利益受到限制</u>
　　　 ［必然结果］。（《新闻 1+1》2010 年 12 月 23 日）

　　观察例（10）和例（11）发现，例（10）中的说话者为解释意外事实是合情理的必然结果而补充了一个充要条件："正因为手机丢了，才会买新的。"其实，在说话者心里也默认按照一般情理"不应该买新的"，所以才会有"才不 Y 呢"的表达。但是充要条件"X"的出现，让说话者以此为原因对意外事实"Y"进行解释。例（11）中的说话者认为按照情理，"会有一部分交通参与者的利益受到限制"是"治理交通拥堵""无法避免"的必然结果。

　　可见，无论是为意外补充一个充要条件，还是说明意外结果是必然存在的，说话者都是利用因果条件表达来对意外进行解释。"要不是 X，才不 Y 呢"本身就蕴含了"只有 X，才应该 Y"的情理含义，"难免 Y"本身就蕴含了"难以避免应该 Y"的说理性。因此，用本身就具有说理性的语言形式来对意外进行评价时，就自然而然地表达了对意外的解释说明的语用意图。

（六）说辞行为的情理对抗与意外的认识

　　在实际的语言表达中，除用"情理错配""事与愿违""量级落差""极性颠倒"的方式来"摆明"情理评价的意外事实外，还可以利用"性质判断""指明因果"的方式来"讲明"意外评价的情理。另外，还存在一种讲道理的方式，它并不表达对意外的解释说明也不解除意外情绪，而是通过展示"说辞"与"行为"的"对抗"来表达意外背后的情理动因，即通过引述对方话语或者引述之前的约定来表达对元话语的意外认识。本书分析了两种"言行不一"的情况，第一种情况是"言不副实"，即话语的表达不符合事实情况。与"名实不副"不同，本书讨论的是交际对方的"言论"不合情理的情况。第二种情况是"言而无信"，即实际情况并没有按照约定好的进行，按照情理的规约，约定好的事情一般要履行，而一旦违背了"说好"的约定就会激发说话者的意外情绪。两种情况都与"话语表达"本身有关，是通过元语引述的方式来阐明情理约束。

(12) 还说自己没有钱呢［说辞：元话语引述］，一千块钱的鞋连考虑都不考虑就买了［行为：意外认识］。（BCC语料库）

(13) 说好一起看电影的［约定：本应该Y］，电影都结束了，还没看到他人影呢。［意外认识：竟然没有Y］。（BCC语料库）

观察例（12）和例（13）发现，在例（12）中，按照社会常规的认识，既然事实是"一千块钱的鞋连考虑都不考虑就买了"就不应该说"自己没有钱"，说话者责怪听话者的"言不由衷"，表达了对话语的意外情绪。在例（13）中，约定好的事情虽然不是社会规约，但按照"言而有信"的社会道德约束，理应履行"说好"的约定，即"说好一起看电影的"就不应该失约，而事实却让说话者感到失望，因此触发了意外的情理评价表达。

可见，"还X呢"表达了"有了行为Y"就"不应该说X"的情理评价义，"说好X的"表达了"有了约定"就"不应该Y"的情理评价义。"还X呢"表达了根据当前实际行为对对方话语的意外认识，说话者认为"不应该这么说X"，"说好X呢"表达了根据约定的言论对当前实际行为的意外认识，说话者认为"不应该这么做Y"。也就是说，"还X呢"和"说好X的"本身的说理性质使得其具有了规约化的意外情理评价表达功能。

三 针对意外进行情理评价的表达规律

前文分析了意外表达和情理表达的特征差异，又分析了情理表现和意外评价的制约关系。既然情理的不适宜是触发意外评价背后的动因，那么我们就应该将注意力放在对意外的情理评价表达的功能分析上，既有别于传统的单纯意外表达的研究，也在情理表达功能分析的基础上更进一步。

前人的研究大多只考虑了意外情绪的直接表达形式，如语气词或叹词"啊""呀"、评注副词"竟然""居然""偏偏""反倒""硬是"、感叹短语"天呢""我的妈呀"、疑问短语的否定语气"什么啊""哪呀""怎么会呢"、疑问代词"怎么""什么"以及"知料想"类话语标记的反问与否定形式、无标记的感叹疑问否定句或者表达惊讶的语调等。但是，意外情绪不可能无缘无故产生，背后一定有情理动因。以往的学者也关注到了语言形式的情理表达功能，可惜的是，他们并没有针对违反情理的意外情况进行深入研究。总之，前人很少将意外表达与情理评价结合起来进行研究。而本书就在前人研究的基础上，将两者结合，分析了说话者是如何利用交际双方共享的情理来对意外进行评价表达的，又是如何通过"摆明事实"和"讲明道理"的表达方式达到"不言自明"的意外评价的语用意图的。接下来，本节就对针对意外进行情理评价的表达规律进行归纳总结。

（一）摆事实和讲道理的表达方式

根据信息的传递方式，当说话者告知一个与情理"不适宜"的事实时，往往通过"摆明"一个不言自明的情理来诱导听话者推出事实的"反情理"特征，利用共享的情理更容易引起听话者的注意，触发对方的同理心，产生共情。我们称这种方式为"摆事实"的意外情理评价表达，即"摆明情理评价的意外事实"。

而当对方讲述了一个意外事实后，作为接受方的说话者往往通过"以理服人"的方式讲明一个情理，从而修正听话者的情理预判，解除听话者的意外情绪，或者是通过引述话语的形式来讲明对意外的认知。我们称这两种方式为"讲道理"的意外情理评价表达，即"讲明意外评价的情理"。

无论是以"摆事实"的方式向对方传递一个"反情理"的事实，还是以"讲道理"的方式向对方讲明消除意外情绪的情理动因，或者阐明与元话语对抗的意外行为的认识，两者都是在讲明"反意外"的情理。"摆事实"和"讲道理"的共同点都是通过"情理"的表述方式来对意外事实进行评价，要么是采用亮明立场、明示态度、证明推理的方式来强调意外事实的不合理性，要么是采用解除情绪、补充解说、表达认识的方式来表达对意外情绪的情理认识，它们都具有主观性和交互主观性的特点。

(1) 一个破自行车，你还当宝马了。（微博语料）

(2) 大夏天的，盖着棉被。（BCC 语料库）

(3) 我都遇到困难了，你也不帮帮我。（BCC 语料库）

(4) 中午才起床/清早才睡觉。（日常录音）

(5) 你说让我带伞，还真的下雨了。（BCC 语料库）

(6) 都大姑娘了，还喜欢洋娃娃呢。（微博语料）

(7) 连教授都不认识这个字。（微博语料）

(8) 又不是老虎，还能吃了你？（日常录音）

(9) 老师毕竟是老师，一个问题就把你问倒了。（日常录音）

(10) 要不是要考试了，我才不会错过他的演唱会呢。（微博语料）

(11) 鲜花难免会凋谢。（BCC 语料库）

(12) 还说不会做饭呢，这都快赶上五星级酒店的标准了。（日常录音）

(13) 说好坐过山车的，结果到现场又退缩了。（BCC 语料库）

通过观察例（1）至例（13）发现，例（1）至例（7）是以"摆事实"的方式向听话者传递一个意外信息，可以加入"竟然"等直接表达意外的标记进行测试，无论是例（1）、例（2）的性质属性的"情理错配"，还是例（3）、例（4）、例（5）的"事与愿违"的实现情况，抑或是例（6）、例（7）的"级量落差""极差颠倒"的情理推理，阐述"反情理"的事实诱导听话者推理，他们都是通过情理评价来表达意外情绪。例（8）至例（13）是以"讲道理"的方式向听话者传递一个消除意外或者解说意外的道理。通过"解情理"约束、确认性质属性、补充说明唯一条件、强调结果必然、指明言不副实以及责怨言而无信的方式对意外情况进行立场评价、答疑解惑、补充说明。

由此可以看出，"摆事实"是"反情理"的意外表达，"讲道理"是"反意外"的情理表达。两者的共同点都是以蕴含说理性质的语言形式来针对"意外"进行"情理评价"表达，只不过一种是重在说事，一种是重在讲理，前者倾向于叙述性的表达，后者倾向于论证性的表达。

（二）摆明情理评价的事实：意外的话题限定、强化说明、比较推理

在实际的语言表达中，除直接表达意外情绪外，还会表达说话者对意外事实的个人的主观立场、表明对意外事实的情感态度、说明触发意外情绪的推理评价，也就是说，在传递意外事实的同时，还会表达对意外事实的情理评价。我们不禁思考：到底是通过什么语言手段来摆明情理评价的事实的呢？在第二章到第四章的分析中，笔者分别分析了话题限定、强化说明、比较推理与意外情理评价表达的关系。

根据"X应该/不应该Y"的情理认知模式，说话者通过确认X的性质属性、评价Y的实现情况、诱发X和Y的极差关系推理等方式对"反情理"的意外进行表达，对性质属性的确认，其实就是对话题的限定，说话者通过"话题限定"来强调接下来发生的意外事实违反了性质属性本该有的情理约束。如果"一个X"没有履行其社会应有的角色职责，或者，事实违背了"大X的"时间约束，那么就激发说话者对该意外事实进行情理评价。这时的话题限定就与传统意义不同，对性质属性"X"的话题限定是为了引起听话者的联合注意，将"X"变为联合注意的中心，为了对后续的意外事实进行情理预示。

（14）一个堂堂男子汉［话题限定］，（竟然）给妇道人家接生，怎么成？（金庸《雪山飞狐》）

（15）大冬天的［话题限定］，小孩子（竟然）光着腿在雪地里。（《锵锵三人行》2010年11月26日）

从例（14）和例（15）的语言实例中可以看出，"一个堂堂男子汉"将话题限定在了"男子汉"的角色属性特征里，提醒听话者注意，后续出现的"给妇道人家接生"不符合角色的情理约束。"大冬天的"把话题限定在"冬天"这一时间角色中，拉动听话者联合注意，并期待听话者对后续反情理意外共情。

对实现结果的强调，其实就是在强化对意外事实的说明。说话者通过"强化说明"的方式来表达对实现结果的态度。如果"应该实现而没有实现"，那么说话者就会表明"也不Y"的责怨态度。如果"实现的结果没有达到情理的标准"，那么说话者就会对"X才Y"或者"X就Y"的事实表达失望的情绪。如果"真的实现了主体预判的情况"，那么说话者就会用"还真的Y"表达惊喜。用语气副词、时间副词、评注副词等本身就具有说理性质的副词对意外结果"Y"进行强化说明，可以增强说话者对意外的情理评价语力。

(16) 我脚都肿了，你**也不**［强化说明］关心我一下。(BCC 语料库)

(17) 凌晨一点**才**［强化说明］加完班。(BCC 语料库)

(18) 十岁**就**［强化说明］上大学了。(BCC 语料库)

(19) 人命关天的问题，还**真的**［强化说明］存在山寨版。(《观点》2008 年 11 月 19 日)

从例（16）至例（19）的语言实例中可以看出，"也不关心"背后蕴含了"应该关心，但却没有"的反情理意外；"凌晨一点才加完班"背后蕴含了"晚于情理约束的下班时间"的超情理意外；"十岁就上大学了"背后蕴含了"早于情理约束的上大学时间"的超情理意外；"真的存在山寨版"背后蕴含了"本不相信存在山寨版的情理预判为真，但真的发生了"的合情理意外。可见，在传统功能研究中，"也不"的不相应类同表达，"才"的晚于预期时间的表达，"就"的早于预期时间的表达，"真的"的评注语气表达，这些都在情理上强化了说明意外事实语力。

要想摆明意外事实，除"话题限定"和"强化说明"外，还可以通过"比较推理"的形式说明意外事实的情理。如果大量"都 Y 了"和小量"还 Y 呢"共现，那么说话者就会表明对量级落差进行立场评价。如果"最不可能的情况都发生了"，那么就会诱导听话者进行语用推理，从而用"连 X 都 Y"来对"极差颠倒"的意外进行评价。"主观大量"和"主观小量"的级量落差的情理评价分析将"都 Y_1 了，还 Y_2 呢"在静态因果逻辑的分析中推进了一步。同时，在"连 X 都 Y"的"极端""强调""极量肯定/否定"等研究成果的基础上来分析"极差颠倒"的意外评价，使本身静态的说理分析赋予了情感逻辑分析的价值。

(20) 孩子都已经满月了，还没有名字呢。［量级比较］(《乡约》2008 年 7 月 17 日)

(21) 连鳄鱼都敢养？［极性比较］(电视剧《家有儿女》台词)

从例（20）和例（21）中可以看出，例（20）中的说话者通过比较"都已经满月了"和"还没有名字呢"来表达"高量—低量"的情理落差从而传递意外评价信息。例（21）中的说话者通过"鳄鱼是最不应该养，但却养了"的极差颠倒来表达对意外的评价。可见，通过极差比较的方式来表达意外的评价，使得听话者更容易接受意外背后的情理。人们的思维方式中本身就存在对比的逻辑，如"X 应该/不应该比 YZ"等，吴福祥（2004）认为，"X 不比 Y·Z"是一种反预期结构。但很可惜的是，前人学者并没有从比较思维的情理逻辑的角度对其进行研究，而本书在前人研究的基础上进一步推进，通过对意外的比较推理来分析其情理评价方式。

总之，说话者要想引起听话者对传递的意外信息共情，除对意外事实的直接情感表达外，还会以共享的情理为抓手，通过话题限定、强化说明、比较推理等语言手段，表达对意外事实的立场、态度及推理，即向听话者阐明意外事实背后的情理逻辑，从而达到不言自明的语用效果。

（三）讲明意外评价的情理：意外的判断确认、指明因果、元语评价

通过前文的分析，说话者不仅单纯地表达意外的情绪，还关注听话者的接受程度和共情反应，这体现了交互主观性的特点。而更为明显的是，当听话者传递一个意外事实或者表达意外情绪的时候，说话者如何利用情理进行评价。面对对方因意外引发的质疑、抱怨、指责等情绪，说话者常常通过确认属性、指明必然等方式解除听话者的意外情绪，这时就会用到肯定判断、否定判断、因果条件等语言手段进行表达。另外，还有一种特殊的情况，即说话者引述听话者的言说方式并对其合理性进行解说，从而表达对意外评价的情理原因。

解除意外的一种方式是通过宣告"又不是 X"，诱导听话者溯因推理，解除情理的形式属性约束，从而消解意外情绪。或者，通过确认"X 毕竟是 X"来强调性质属性的特点，从而对意外事实进行释因。两种表达虽然一正一反地说明了意外蕴含的情理属性，但都是通过"判断确认"的语言手段来强调"不是 X 就不应该 Y"或"是 X 就应该 Y"的情理内涵，从而消除听话者对"Y"的意外情绪。

(22) A：你也不上点心，自己的儿子都被拘留了，怎么还在这里吃吃喝喝的啊？也不让儿子早点放出来。[对不 Y 的意外]

B：我又不是公安局长[判断：不是 X]，我说放谁就放谁啊！[推理：不应该 Y]（BCC 语料库）

(23) A：孩子们竟然拿着高昂的压岁钱开始随意挥霍，互相攀比。[对 Y 的意外]

B：**孩子毕竟是孩子**［判断：是 X］，**掌控不了自己**［推理：应该 Y］，就像大人说的，把钱用在不该用的地方。(《海峡两岸》2008 年 1 月 17 日)

从例（22）和例（23）中可以看出，对"不是 X"的判断本身就蕴含了一个否定的结论，即用"不应该 Y"来解释听话者对"不 Y"的意外。对"是 X"的判断本身就蕴含了一个肯定的结论，即用"应该 Y"来解释听话者对"Y"的意外。虽然一个是对性质的肯定，另一个是对性质的否定，但都表达了对意外情理解释的语用意图。

除通过属性判断来解除意外以外，还可以通过添加因果条件的方式来指明意外的结果是必然的，从而对意外进行解释。通过告知"要不是 X，才不 Y 呢"的特殊理由，来解释意外发生的唯一条件，从而使得听话者理解意外产生的原因。通过补充说明"X 难免 Y"，来提醒听话者思考结果的必然性，从而使得听话者接受意外的结果。

(24) 主持人：今晚**竟然**邀请到了当红明星来参加节目。太荣幸了吧。
　　嘉宾：**要不是为了宣传他的电影**［唯一条件 X］，**他才不会来呢**。(BCC 语料库)

(25) A：一块骨头**竟然**也能把牙崩了。
　　B：你那是上了年纪，**难免牙口不好**［必然结果 Y］，再说骨头那么硬。(BCC 语料库)

从例（24）和例（25）中可以看出，"要不是 X"是强调结果实现的唯一条件，"才不 Y 呢"表达了"本来不应该 Y，但正因为 X，所以才应该 Y"，即"为了宣传他的电影"是"他会来"的唯一原因，解释了实现的原因，也就解释了意外的结果。"难免 Y"是通过说明结果的必然性来对意外进行解释，即"上了年纪""骨头那么硬"的必然结果就是"牙口不好"，所以不必为"牙崩了"感到意外。

还有一种情况，我们也称为"讲道理"，说话者通过引述"X"来讲明"Y"为什么会是令人意外的情理认知，这种用法体现了说话者对意外的元话语评价功能。一是用"应不应该说 X"来解释"行为 Y"的意外特征；二是用"约定 X"来说明"应不应该做 Y"的情理动因。"还 X 呢""说好 X 的"的共同点都是表达了"言行不一"的批判态度。

(26) **当初说好 100 平米以上的**［由于约定 X，所以本应该 Y］，现

在一量只有 90 平米，真让人恼火。(《第一时间》2009 年 5 月 26 日)

(27) 还养好身体呢 [由于后续行为 Y，所以不应该 X]，昨天你还通宵玩游戏呢。(BCC 语料库)

从例 (26) 和例 (27) 中可以看出，"说好 X 的"隐含了"约定好的 100 平米就不应该只有 90 平米"，"还 X 呢"隐含了"昨天通宵玩游戏，所以不应该养好身体"。可见，引述话语"X"的目的是想利用其本身的情理来表达"不应该说 X，但却说了"或者"不应该做 Y，但却做了"的意外评价。

总之，说话者通过确认判断属性、指明因果必然、元话语情理评价的语言手段"晓之以理、动之以情"，利用共享的情理使得听话者更容易使听话者产生共情，由此增强了解除听话者意外情绪和理解意外事实的说服力，最终交谈双方达成一致认知，实现人际同盟。

第九章

结　　语

一　主要结论

　　人类社会无论是行为活动，还是认知评价，甚至是言说方式，都需要遵循社会规约、常识经验、习惯约定等"情理"的约束规律。这种情理的约束规律在人们的认知中逐渐形成了情理模式，即"X 应该/不应该 Y"。"情理模式"作为一种"刻板印象"，是"大脑中的意象"（pictures in our heads）的概念化（W. Lippmann，1922）。前辈学者也利用"固有模式"来解释语言原型问题。其实，无论是情理模式，还是刻板印象，或者是固有模式原型，都是人们对事物存在与发展的信念，是具有社会规约性的，不能轻易违背。我们所说的"意外"也是人类社会活动的一种程式，当然与"情理"有关。"意外"一般就是与人类心理知识库中潜藏的"情理"不适宜的情态表达。可见，"意外"恰恰是违背信念的情感反应，因此，人们常常用情理来对意外进行评价。拓展来看，人们的主观性表达背后都蕴含着一定的"情理"。只有合情合理的信息传递与立场表述才能够满足谈话对方"通情达理"的社会期待。

　　结合"情理"对"意外表达"的必要性认识，本书采用主观性与交互主观性相互结合的视角，对汉语口语中与意外情绪相关的情理评价表达形式进行了探讨。重点在于弄清情理和意外的制约关系，寻找在口语中与意外相关的情理评价表达方式，探讨规约化的语言形式所表达的意外情理评价的功能规律。具体而言，本书得出的结论主要体现在以下几个方面。

　　第一，就分析对象"情理"和"意外"的特点而言。本书通过对意外的情理评价表达含义的剖析认为,"情理"具有稳固不变、群体共享、约定俗成、内化潜藏等特点,而"意外"则是在新信息的促发下的"情理不适",与情理有着相反的内在特征,如变化无常、个性特异、违反常规、外化显现等特点。"情理"是动因,"意外"是致果。在意外的情理评价表达的多层次系统框架下,基于语言形式与功能表达的关系,通过对语言事实的分析可知,事物的发展往往不以人的意志为转移,所以社会规约、常规常理、习俗约定也会因特殊情况而特殊处理,当一个与"情理"不适宜的新情况出现时,就会促动内在的情理外显。意外表达,具有外显新闻性、现实结果性和主观抒情性的特点,本书主要将直接的意外表达看作情理评价的客体,以此来测试情理评价是否是针对意外而进行的。情理表达,则具有内化规约性、预期动因性和交互说理性的特点。结合"意外表达"和"情理表达"的这些特点,本书在整体行文分析中融入了对两者的对比分析,当有违背情理的意外发生时就会触发说话者对情理认知的反思,这时说话者常常利用交际双方都知道的规约化情理来对意外进行说理,期待听话者与自己共情,这样就形成了意外的情理评价的表达方式。通过本书的分析可知,意外情理评价具有两种表现形式,即"摆事实"和"讲道理"。"摆事实"通过性质立场、实现态度、级差比较三种情理形式作为表现手段,在语言表达中以话题限定、强化说明、比较推理的方式呈现。而"讲道理"则表现为确认属性、指明必然、解说言行三种情理策略,在语言表达中以判断句式、因果条件、元语评价的方式呈现。

第二,就"情理表现"与"意外评价"的制约关系而言。本书根据"X应该/不应该Y"的情理约束模式,结合具体的语言事实,通过对意外评价在情理逻辑上的表现方式的研究,探求了"情理表现"与"意外评价"制约关系。从第二章到第四章,本书分别通过对性质属性"X"、行为实现"Y"、极差比较"X/Y"这三个方面的意外情理评价方式的分析得知,说话者常常通过对性质属性的强调来表达情理错配的意外立场,或者通过实现情况的说明来表达事与愿违的意外态度,又或者通过极差比较的推理来表达适配落差和极差颠倒的意外评价。从第五章到第七章,本书转换了研究的视角,从观察说话者是如何摆明情理评价的意外事实到思考说话者是如何讲明意外评价的情理的。通过探索三种"讲道理"

的意外情理评价方式，发现说话者分别以确认属性、指明必然和引述说明的情理表达方式来解除、解释或认识意外的方式，与其称这三种方式为意外表达，不如称其为"反意外的表达"。通过对说话者确认意外的属性的表达方式，本书探求了说话者解除意外的说理评价方式，还从说话者指明必然结果的语言表达中探求了说话者对意外的解释方式，最后通过说话者引述话语方式来理解说话者对言行不一的意外事实的情理认识。由此启发我们，当分析说话者对意外事实的表达的时候应该思考其背后蕴含的情理逻辑，因为并不是所有的意外表达都只是主观情绪的抒发，更多的是通过说理的形式来摆明意外事实。同时，也让我们对说话者针对意外进行讲理的意图进行思考，除摆明意外事实外，说话者还会运用情理来讲明意外背后的道理，从而对意外解释说明或者解除意外。

第三，就意外情理评价的表达规律而言。本书从"摆事实"和"讲道理"两种表达方式出发对意外的情理评价表达规律进行细致的挖掘。一方面，通过对情理表达方式的分析可知，"摆明情理评价的意外事实"的语言手段分为：话题限定、强化说明、比较推理。由此发现，这三种表达意外情理评价的语言手段与"性质属性""行为实现""极差比较"的情理表现形式有密切关系。这就告诉我们，当说话者对性质属性进行话题限定时其实就是想预示后续的意外事实，当说话者对行为实现进行强化说明时是想告知一个意外事实，当说话者进行极差比较时就是想通过推理展示意外事实。另一方面，"讲明意外评价的情理"的语言手段分为：确认判断、指明因果、元语评价。同样，这三种语言手段与"性质约束""实现结果""说话方式"的情理表达形式密切相关。由此可见，说话者对性质的判断可以用来作为解除意外情绪的说理方式，对意外结果的必然性强调和对导致必然结果的条件说明可以用来作为解释意外情绪的讲理方式。另外，当说辞与行为在情理上对抗时，可以通过元话语评价的方式来表达对意外情况的认识，从而利用引述元话语来讲明引起说话者意外情绪背后的道理。语言是依赖对话"行进中的句法"（Lerner，1991），也就是说，句法是在互动交际中浮现出来的，具有在线（online）和即时（real-time）的特征（Ford，2004）。并不是说所有的话题限定、强化说明、比较推理、确认判断、指明因果、元语评价等语言手段都与意外的情理评价有关，而是说这些语言手段可以在意外相关的互动语境中浮现出情理评价的规约化功能。这就启发我们在语言事实的分析中，不能忽略对语言事实本身的情理逻辑的分析。语言的表达功能不是静态的，其背后蕴含的说理性特征可以在时时互动的语境中被激活，运用到不同的主观情态表达中可以浮现出不同的规约化表现形式。

第四，除对意外情理评价表达的理论思考外，本书还对意外的情理评价表达的典型语言事实进行了个案分析。在实际语料中解读语言形式的规约化情理约束，并归纳"摆事实""讲道理"两种意外评价的表达规律。第二章以"一个X""大X的"为例，探索说话者对角色性质和时间性质进行话题限定的目的，由此可知，说话者通过对"一个X/大X的，本应该/本不应该Y，但却Y"的现场直指方式来摆明意外事实。第三章以"也不Y""X才/就Y""X还真的Y"几类构式来说明说话者强化事实的目的，由此可知，说话者通过语气副词、时间副词、评注副词的说理性特征来对意外事实进行说明。第四章以"都Y1了，还Y2呢""连X都Y"为例来说明"高量—低量"的情理落差和"最应该而没有"的极性颠倒是推出意外事实的情理依据。第五章以"又不是X""X毕竟是X"为例来分析说话者解除意外的表达方式，由此可见，说话者通过性质属性"不是X，就不应该Y"或者"是X，就应该Y"的社会规约化情理来解除意外情绪。第六章以"要不是X，才不Y呢"来分析对意外进行补充说明的解释方式，由此可见，说话者通过语言形式本身蕴含的"本不应该Y，正是因为X，所以才应该Y"的意外情理评价来补充意外必然会发生的充要条件和原因。又以"X难免Y"来分析说话者通过"不可避免应该Y"来解释对方对"Y"的意外，即说明意外结果是情理上的必然方式，不需要意外。第七章以"说好X的"和"还X呢"为例来分析说辞和行为对抗的元话语评价方式，可见，"说好X的"蕴含了"约定X，就应该Y"的情理，一旦行为没有Y，说话者就会利用"说好X的"来对行为进行情理评价。"还X呢"蕴含了"实现行为Y后，就不应该说X"的意外情理评价特征。从语言事实的分析中，本书认为，之所以这些语言形式具有意外情理评价的功能，是因为这些语言形式本身就蕴含了情理逻辑。这也就是说，汉语的特点就是，语言形式蕴含情理认知，情理认知通过语言形式来表达，不存在思维和语言哪个在先的问题。

二 创新点和研究价值

本书的创新点和研究价值主要涉及以下几个方面。

第一，在理论框架的建立上，本书区分了意外表达背后的事理逻辑和情理逻辑的差异，构建了汉语口语意外的情理评价表达研究框架，并以"摆事实"和"讲道理"两个具有包含关系的概念对意外的情理评价表达进行分类剖析。前人多是探索立场态度背后的事理逻辑，所依据的"理"侧重于事物的客观规律，而本书重点强调主观表达潜藏的情理逻辑，所依据的"理"侧重于主观性的认知规律。《马氏文通》指出，"凡字，有事理可解者，曰实字；无解而惟情态者，曰虚字"。因此，本书认为，事理逻辑主要运用于动词、形容词、名词等实际意义的词和短语，而"情态者"的虚词、话语标记、构式的表达多蕴含"情理逻辑"。所以，本书主要以虚词、话语标记、构式为研究对象，结合功能与形式两个方面，挖掘汉语口语中意外评价的情理表达规律。

第二，在研究理论的运用上，前人多从语言的外部语境和交际情景来观察意外的表达功能，而本书主要分析语言形式内部的情理制约规律，强调语言规约化形式的浮现。之所以有这样的形式表达，是因为有这样的情理，之所以有这样的情理认知，是因为语言形式就是这样表达的，两者相辅相成，也就是说，本书把"语法形式"与"情理逻辑"关联搭界。前人对情理的研究重点主要放在情景互动中，重视交际目的和言语行为，而本书从语言内部系统分析主观情态表达背后的动因，重在探索表达功能背后固有的情理认知。前人多以听话人为中心，通过听话者的行为反应和情感反馈来证明语言表达的立场，本书则以语言表达本身为出发点，以说话人的自我立场为中心，探索说话人是如何向听话者传递情感态度和立场观点的。但两者的共同点都是"晓之以理，动之以情"，所不同的是前者在于探索情理的激活环境和言语行为的互动过程，后者在于探索主观规约表达背后的情感理据和内在逻辑。也就是说，本书更重视对意外情理评价的语言形式内在表达规律的探索。

第三，在主观性范畴探索上，前人学者往往就主观性而谈主观性，在研究中难免有主观臆断之嫌。虽然目前对意外的研究非常丰富，但是多数学者仅仅"就意外而研究意外"。笔者发现，汉语中纯粹意外范畴的标记很少，大多数意外的表达都是其他范畴的语用迁移形式，如疑问、否定、料想类话语标记等，而用其他范畴表达意外背后一定蕴含了说话者的思维逻辑。其实，这些范畴本身并不表达意外情绪，而是用在意外语境下表达对意外的评价。本书试图跳出单纯主观情态研究的局限，从"情理认知"这一新的视角来观察意外的评价表达规律。

第四，在语言事实的分析上，本书结合意外情理评价的理论框架观察互动语境中具体语言事实的表达规律。对意外的评价表达背后的情理动因进行分析，明晰主观性和交互主观性的相互作用，既关注与意外情绪相关的主观评价的功能特征，也关注评价表达背后的交互主观性的共享情理规律。重点从摆事实和讲道理两个方面入手，通过具体的语言形式和实际语料，观察意外情绪是如何通过情理评价表达形式进行外显的，情理评价表达又是如何应用于对意外情绪进行解释说明的，并探索意外的情理评价表达的规约化浮现过程。其中，通过具体语言事实的分析发现，前人很少将主观评价功能与情理认知模式结合起来进行研究，如前人仅仅关注到了"一个X"的负面评价义，却忽略了其情理蕴含；前人虽然关注了"大X的"的情理模式，却并没有对其反情理的意外评价倾向进行深挖。进一步说，本书更关注主观情态评价背后的认知理据，如重点探索了"也不Y""才/就Y""真的Y"等主观性语气、评注、情态表达背后的情感逻辑，并以此作为意外评价的理据。比较句式蕴含了丰富的语用推理，而本书以"都Y_1了，还Y_2呢""连X都Y"为例将比较推理和主观意外范畴结合起来进行分析，探索了其形义整合后传递的说理性评价功能。就意外范畴的研究而言，与前人学者不同的是，本书并不就意外而研究意外，而是依据预期的情理逻辑，拓展地观察解释解除意外的语言表达形式，并分析了说理性较强的几种规约化手段，即"又不是X""X毕竟是X""要不是X，才不Y呢""X难免Y"。最后，本书还探索了元话语评价中的意外情理表达，分析可知，"还X呢""说好X的"之所以能够预示意外事实的发生，是因为"还X呢""说好X的"本身蕴含的情理约束。

第五，在研究方法的使用上，"一个词语的意义就是它在语言中的用法"（Wittgenstein，1953）。本书从功能语言学和互动语言学的研究视角出发，采用静态和动态相结合的分析方法，对在线生成的（online processing）"行进中的句法"（the syntax of sentences-in-progress）做进一步观察，思考位置敏感、言语行为、在线生成、现场即时、元语互动、交际意图等对意外的情理评价表达的功能影响。通过分析"语用推理"的过程来探索意外表达背后蕴含的情理动因，更加科学地剖析主观性表达的思维逻辑规律。既在传统静态的语法功能的研究基础上有所推进，又为意外的评价表达形式找到了规约化的情理逻辑抓手。

总之，本书运用"摆事实"和"讲道理"两种方式对意外的情理评价表达进行架构。将"语言形式"与"情理逻辑"关联搭界，探索语言形式本身的规约化功能。跳出单纯的意外情态的表达研究，抓住主观性表达的情感逻辑进行分析。深入语言事实的表达规律中，对实际语料进行细致地分析。在用法中观察语法，采用动静结合的方式观察交际互动对意外情理评价功能形成的作用，并运用"语用推理"的方式剖析意外评价的情理逻辑和表达规律。

三　研究不足和展望

"情理"在人类社会中本身就是无处不在的，但是，学界对其关注度并不高。本书从口语互动入手，基于"情理思维逻辑"的合理性，分析人们意外评价表达的情理动因，探求语言形式中体现的意外情理评价表达的语用规律。在前人单纯就意外而研究意外的基础上推进了一步，找到了主观情态表达背后蕴含的情理逻辑抓手。同时，针对意外范畴展开研究，为语言形式的情理评价功能的研究提供了新的视角。但就本书的研究对象而言，还存在很多需要继续探索和深入的地方。

首先，本书虽然以互动语境为依托对意外的情理评价表达进行研究，但是并没有结合与自然口语密切相关的"在线模式""韵律""多模态"等辅助手段进行深入剖析。本书涉及了序列组织、话轮位置、相邻转接、人际同盟、行为投射、第二评价、合作共建等互动语言学的内容，并就"向听话者传递一个意外信息"和"对听话者意外情绪进行解除"分为

"摆事实"和"讲道理"两种方式进行探索,关注听话者的情绪反应,具有强烈的交互主观性特征。然而,"会话修正""话语增额""语音停顿""话语交叠""会话延迟"等在线产出的动态模式对意外的情理评价表达的浮现有哪些影响,本书对此并没有深究。语言表达是在线产出的,且是一个综合交际活动,难免会配合"声音""眼神""手势""肢体动作""表情"等外在的"副语言"形式传递信息,因此,如何更细致、准确地把握意外的情理评价表达,还需要今后通过收集更多的语料,进行不断的实验证明。

其次,情理的表达也蕴含了传统文化和思维方式的不同,不同国家、不同民族对情理的理解存在差异,因为"和而不同",所以当不同语言进行交流学习的时候既存在正迁移也存在负迁移的现象,当用一种情理方式表述意外情感时,受到人们头脑中的背景知识和文化习俗差异的影响,有的人能够产生共情,有的人却不知所以。这就涉及语言与思维的决定关系问题,萨丕尔—沃尔夫假说分别讨论了语言决定论和语言相对论。语言决定论认为,语言结构决定人的世界观和认知过程。语言相对论认为,语言影响思维,不同的民族个性决定了不同语言之间的差异。[①]但也有不少学者对"语言决定论"假说提出了反对的声音,洪堡特(2001)相信,语言是"人类理性的智力本能"。笔者认为,无论是语言决定思维还是思维决定语言的论断都过于绝对,其实,思维方式和语言表达之间具有相互影响的关系,不同的语言有不同的认识方式和思维模式,不同的民族文化也影响了语言组织机制。沈家煊(2021)认为,"言为心声,我们的思维方式决定了我们的言说方式。反过来,我们的言说方式也影响着我们的思维方式"。赵元任(1979)指出,汉语的逻辑特点是由汉语语法特点决定的。沈家煊(2021)指出,汉语的逻辑之所以是这样的,因为汉语是这样的。观察不同语法形式的功能特征也能够更好地思考汉语的"情理"逻辑。不同国家不同民族会因为"情理"的差异而产生不同的"表达",同时,不同的语言"表达"也体现了不同的"情理"。这提醒我们,在汉语作为第二语言进行教学中,应该重视情理的制约,把

---

① 转引自冯志伟、汪学磊、周建《现代语言学中的"萨丕尔—沃尔夫假说"》,《现代语文》2020年第11期。

"中国人的逻辑思维"作为文化背景进行传播可以更好地讲清虚词、句式的使用条件和语用意义。沈家煊（2021）指出，除重视语言内部的证据和系统性外，还需要具有语言类型学的视野。在今后的研究中，还需要进行跨语言的比较，探索"意外"等主观性表达在不同语言中的情理表达形式。

最后，随着人工智能的兴起，语言学在人工智能时代迎来了新的机遇和挑战，前人学者从知识库、数据模型、知识图谱、语义网络等角度探索了计算机的语义、语用识别，但是，语言学要想为智能时代提供有效的数据支持，使得计算机真正"智能"起来，还迫切需要对"句法语义规则"进行深入科学的数理分析，语言学和人工智能是互利互惠的，两者的紧密结合，有助于两个学科的发展。对于语言学家来说，从计算规则和数理逻辑的角度观察句法语义、语用现象，有助于发现语言中真实的、科学的本质规律，而不是凭主观性假设对语言现象进行错误的臆断。北京大学中文系教授袁毓林在生成词库论以及论元结构理论的基础上建立了句法语义知识库《实词信息词典》，该词典可以用相关的句法格式分别描述一些名词的物理结构和动词、形容词的论元结构，并且可以形成完整的句法—语义接口知识，实现了在动态语境下意义浮现的解释和说明。知识地图学术研究机构和人工智能技术公司高度重视在事件之间建立因果、顺序、细分和泛化关系的复杂网络，"事理图谱"就是这方面的一个重要的尝试。"事理图谱"不同于普通知识图的原因不仅在于其描述的对象是事件，而且在描述事件的过程中，不可避免地会与实体知识库发生交互作用，形成实体、关系、属性、事件、事件属性和事件参与角色（论元）以及事件之间的特殊关系。前文用谓词—论元结构来表示一个事件的重要性。事件论元上的两种语义约束为语义角色和选择限制。基于语义角色还有两种不同替换版本的常用词汇资源：命题库和框架网，前者使用了原形角色和动词特定的语义角色，后者使用框架特定的语义角色。

如果计算机以"事件"的方式处理复杂的虚词、句法现象将会事半功倍，但仅仅靠语义框架的事理知识图谱还略显单薄，就本书研究对象"意外"等主观情感而言，计算识别就比较弱。试想，如果今后继续将社会共享"情理"的认知匹配关系纳入计算机的语言识别中，将有利于语言智能的应用与发展。而如何像论"知识图谱"那样,找到主观性表达(例如本书探讨的意外情绪)的"情理图谱",还需要今后在研究中进行努力思考。

参考文献

一 中文著作类

蔡曙山：《言语行为和语用逻辑》，中国社会科学出版社1998年版。

陈振宇：《逻辑、概率与地图分析——汉语语法学中的计算研究》，复旦大学出版社2020年版。

陈宗明：《逻辑与语言表达》，上海人民出版社1984年版。

方迪：《汉语口语评价表达研究》，社会科学文献出版社2021年版。

方梅、曹秀玲主编：《互动语言学与汉语研究》（第二辑），社会科学文献出版社2018年版。

方梅：《浮现语法：基于汉语口语和书面语的研究》，商务印书馆2018年版。

方梅：《汉语篇章语法研究》，社会科学文献出版社2019年版。

方梅、乐耀：《规约化与立场表达》，北京大学出版社2017年版。

方梅、李先银主编：《互动语言学与汉语研究》（第三辑），北京语言大学出版社2020年版。

方梅主编：《互动语言学与汉语研究》（第一辑），世界图书出版公司2016年版。

高名凯：《汉语语法论》，商务印书馆1986年版。

高名凯：《语法理论》，商务印书馆1960年版。

何兆熊：《新编语用学概要》，上海外语教育出版社2000年版。

何自然编著：《语用学概论》，湖南教育出版社1988年版。

何自然、冉永平编著：《新编语用学概论》，北京大学出版社2009年版。

何自然主编：《认知语用学——言语交际的认知研究》，上海外语教育出版社 2006 年版。
胡壮麟：《新编语篇的衔接与连贯》，华东师范大学出版社 2018 年版。
姜望琪：《语篇语言学研究》，北京大学出版社 2011 年版。
黎锦熙：《新著国语文法》，商务印书馆 1992 年版。
李福印编著：《认知语言学概论》，北京大学出版社 2008 年版。
李临定：《现代汉语句型》，商务印书馆 1986 年版。
李宗江、王慧兰：《汉语新虚词》，上海教育出版社 2011 年版。
廖秋忠：《廖秋忠文集》，北京语言学院出版社 1992 年版。
刘虹：《会话结构分析》，北京大学出版社 2004 年版。
刘丹青主编：《语言学前沿与汉语研究》，上海教育出版社 2005 年版。
陆丙甫：《汉语的认知心理研究：结构·范畴·方法》，商务印书馆 2010 年版。
陆方喆：《现代汉语反预期标记研究》，中国社会科学出版社 2017 年版。
陆俭明、马真：《现代汉语虚词散论》，语文出版社 1999 年版。
吕叔湘：《汉语语法分析问题》，商务印书馆 1979 年版。
吕叔湘：《近代汉语指代词》，江蓝生补，学林出版社 1985 年版。
吕叔湘：《吕叔湘文集》（第一卷），商务印书馆 1990 年版。
吕叔湘：《中国文法要略》，商务印书馆 2014 年版。
吕叔湘、朱德熙：《语法修辞讲话》，中国青年出版社 1979 年版。
吕叔湘主编：《现代汉语八百词》，商务印书馆 1980 年版。
马真：《现代汉语虚词研究方法论》，商务印书馆 2004 年版。
彭利贞：《现代汉语情态研究》，中国社会科学出版社 2007 年版。
沈家煊：《不对称和标记论》，江西教育出版社 1999 年版。
沈家煊：《超越主谓结构——对言语法和对言格式》，商务印书馆 2019 年版。
沈家煊：《从语言看中西方的范畴观》，商务印书馆 2021 年版。
沈家煊：《名词和动词》，商务印书馆 2016 年版。
沈家煊：《认知与汉语语法研究》，商务印书馆 2006 年版。
沈家煊：《语法六讲》，商务印书馆 2011 年版。
史金生：《现代汉语副词连用顺序和同现研究》，商务印书馆 2011 年版。
史金生：《语法化的语用机制与汉语虚词研究》，学林出版社 2017 年版。

束定芳编著：《认知语义学》，上海外语教育出版社 2008 年版。

王力：《中国现代语法》，商务印书馆 1985 年版。

王了一：《汉语语法纲要》，上海教育出版社 1982 年版。

王寅：《认知语言学》，上海外语教育出版社 2007 年版。

吴福祥主编：《汉语主观性与主观化研究》，商务印书馆 2011 年版。

吴为善：《构式语法与汉语构式》，学林出版社 2016 年版。

吴为善：《认知语言学与汉语研究》，复旦大学出版社 2011 年版。

鲜丽霞：《汉语自然会话第二评价研究》，四川大学出版社 2018 年版。

肖治野：《汉语虚词的行域、知域、言域考察》，浙江大学出版社 2016 年版。

邢福义：《汉语复句研究》，商务印书馆 2001 年版。

熊学亮：《语言使用中的推理》，上海外语教育出版社 2007 年版。

徐晶凝：《现代汉语话语情态研究》，昆仑出版社 2008 年版。

徐赳赳：《现代汉语篇章回指研究》，中国社会科学出版社 2003 年版。

徐赳赳：《现代汉语篇章语言学》，商务印书馆 2010 年版。

乐耀：《功能语言学视野下的现代汉语传信范畴研究》，北京大学出版社 2020 年版。

于国栋编著：《会话分析》，上海外语教育出版社 2008 年版。

张伯江、方梅：《汉语功能语法研究》，江西教育出版社 1996 年版。

张韧弦：《形式语用学导论》，复旦大学出版社 2008 年版。

张旺熹：《汉语句法的认知结构研究》，北京大学出版社 2006 年版。

张谊生：《现代汉语副词研究》（修订本），商务印书馆 2014 年版。

朱德熙：《语法讲义》，商务印书馆 1982 年版。

二　中文期刊类

白鸽：《"一量名"兼表定指与类指现象初探》，《语言教学与研究》2014 年第 4 期。

白梅丽：《现代汉语中"就"与"才"的语义分析》，《中国语文》1987 年第 5 期。

毕晋、肖奚强：《"说好的 X 呢"构式的语义演变与语用价值》，《语文研究》2017 年第 2 期。

曹秀玲、辛慧：《话语标记的多源性与非排他性——以汉语超预期话语标记为例》，《语言科学》2012年第3期。

曹秀玲：《再议"连……都/也……"句式》，《语文研究》2005年第1期。

陈立民：《也说"就"和"才"》，《当代语言学》2005年第1期。

陈平：《话语分析说略》，《语言教学与研究》1987年第3期。

陈新仁：《论首词重复修辞现象的认知机制》，《现代外语》2003年第4期。

陈小荷：《主观量问题初探——兼谈副词"就""才""都"》，《世界汉语教学》1994年第4期。

陈禹：《反意外：表轻转"只不过"的语用本质与演化动力》，《汉语学报》2021年第2期。

陈禹：《句末"不就X了"构式的形义表现与反意外功能——兼论反意外与意外、解—反预期以及反问之关联》，《世界汉语教学》2021年第1期。

陈禹：《事态性否定的分化——以"并不X""又不X"的构式竞争为例》，《外国语》（上海外国语大学学报）2021年第2期。

陈禹：《作为反意外范畴标记的"还不是"》，《世界汉语教学》2018年第4期。

陈振宇、杜克华：《意外范畴：关于感叹、疑问、否定之间的语用迁移的研究》，《当代修辞学》2015年第5期。

陈振宇、姜毅宁：《反预期与事实性——以"合理性"语句为例》，《中国语文》2019年第3期。

陈振宇、李双剑：《论语义和谐的定义和类型》，《云南师范大学学报》（对外汉语教学与研究版）2020年第2期。

陈振宇、刘林：《"才"的必要条件标记功能》，《对外汉语研究》2016年第2期。

陈振宇、邱明波：《反预期语境中的修辞性推测意义——"难道、不会、怕、别"》，《当代修辞学》2010年第4期。

陈振宇、王梦颖：《预期的认知模型及有关类型——兼论与"竟然""偏偏"有关的一系列现象》，《语言教学与研究》2021年第5期。

陈振宇、甄成：《叙实性的本质———词汇语义还是修辞语用》，《当代修辞学》2017 年第 1 期。

程亚恒：《原因型"又 + Neg + Xp"构式的会话功能》，《汉语学习》2016 年第 4 期。

储泽祥：《辩证性："毕竟"的使用基础》，《当代修辞学》2019 年第 2 期。

储泽祥：《"名 + 数量"语序与注意焦点》，《中国语文》2001 年第 5 期。

崔希亮：《试论关联形式"连……也/都……"的多重语言信息》，《世界汉语教学》1990 年第 3 期。

崔希亮：《语气词与言者态度》，《语言教学与研究》2020 年第 3 期。

崔维真、齐沪扬：《"T + 都/也 + 不/没 + VP"结构的句法表现》，《新疆大学学报》（哲学·人文社会科学版）2018 年第 6 期。

崔永华：《"连……也/都……"句式试析》，《语言教学与研究》1984 年第 4 期。

戴耀晶：《试说"冗余否定"》，《修辞学习》2004 年第 2 期。

邓川林：《"就""才"的量级构式研究》，《语言教学与研究》2018 年第 4 期。

邓思颖：《再谈"了$_2$"的行、知、言三域——以粤语为例》，《中国语文》2013 年第 3 期。

丁力：《也说"还 NP 呢"句式》，《陕西理工学院学报》（社会科学版）2007 年第 3 期。

董付兰：《"毕竟"的语义语用分析》，《首都师范大学学报》（社会科学版）2002 年第 3 期。

董秀芳：《词汇化与话语标记的形成》，《世界汉语教学》2007 年第 1 期。

董秀芳：《"未 X"式副词的委婉用法及其由来》，《语言科学》2012 年第 5 期。

杜道流：《一种口语中的否定表达式：Q 才 VP》，《语言文字运用》2006 年第 2 期。

杜林林：《"都 XP 了，还 VP 呢"句式分析》，《黑龙江教育学院学报》2019 年第 7 期。

范晓蕾：《"差一点"的语义特征及其句法后果——兼谈否定、反预期、时体的关联》，《当代语言学》2019 年第 2 期。

范振强：《同语式"N 是 N"的理解机制新探：动态范畴构建视角》，《外语教学》2015 年第 4 期。

方梅：《从引述到负面立场表达》，《当代修辞学》2021 年第 5 期。

方梅：《负面评价表达的规约化》，《中国语文》2017 年第 2 期。

方梅：《汉语对比焦点的句法表现手段》，《中国语文》1995 年第 4 期。

方梅：《会话结构与连词的浮现义》，《中国语文》2012 年第 6 期。

方梅：《篇章语法与汉语篇章语法研究》，《中国社会科学》2005 年第 6 期。

方梅：《饰句副词及相关篇章问题》，《汉语学习》2017 年第 6 期。

方梅：《叙事语篇的衔接与视角表达——以"单说、但见"为例》，《语言教学与研究》2017 年第 5 期。

方梅：《由背景化触发的两种句法结构——主语零形反指和描写性关系从句》，《中国语文》2008 年第 4 期。

方梅：《语体动因对句法的塑造》，《修辞学习》2007 年第 6 期。

方梅：《再说"呢"——从互动角度看语气词的性质与功能》，载中国语文杂志社编《语法研究和探索》（十八），商务印书馆 2016 年版。

方梅：《指示词"这"和"那"在北京话中的语法化》，《中国语文》2002 年第 4 期。

方梅：《自然口语中弱化连词的话语标记功能》，《中国语文》2000 年第 5 期。

方清明：《再论"真"与"真的"的语法意义与语用功能》，《汉语学习》2012 年第 5 期。

冯志伟、汪学磊、周建：《现代语言学中的"萨丕尔—沃尔夫假说"》，《现代语文》2020 年第 11 期。

符达维：《作为分句的"X 是 X"》，《中国语文》1985 年第 5 期。

高莉：《〈交互主观性构式：话语、句法与认知〉述评》，《外语教学与研究》2012 年第 5 期。

高书贵：《"毕竟"类语气副词与预设》，《天津大学学报》（社会科学版）2000 年第 2 期。

高顺全、蒲丛丛：《"大＋时间词＋的"格式补议》，《国际汉语教学研究》2014 年第 4 期。

谷峰：《汉语反预期标记研究述评》，《汉语学习》2014年第4期。

顾一鸣：《空间体：从"了"的意外用法说起》，《外文研究》2020年第4期。

关越、方梅：《汉语对话中的句法合作共建现象初探》，《语言教学与研究》2020年第3期。

桂靖：《"大……的"结构反映的行为规范性》，《语言教学与研究》2014年第3期。

郭锐：《衍推和否定》，《世界汉语教学》2006年第2期。

何瑾：《"就/才"进程—评价构式的认知修辞分析》，《当代修辞学》2014年第3期。

何静静：《浅析副词"难免"的意义和用法》，《语文学刊》2010年第20期。

何自然、冉永平：《话语联系语的语用制约性》，《外语教学与研究》1999年第3期。

洪波：《"连"字句续貂》，《语言教学与研究》2001年第2期。

胡承佼：《意外范畴与现代汉语意外范畴的实现形式》，《华文教学与研究》2018年第1期。

胡承佼：《因果关系的意外性与意外因果句》，《汉语学报》2019年第3期。

胡承佼：《转折性引述回应句"VP/不VP，S"考察》，《汉语学习》2020年第3期。

胡明扬：《北京话的语气助词和叹词》，《中国语文》1981年第5—6期。

胡明扬、劲松：《流水句初探》，《语言教学与研究》1989年第4期。

胡亚：《"连XP都/也VP"构式的分类层级和原型效应》，《语言教学与研究》2018年第4期。

江蓝生：《概念叠加与构式整合——肯定否定不对称的解释》，《中国语文》2008年第6期。

江晓红、何自然：《语用推理：逻辑的经验转向》，《解放军外国语学院学报》2006年第1期。

姜其文：《"说好X的"构式的违实性与反预期性》，《汉语学习》2021年第3期。

姜艳艳：《"又不是X"小句刍议》，《语文学刊》2010年第3期。

蒋静忠：《焦点敏感算子"才"和"就"后指的语义差异》，《语言研究》2010年第4期。

蒋严：《汉语条件句的违实解释》，载中国语文杂志社编《语法研究和探索》（十），商务印书馆2000年版。

蒋严：《语用推理与"都"的句法/语义特征》，《现代外语》1998年第1期。

金晶：《同位结构"单数人称代词＋一个NP"语用功能再考察》，《语言教学与研究》2020年第4期。

金立鑫、杜家俊：《"就"与"才"主观量对比研究》，《语言科学》2014年第2期。

金立鑫：《关于"就"和"才"若干问题的解释》，《语言教学与研究》2015年第6期。

金立鑫、于秀金：《"就/才"句法结构与"了"的兼容性问题》，《汉语学习》2013年第3期。

景士俊：《谈X是X句的类型》，《语文学刊》1994年第4期。

Laurence R. Horn、沈家煊：《语用学理论》（中），《国外语言学》1991年第3期。

赖琴莲、马贝加：《语气副词"还"的产生》，《现代语文》（语言研究版）2009年第7期。

李广瑜、陈一：《关于同位性"人称代词_单＋一个NP"的指称性质、语用功能》，《中国语文》2016年第4期。

李劲荣：《汉语里的另一种类指成分——兼论汉语类指成分的语用功能》，《中国语文》2013年第3期。

李劲荣：《情理之中与预料之外：谈"并"和"又"的语法意义》，《汉语学习》2014年第4期。

李晋霞：《"要不是"违实句探析》，《励耘语言学刊》2018年第2期。

李明：《汉语表必要情态的两条主观化路》，载中国语文杂志社编《语法研究和探索》（十二），商务印书馆2003年版。

李明：《试谈言说动词向认知动词的引申》，载吴福祥、洪波主编《语法化与语法研究》（一），商务印书馆2003年版。

李讷、安珊笛、张伯江：《从话语角度论证语气词"的"》，《中国语文》1998年第2期。

李强：《"怎么"表达意外：疑问、反问和感叹》，《汉语学报》2021年第1期。

李文浩：《浮现、消蚀与强化："NP一个"构式义解析——兼谈"NP一个"与"一个NP"的区别》，《励耘语言学刊》2018年第1期。

李文浩：《突显差异、视点挪移与同位复指式"人称代词+这个NP"的歧义解析》，《汉语学习》2020年第3期。

李文浩：《也谈同位复指式"人称代词+一个NP"的指称性质和语用功能》，《中国语文》2016年第4期。

李文浩：《作为构式的"都XP了"及其形成机制》，《语言教学与研究》2010年第5期。

李先银：《合作还是抵抗：汉语自然会话中的话语交叠》，《汉语学报》2020年第1期。

李先银、洪秋梅：《时间—行为的情理关联与"大X的"的话语模式——基于互动交际的视角》，《语言教学与研究》2017年第6期。

李先银：《话语否定与话语否定标记"你看你"》，《南开语言学刊》2016年第1期。

李先银：《基于自然口语的话语否定标记"真是"研究》，《语言教学与研究》2015年第3期。

李先银：《自然口语中的话语叠连研究——基于互动交际的视角》，《语言教学与研究》2016年第4期。

李兰香：《话说"难免"》，《语文建设》2000年第7期。

李小平：《"果然"的成词过程及用法初探》，《东方论坛》2007年第1期。

李晓婷：《汉语自然口语中"因为"的话语互动功能及其多模态表现》，载方梅、曹秀玲主编《互动语言学与汉语研究》（第二辑），社会科学文献出版社2018年版。

李宇凤：《从"你是说"引述回应看元语解释的否定功能》，《语言教学与研究》2021年第1期。

李元瑞：《元话语成分"说好的"探析》，《汉语学习》2018年第6期。

李宗江:《"A 的是"短语的特殊功能》,《汉语学习》2012 年第 4 期。

李宗江:《表达负面评价的语用标记"问题是"》,《中国语文》2008 年第 5 期。

李宗江:《"关键是"的篇章功能及其词汇化倾向》,《语文研究》2011 年第 2 期。

李宗江:《近代汉语"意外"类语用标记及其演变》,《汉语史学报》2015 年第 1 期。

廖秋忠:《篇章与语用和句法研究》,《语言教学与研究》1991 年第 4 期。

廖秋忠:《现代汉语篇章中的连接成分》,《中国语文》1986 年第 6 期。

廖秋忠:《〈语气与情态〉评介》,《国外语言学》1989 年第 4 期。

林焘:《现代汉语轻音和句法结构的关系》,《中国语文》1962 年第 7 期。

刘彬、袁毓林:《反问句中"什么"的否定类型与否定意义——从"行、知、言"三域理论看》,《语言学论丛》2019 年第 1 期。

刘丞:《试析前项隐含的"又"字句》,《华文教学与研究》2010 年第 4 期。

刘敏芝:《主语位置上的数量词"一个"的历史演变及主观化》,《汉语史学报》2010 年第 1 期。

刘丹青、徐烈炯:《焦点与背景,话题及汉语"连"字句》,《中国语文》1998 年第 4 期。

刘丹青:《作为典型构式句的非典型"连"字句》,《语言教学与研究》2005 年第 4 期。

刘娅琼、陶红印:《汉语谈话中否定反问句的事理立场功能及类型》,《中国语文》2011 年第 2 期。

刘焱、黄丹丹:《反预期话语标记"怎么"》,《语言科学》2015 年第 2 期。

刘焱、陶红印:《负面认识范畴表达式的语体语用研究》,载方梅、曹秀玲主编《互动语言学与汉语研究》(第二辑),社会科学文献出版社 2018 年版。

刘德周:《同语修辞格与典型特征》,《中国语文》2001 年第 4 期。

鲁志杰:《"NP 就不 VP"与"NP 才不 VP(呢)"的差异探究》,《汉语应用语言学研究》2016 年第 1 期。

陆方喆:《副词"倒是"的意义与演变:从主观性到交互主观性》,《汉语学报》2021 年第 1 期。

陆方喆、朱斌：《语言中的违预期信息与违预期范畴》，《常熟理工学院学报》2019 年第 4 期。

陆俭明：《构式与意象图式》，《北京大学学报》（哲学社会科学版）2009 年第 3 期。

陆俭明：《汉语口语句法里的易位现象》，《中国语文》1980 年第 1 期。

陆俭明：《周遍性主语句及其他》，《中国语文》1986 年第 3 期。

陆镜光：《说"延伸句"》，载中国社会科学院语言研究所、《中国语文》编辑部编《庆祝〈中国语文〉创刊 50 周年学术论文集》，商务印书馆 2004 年版。

陆志军、温宾利：《"才 VP"句与"就 VP 了"句的语法特性、时间指称以及句法结构分析》，《当代语言学》2019 年第 3 期。

吕海燕：《语气副词"毕竟"的语义语用研究综述》，《现代语文》（语言研究版）2014 年第 1 期。

吕叔湘：《疑问·否定·肯定》，《中国语文》1985 年第 4 期。

马真：《表加强否定语气的副词"并"和"又"——兼谈词语使用的语义背景》，《世界汉语教学》2001 年第 3 期。

马真：《说"反而"》，《中国语文》1983 年第 3 期。

马真：《说"也"》，《中国语文》1982 年第 4 期。

孟德腾：《假性否定构式"这一 X 不要紧，Y"的表意机制与语用功能》，《语文研究》2018 年第 4 期。

聂小丽、李莹：《从言谈互动看让步同语式"X 是 X"的话语功能和语义获得》，《华文教学与研究》2020 年第 1 期。

聂小丽：《"又"字否定句的负面事理立场表达功能》，《语言教学与研究》2021 年第 1 期。

潘国英：《论汉语典型同语格的成因与理解》，《修辞学习》2006 年第 2 期。

彭颖：《构式"还 NP 呢"的负面评价功能归因》，《语文学刊》2011 年第 12 期。

齐沪扬、胡建锋：《试论负预期量信息标记格式"X 是 X"》，《世界汉语教学》2006 年第 2 期。

齐沪扬、李文浩：《突显度、主观化与短时义副词"才"》，《语言教学与研究》2009 年第 5 期。

强星娜：《无定预期、特定预期与反预期情状的多维度考察——以"竟然""偏偏"等为例》，《中国语文》2020 年第 6 期。

强星娜：《意外范畴研究述评》，《语言教学与研究》2017 年第 6 期。

冉永平：《话语标记语的语用学研究综述》，《外语研究》2000 年第 4 期。

杉村博文：《汉语的被动概念》，《汉语被动表述问题研究新拓展——汉语被动表述问题国际学术研讨会论文集》，2003 年。

杉村博文：《论现代汉语表"难事实现"的被动句》，《世界汉语教学》1998 年第 4 期。

杉村博文：《现代汉语量词"个"的语义、句法功能扩展》，载北京大学汉语语言学研究中心《语言学论丛》编委会编《语言学论丛》（第四十辑），商务印书馆 2009 年版。

邵敬敏：《从"才"看语义与句法的相互制约关系》，《汉语学习》1997 年第 3 期。

邵敬敏：《"连 A 也/都 B"框式结构及其框式化特点》，《语言科学》2008 年第 4 期。

邵敬敏、饶春红：《说"又"——兼论副词研究的方法》，《语言教学与研究》1985 年第 2 期。

邵敬敏：《"同语"式探讨》，《语文研究》1986 年第 1 期。

邵敬敏、赵春利：《关于语义范畴的理论思考》，《世界汉语教学》2006 年第 1 期。

申莉：《从认知角度看语气词"呢"的功能及用法》，《语文研究》2009 年第 1 期。

沈家煊：《不加说明的话题——从"对答"看"话题—说明"》，《中国语文》1989 年第 5 期。

沈家煊：《从英汉答问方式的差异说起》，载方梅主编《互动语言学与汉语研究》（第一辑），世界图书出版公司 2016 年版。

沈家煊：《从语言看中西方的范畴观》，《中国社会科学》2017 年第 7 期。

沈家煊：《动主名谓句——为朱德熙先生百年诞辰而作》，《中国语文》2021 年第 1 期。

沈家煊：《复句"合乎事理"辨》，《现代外语》2019年第2期。

沈家煊：《复句三域"行、知、言"》，《中国语文》2003年第3期。

沈家煊：《跟副词"还"有关的两个句式》，《中国语文》2001年第6期。

沈家煊：《哈里斯的话语分析法和中式主谓句》，《现代外语》2022年第1期。

沈家煊：《"零句"和"流水句"——为赵元任先生诞辰120周年而作》，《中国语文》2012年第5期。

沈家煊：《"逻辑先后"和"历史先后"》，《外国语》（上海外国语大学学报）2008年第5期。

沈家煊：《名词为本的语言》，《高等日语教育》2021年第1期。

沈家煊：《"移位"还是"移情"？——析"他是去年生的孩子"》，《中国语文》2008年第5期。

沈家煊：《有关思维模式的英汉差异》，《现代外语》2020年第1期。

沈家煊：《语言的"主观性"和"主观化"》，《外语教学与研究》2001年第4期。

沈家煊：《"语用否定"考察》，《中国语文》1993年第5期。

沈家煊：《语用学和语义学的分界》，《外语教学与研究》1990年第2期。

沈家煊：《语用原则、语用推理和语义演变》，《外语教学与研究》2004年第4期。

沈敏、范开泰：《多功能副词"才"表短时义的相关问题考察》，《语言科学》2008年第4期。

沈阳：《关于"大+时间词（的）"》，《中国语文》1996年第4期。

史金生：《"毕竟"类副词的功能差异及语法化历程》，载吴福祥、洪波主编《语法化与语法研究》（一），商务印书馆2003年版。

史金生：《传信语气词"的"了"呢"的共现顺序》，《汉语学习》2000年第5期。

史金生：《从持续到申明：传信语气词"呢"的功能及其语法化机制》，载中国语文杂志社编《语法研究和探索》（十五），商务印书馆2010年版。

史金生：《时间副词"就""再""才"的语义、语法分析》，《逻辑与语言学习》1993年第3期。

史金生：《"要不"的语法化——语用机制及相关的形式变化》，《解放军外国语学院学报》2005年第6期。

史金生：《"又""也"的辩驳语气用法及其语法化》，《世界汉语教学》2005年第4期。

史金生：《语气副词的范围、类别和共现顺序》，《中国语文》2003年第1期。

史锡尧：《副词"才"与"都"、"就"语义的对立和配合》，《世界汉语教学》1991年第1期。

宋玉柱：《"大"的区别词用法》，《中国语文》1994年第6期。

宋作艳、陶红印：《汉英因果复句顺序的话语分析与比较》，《汉语学报》2008年第4期。

孙佳莹、陈振宇：《"同盟"范畴研究成果与问题》，《语言研究集刊》2021年第1期。

孙菊芬：《"毕竟"在近代汉语中的发展演变研究》，《汉语史学报》2004年第1期。

唐雪凝：《应答句式"S才X呢"论析》，《云南师范大学学报》（对外汉语教学与研究版）2011年第2期。

陶红印：《从语音、语法和话语特征看"知道"格式在谈话中的演化》，《中国语文》2003年第4期。

陶红印：《汉语口语叙事体关系从句结构的语义和篇章属性》，《现代中国语研究》2002年第4期。

陶红印、刘娅琼：《从语体关系到语法差异（上）——以自然会话与影视对白中的把字句、被动结构、光杆动词句、否定反问句为例》，《当代修辞学》2010年第1期。

陶红印：《试论语体分类的语法学意义》，《当代语言学》1999年第3期。

完权：《"的"的性质与功能》，《汉语学报》2016年第4期。

完权：《汉语（交互）主观性表达的句法位置》，《汉语学习》2017年第3期。

完权：《话题的互动性——以口语对话语料为例》，《语言教学与研究》2021年第5期。

完权：《语用整体论视域中条件强化的语义不确定性》，《世界汉语教学》

2022 年第 3 期。

王灿龙：《句子中的降级说明成分"一个 NP"的语用功能》，《语言教学与研究》2019 年第 2 期。

王灿龙：《事理逻辑与语言逻辑——从"历史上的今天"谈起》，《对外汉语研究》2020 年第 1 期。

王还：《"就"与"才"》，《语文学习》1956 年第 12 期。

王明华：《用在否定词前面的"并"与转折》，《世界汉语教学》2001 年第 3 期。

王群：《现代汉语副词"才"和"就"时间表达的比较研究》，《现代语文》2006 年第 1 期。

王世凯：《多义构式"还 NP 呢"的分化、构式化及构式性演化》，《语文研究》2020 年第 2 期。

王咸慧：《语气词"嘛"背景信息共识化功能初探》，《中国语文》2021 年第 6 期。

王新：《言者态度观照下的"还 NP 呢"构式的话语模式研究》，《北京科技大学学报》（社会科学版）2020 年第 5 期。

温锁林、申云玲：《转喻式否定的构建与功能》，《语言教学与研究》2012 年第 4 期。

温锁林：《语气副词"并"的语法意义》，《语文研究》2009 年第 3 期。

文桂芳、李小军：《构式"又不/没 Xp"的功能及其形成》，《语言教学与研究》2019 年第 5 期。

吴长安：《"大……的"说略》，《世界汉语教学》2007 年第 2 期。

吴福祥：《试说"X 不比 Y·Z"的语用功能》，《中国语文》2004 年第 3 期。

吴海平、陶红印：《"都"字结构的互动语言学考察》，载方梅主编《互动语言学与汉语研究》（第一辑），世界图书出版公司 2016 年版。

吴琼：《言语交际中的视角化研究》，《外语与外语教学》2006 年第 11 期。

吴硕官：《试谈"N 是 N"格式》，《汉语学习》1985 年第 3 期。

吴亚欣、于国栋：《话语标记语的元语用分析》，《外语教学》2003 年第 4 期。

吴中伟：《论"又不P，～Q"中"又"的意义》，《汉语学习》1999年第4期。

武果：《副词"还"的主观性用法》，《世界汉语教学》2009年第3期。

项开喜：《事物的突显性与标记词"大"》，《汉语学习》1998年第1期。

谢心阳、方梅：《汉语口语中弱化连词的韵律表现》，载方梅主编《互动语言学与汉语研究》（第一辑），世界图书出版公司2016年版。

辛慧：《语气标记"才怪"的功能性》，《汉字文化》2017年第9期。

邢福义：《略论复句与推理》，《华中师院学报》（哲学社会科学版）1977年第4期。

邢福义：《说"NP了"句式》，《语文研究》1984年第3期。

邢福义：《"要不是p就q"句式及其修辞作用》，《语言教学与研究》1984年第1期。

徐晶凝：《时体研究的语篇、情态整合视角》，载北京大学汉语语言学研究中心《语言学论丛》编委会编《语言学论丛》（第四十辑），商务印书馆2009年版。

徐盛桓：《含意与合情推理》，《外语教学与研究》2005年第3期。

徐盛桓：《语用推理的认知研究》，《中国外语》2005年第5期。

徐以中、杨亦鸣：《"就"与"才"的歧义及相关语音问题研究》，《语言研究》2010年第1期。

许家金：《话语标记的现场即席观》，《外语学刊》2009年第2期。

闫亚平：《"一＋量"的主观化走向及语义基础》，《汉语学习》2016年第2期。

严辰松：《运动事件的词汇化模式——英汉比较研究》，《解放军外语学院学报》1998年第6期。

杨彬：《"并、又"与否定词连用的多角度分析》，《修辞学习》2008年第2期。

姚双云：《"主观视点"理论与汉语语法研究》，《汉语学报》2012年第2期。

殷何辉：《比评性同语式的语用分析》，《语言文字应用》2007年第2期。

殷思源、袁毓林：《"偏"和"偏偏"的语义分工探究》，《汉语学习》2021年第3期。

尹常乐、袁毓林：《现代汉语"一个 N"结构事件化解读的语义机制》，《语文研究》2018 年第 4 期。

尹常乐、袁毓林：《"一个 V"结构的情状类型和事件化解读的机制》，《语言科学》2020 年第 3 期。

袁毓林：《从焦点理论看句尾"的"的句法语义功能》，《中国语文》2003 年第 1 期。

袁毓林：《反预期、递进关系和语用尺度的类型——"甚至"和"反而"的语义功能比较》，《当代语言学》2008 年第 2 期。

袁毓林：《汉语反事实表达及其思维特点》，《中国社会科学》2015 年第 8 期。

袁毓林：《句子的焦点结构及其对语义解释的影响》，《当代语言学》2003 年第 4 期。

袁毓林：《论否定句的焦点、预设和辖域歧义》，《中国语文》2000 年第 2 期。

袁毓林：《论"连"字句的主观化表达功能——兼析几种相关的"反预期"和"解一反预期"格式》，（日本）《中国语学》2006 年第 253 号。

袁毓林、王明华：《隐性否定溢出实例的合格性调查和博弈论分析》，《语言研究集刊》2012 年第 1 期。

袁毓林：《叙实性和事实性：语言推理的两种导航机制》，《语文研究》2020 年第 1 期。

乐耀：《传信范畴作为汉语会话话题生成的一种策略》，《汉语学习》2013 年第 6 期。

乐耀：《从"不是我说你"类话语标记的形成看会话中主观性范畴与语用原则的互动》，《世界汉语教学》2011 年第 1 期。

乐耀：《从互动交际的视角看让步类同语式评价立场的表达》，《中国语文》2016 年第 1 期。

乐耀：《从交际互动的角度看汉语会话的最佳话轮投射单位》，载方梅主编《互动语言学与汉语研究》（第一辑），世界图书出版公司 2016 年版。

乐耀：《国内传信范畴研究综述》，《汉语学习》2011 年第 1 期。

乐耀：《汉语会话交际中的指称调节》，《世界汉语教学》2017 年第 1 期。

乐耀：《汉语引语的传信功能及相关问题》，《语言教学与研究》2013 年第 2 期。

乐耀:《互动语言学研究的重要课题——会话交际的基本单位》,《当代语言学》2017 年第 2 期。

乐耀:《会话交际的基本单位》,载方梅、曹秀玲主编《互动语言学与汉语研究》(第二辑),社会科学文献出版社 2018 年版。

乐耀:《交际互动、社会行为和对会话序列位置敏感的语法——〈日常言谈中的语法:如何构建回应行为〉述评》,《语言学论丛》2019 年第 2 期。

岳辉、李冬香:《互动语境中构式"又 + Neg + Xp"的辅据言威功能》,《吉林大学社会科学学报》2020 年第 5 期。

曾君、陆方喆:《从反预期标记到话语标记——论"但是"的语用功能及演变》,《语言科学》2016 年第 4 期。

张宝胜:《副词"还"的主观性》,《语言科学》2003 年第 5 期。

张伯江、李珍明:《"是 NP"和"是(一)个 NP"》,《世界汉语教学》2002 年第 3 期。

张伯江:《认知观的语法表现》,《国外语言学》1997 年第 2 期。

张伯江:《以语法解释为目的的语体研究》,《当代修辞学》2012 年第 6 期。

张伯江:《语言主观性与传统艺术主观性的同构》,《中国社会科学评价》2017 年第 3 期。

张健军:《关联论视角下的转折复句反预期表达现象分析》,《世界汉语教学》2013 年第 4 期。

张金圈:《表责怨功能的"(S)也不 VP"句》,《兰州学刊》2010 年第 7 期。

张京鱼、刘加宁:《汉语间接否定拒绝句式"又不/没有"的语义背景和使用条件》,《汉语学习》2010 年第 1 期。

张秋杭:《语气副词"毕竟"的语义分析》,《汉语学习》2006 年第 4 期。

张利蕊、姚双云:《"整个"与"整个一个 X"再探》,《语言教学与研究》2019 年第 1 期。

张秀松:《"毕竟"的词汇化和语法化》,《语言教学与研究》2015 年第 1 期。

张秀松：《"毕竟"义"到底"句的主观化表达功能》，《语文研究》2008年第3期。

张秀松：《终竟义语词肯定副词用法的历史形成与相关问题》，《语文研究》2014年第2期。

张雪平：《"要是P就好了"句式的情态表达功能》，《语文研究》2015年第4期。

张谊生：《"副+是"的历时演化和共时变异——兼论现代汉语"副+是"的表达功用和分布范围》，《语言科学》2003年第3期。

张谊生：《汉语否定的性质、特征与类别——兼论委婉式降格否定的作用与效果》，《汉语学习》2015年第1期。

张谊生：《试论主观量标记"没"、"不"、"好"》，《中国语文》2006年第2期。

张谊生：《现代汉语副词的性质、范围与分类》，《语言研究》2000年第1期。

张则顺：《合预期确信标记"当然"》，《世界汉语教学》2014年第2期。

赵淑华：《句型研究与对外汉语教学——兼析"才"字句》，《语言文字运用》1992年第3期。

赵彧：《情理违背与"形容词+（的）+数量名，S"的语用功能》，《汉语学报》2021年第4期。

郑娟曼：《"还NP呢"构式分析》，《语言教学与研究》2009年第2期。

郑娟曼：《所言预期与所含预期——"我说呢、我说嘛、我说吧"的用法分析》，《中国语文》2018年第5期。

周长银：《事件结构的语义和句法研究》，《当代语言学》2010年第1期。

周韧：《从理性意义和内涵意义的分界看同语式的表义特点》，《语言教学与研究》2009年第6期。

周守晋：《"主观量"的语义信息特征与"就"、"才"的语义》，《北京大学学报》（哲学社会科学版）2004年第3期。

周小兵：《汉语"连"字句》，《中国语文》1990年第4期。

周一民：《名词化标记"一个"构句考察》，《汉语学习》2006年第2期。

宗守云：《"还X呢"构式：行域贬抑、知域否定、言域嗔怪》，《语言教学与研究》2016年第4期。

祖人植、任雪梅：《"毕竟"的语篇分析》，《中国语文》1997 年第 1 期。

三 学位论文类

董洁琼：《"N + Fm + 是 + N"同语式多角度研究》，博士学位论文，上海外国语大学，2013 年。

董正存：《汉语全称量限表达研究》，博士学位论文，南开大学，2010 年。

方迪：《互动视角下的汉语口语评价表达研究》，博士学位论文，中国社会科学院研究生院，2018 年。

谷峰：《先秦汉语情态副词研究》，博士学位论文，南开大学，2010 年。

关越：《汉语对话中的句法合作共建现象初探》，博士学位论文，中国社会科学院大学研究生院，2020 年。

胡勇：《从肯定和否定的不对称看情态词的语用逻辑》，博士学位论文，中国社会科学院研究生院，2005 年。

季安锋：《汉语预设触发语研究》，博士学位论文，南开大学，2009 年。

李善熙：《汉语"主观量"的表达研究》，博士学位论文，中国社会科学院研究生院，2003 年。

李文浩：《基于突显观的构式研究——以现代汉语若干"全量/强调"义构式为例》，博士学位论文，上海师范大学，2011 年。

刘丽艳：《口语交际中的话语标记》，博士学位论文，浙江大学，2005 年。

罗晓英：《现代汉语假设性虚拟范畴研究》，博士学位论文，暨南大学，2006 年。

潘田：《现代汉语语气副词情态类型研究》，博士学位论文，武汉大学，2010 年。

彭利贞：《现代汉语情态研究》，博士学位论文，复旦大学，2005 年。

单威：《现代汉语偏离预期表达式研究》，博士学位论文，吉林大学，2017 年。

颜力涛：《汉语被字句的"偏离义"研究》，博士学位论文，吉林大学，2014 年。

郑娟曼：《现代汉语贬抑性习语构式研究》，博士学位论文，暨南大学，2010 年。

四 外文文献类

Aikhenvald Alexandra Y., *Evidentiality*, Oxford: Oxford University Press, 2004.

Aikhenvald Alexandra Y., "The Essence of Mirativity", *Linguistic Typology*, 2012 (3).

Austin John L., *How to Do Things with Words*, Harvard: Harvard University Press, 1962.

Bybee Joan L., Hopper Paul (eds.), "Introduction to Frequency and the Emergence of Linguistic Structure, Frequency and the Emergence of Linguistic Structure", *Amsterdam: John Benjamins*, 2001 (10).

Croft William & Alan Cruse, *Cognitive Linguistics*, Cambridge: Cambridge University Press, 2004.

DeLancey Scott, "Mirativity: The Grammatical Marking of Unexpected Information", *Linguistic*, 1997 (13).

DeLancey Scott, "The Mirative and Evidentiality", *Journal of Pragmatics*, 2001 (3).

Enfield Nick J., *The Anatonny of Meaning: Speech, Gesture and Composite Utterances*, Cambridge: Cambridge University Press, 2009.

Ford Cecilia E., "Contingency and Units in Interaction", *Discourse Studies*, 2004 (6).

Fraser Bruce, "Contrastive Discouce Marker in English", In Andreas H. Jucker & Yael Ziv (eds.), *Discourse Markers: Descriptionsand Theory*, Amsterdam, Philadelphia: John Benjamins Publishing Company, 1998.

Friedman Victor A., "Perhaps Mirativity is Phlogiston, But Admirativity is Perfect: On Balkan Evidential Strategies", *Linguistic Typology*, 2012 (3).

Givón Talmy, *Functionalism and Grammar*, Amsterdam: John Benjamins, 1995.

Goffman Erig, "Replies and Response", *Language in Society*, 1976 (3).

Goldberg Adele E., *Constructions: A Construction Grammar Approach to Argument Structure*, Illinois & Chicago: The University of Chicago Press, 1995.

Goldberg Adele E., "Constructions: A New Theoretical Approach to Language", *Journal of Foreign Languages*, 2003 (145).

Goodwin Charles, *Conversational Organization: Interaction between Speakers and Hearers*, New York: Academic Press, 1981.

Goodwin Charles, "The Co-operative, Transformative Organization of Human Action and Knowledge", *Journal of Pragmatics*, 2013 (46).

Grice Herbert P., "Logic and Conversation", In Peter Cole & Jerry L. Morgan (eds.), *Syntax and Semantics*, New York: Academic Press, 1975.

Gumperz John J., *Discourse Strategies*, Cambridge: Cambridge University Press, 1982.

Haiman John, *Natural Syntax, Iconicity and Erosion*, Cambridge: Cambridge University Press, 1985.

Halliday Michael A. K., *An Introduction to Functional Grammar*, London: Edward Arnold, 1985.

Hawkins John A., "A Parsing Theory of Word Order Universals", *Linguistic Inquiry*, 1990 (21).

Hawkins John A., *A Performance Theory of Order and Constituency*, Cambridge: Cambridge University Press.

Hayashi Makoto, "Joint Turn Construction Through Language and the Body: Notes on Embodiment in Coordinated Participation in Situated Activities", *Semiotica*, 2005 (156).

Heine Bemd, *Ulrike and Friederike Hunnemeyer, Grammaticalization: A Conceptual Framework*, Chicago: University of Chicago Press, 1991.

Heine Bernd, Tania Kuteva, *World Lexicon of Grammaticalization*, Cambridge: Cambridge University Press, 2002.

Heritage John, "Questioning in medicine", In Alice F. Freed and Susan Ehrlich (eds.), *Why Do You Ask?: The Function of Questions in Institutional Discourse*, New York: Oxford University Press, 2010.

Heritage John, "The Epistemic Engine: Sequence Organization and Territories of Knowledge", *Research on Language and Social Interaction*, 2012 (45).

Hoffmann Thomas & Graeme Trousdale (eds.), *The Handbook of Construction*

Grammar, Oxford: Oxford University Press, 2013.

Hopper Paul, "Emergent Grammar", *Berkeley Linguistic Society*, 1987 (13).

Hopper Paul J., Elizabeth C. Traugott, *Grammaticalization*, Beijing: Foreign Language, 2001.

Hopper Paul J., Sandra A., "Thompson The Discourse Basis for Le Xical Categories in Universal Grammar", *Language*, 1984.

Hopper Paul, "On Some Principles of Grammaticalization", In Elizabeth C. Traugott & Bernd Heine (eds.), *Approaches to Grammticalization*, Amsterdam: Benjamins, 1991.

Hopper Paul J., Elizabeth C. Traugott, *Grammaticalization*, Cambridge: Cambridge University press, 2003.

Horn Laurence R., *A Natural History of Negation*, Chicago: University of Chicago Press, 1989.

Huang Shuanfan, "Doubts about Complementation: A Functionalist Analysis", *Language and Linguistics*, 2003.

Huang Shuanfan, "The Emergence of a Grammatical Category Definite Article in Spoken Chinese", *Journal of Pragmatics*, 1999 (31).

Hyland Ken, Polly Tse, "Metadiscourse in Academic Writing: Reappraisal", *Applied Linguistics*, 2004 (25).

Jefferson Gail, "On a Failed Hypothesis: Conjunctionals as Overlap-vulnerable", *Tilburg Paper in Language and Literature*, 1983 (28).

Kamio Akio (ed.), *Directions in Functional Linguistics*, Amsterdam: John Benjamins, 1997.

Lerner Gene H., "Finding Face in the Preference Structures of Talk-in-interaction", *Social Psychology Quarterly*, 1996 (59).

Lerner Gene H., "On the Place of Linguistic Resources in the Organization of Talk-in-interaction: Grammar as Action in Prompting a Speaker to Elaborate", *Research on Language and Social Interaction*, 2004 (37).

Lerner Gene H., "On the Syntax of Sentences-in-progress", *Language in Society*, 1991 (20).

Lerner Gene H., "On the Place of Hesitating in Delicate Formulations: A

Turn-constructional Infrastructure for Collaborative Indiscretion", *Conversational Repair and Human Understanding*, ed. Makoto Hayashi, Geoffrey Raymond and Jack Sidnell, Cambridge: Cambridge University Press, 2013.

Levinson Stephen C. , "Action Formation and Ascription", *The Handbook of Conversation Analysis*, ed. Jack Sidnell and Tanya Stivers, Chichester: Wiley-Blackwell, 2013.

Li Xiaoting, *Multimodality, Interaction and turn-taking in Mandarin Conversation*, Amsterdam/Philadelphia: John Benjamins, 2014.

Luke Kang Kwong, Sandra A. , "Thompson and Tsuyoshi On Turns and Increments: a Comparative Perspective", *Discourse Processes*, 2012 (49).

Lyons John, *Semantics*, Cambridge: Cambridge University Press, 1977.

McCarthy Michael, *Discourse Analysis for Language Teachers*, Cambridge: Cambridge University Press, 1993.

Meyer Charles F. , Hongyin Tao, "Response to Newmever's 'Grammar is Grammar and Usage is Usage'", *Language*, 2005 (1).

Nuyts Jan. , "Subjectivity as an Evidential Dimension in Epistemic Modal Expressions", *Journal of Pragmatics*, 2001 (3).

Ochs Elinor, Emanuel A. Schegloff, and Sandra A. Thompson (eds.), *Interaction and Grammar*, Cambridge Cambridge University Press, 1996.

Ono Tsuyoshi, Elizabeth Couper-Kuhlen, "Increments in Cross-linguistic Perspective: Introductory Remarks", *Pragmatics*, 2007 (4).

Ono Tsuyoshi, Sandra A. Thompson, Yumi Sasaki, "Japanese Negotiation Through Emerging Final Particles in Everyday Talk", *Discourse Processes*, 2012 (49).

Palmer Frank R. , *Mood and Modality*, Cambridge: Cambridge University Press, 2001.

Payne Thomas E. , *Exploring Language Structure: A Student Guide*, Cambridge: Cambridge University Press, 2006.

Schegloff Emanuel A. , Gene H. Lerner, "Beginning to Respond: Well-prefaced Responses to Wh-questions", *Research on Language and Social Interaction*, 2009 (42).

Schegloff Emuell A., *Sequence Organization in Interaction: A Primer in Conversation Analysis*, Cambridge: Cambridge University Press, 2007.

Schegloff Emuell A., "Ten Operation in Self-initiated, Same-turn Repair", *Conversation Repair and Human Understanding*, (eds.) Makoto Hayashi, Geoffrey Raymond and Jack Sidnell, Cambridge: Cambridge University Press, 2013.

Tao Hongyin, Michael J. McCarthy, "Understanding Nonrestrictive Which-clause in Spoken English, Which is Not an Easy Thing", *Language Sciences*, 2001 (23).

Thompson Sandra A., Barbara A., *Fox and Elizabeth Couper-Kuhlen Grammar in Everyday Talk*, London: Cambridge University Press, 2015.

Thompson Sandra A., "Functional Grammar", In William Frawley, ed., *Oxford International Encyclopedia of Linguistics*, Oxford: Oxford University Press, 2003.

Traugott Elizabeth C., *Constructions in Grammaticalization*, The handbook of historical linguistics, 2003.

Traugott Elizabeth C., Richard B. Dasher, *Regularity in Semantic Change*, Cambridge: Cambridge University Press. 2002.

后　　记

　　意外范畴是目前汉语学界研究的热点问题，同时也兼具挑战性。本人从博一开始就对语法功能产生了极大的兴趣，因此在博士论文选题时毫无顾忌地选择了与之相关的题目。本书《现代汉语中意外的情理评价表达研究》就是在2022年通过答辩的博士论文基础上修改而成的。

　　在此特别感谢我的恩师史金生先生。一个好的导师会激发学生的积极性，不断给学生"缓解压力"，而一个差的导师会打击学生的积极性，不断给学生"施加压力"，我的导师当然是前者。别的同学都是在博士毕业的时候压力倍增，而我跟别的同学正好相反，虽然在一开始读博的时候很迷茫，常常思考这四年我该如何度过才算没有虚度光阴，但是越到毕业，我却越放松，这要归功于史老师。史老师总是教导我们做学问要"慢慢来"，慢工出细活。是啊，慢慢来，比较快。从此，"脚踏实地做学问"就成了我的警示牌，我时刻鞭挞自己写文章要安下心来，戒骄戒躁。史老师，他不仅仅是我学术上的导师，更是我人生的导师，常常因为一句话就让我终身受益。影响学生一生的老师才是好老师，就因为史老师本身对学术的热爱，对学术的赤诚，我也渐渐地被影响，立志做一名像史老师一样既能在学业上指导学生又可以在人生上给予帮助的老师。从2018年9月入学以来，在史老师办公室讨论学术的次数数不胜数，每一次我都会认真地记下老师说的每一句话，回来继续回味，在史老师办公室经常一聊就是好几个小时，忘记了时间，甚至好几次忘记了吃饭，但是史老师从来都没有厌烦，也没有一次催我走。身为本硕博都是语言学本体研究的我，不敢有任何借口写不好论文，也不敢有任何松懈，怕让老师失望，也怕对不起自己一路走来的执着。师恩难忘，并不是一句

"谢谢"就能报答的,未来唯有努力才能对得起史老师的辛苦付出。跟史老师的缘分始于读博,但不终于此,我永远是他的学生,他永远是我的老师。

同时,还需要特别感谢陪伴我从开题、预答辩到答辩的几位专家老师。尽管新冠疫情来势汹汹,在一切都不太方便的时候,几位老师依然在忙碌的科研工作中抽出时间认真指导我的毕业论文。跟着男神、女神们学习,真的是醍醐灌顶。不可想象,以前只能在书本上看到的名字,现在竟然给我一对一地指导论文。欣喜之余,我立志,虽然各位专家的学术造诣可能是我一生都无法企及的,但是不妨碍我一生把他们当作榜样。他们分别是儒雅温婉、和蔼仁爱、才思敏捷的方梅老师、徐晶凝老师、张云秋老师,以及气宇轩昂、英姿飒爽、博学多闻的李宗江老师、洪波老师、宋文辉老师、陈一老师、李先银老师。从他们的宝贵意见中,我认识到做学问要有质疑精神和问题意识,他们提出的每个建议都值得我以后反复思考,苟日新,日日新,又日新。从他们的性格品行中,我领悟到,人生不能仅拘泥于眼前的事物,要有广博的兴趣和视野。

我一直认为自己是最幸运的,既遇到了几位德高望重的好老师,还遇到了一群互相鼓励进步的好同窗。特别感谢2018级博士班及各位同窗好友,他们给了我很多温暖和帮助,我们一起生活、一起讨论未来、一起讨论家庭琐事、一起解压放松。因为专业的相关性,我与儿童语言习得博士、语言智能博士、民族语言学博士经常因为一个跨专业、跨领域的问题争得面红耳赤,我想对问题有争论才能够触发对专业的思考,我们也约好未来要携手共进,互相合作。幸上加幸的是,我有一个温暖师门大家庭"史家军",记得我刚入师门,李萍师姐就带着我熟悉环境,传授学习、生活经验,读书这几年她给了我很多的帮助。同门周稚新博士,比我年长几岁,总是鼓励我不断进步。后来王璐菲博士、都林博士、罗依薇博士、马红波博士、郑淑清博士、侯润婕博士、张欣博士、李琦博士等师弟师妹加入后,我们相互作为学习的榜样,互相鼓励,一起讨论学术问题,一起分享生活苦乐。即便博士毕业,我依然没有跟师门断了联系,经常与郝晓慧博士、罗威博士、董洁琼博士、葛星辰博士讨论学术进展和师门近况。我从他们身上学到了很多有价值的人生哲理。另外,特别感谢我的博士后师兄张振达老师和师姐王倩倩老师,他们以自身的经验,让我在学术上少走了不少弯路。同时,师门的硕士师弟师妹们,也给了我很多温暖。在读博期间,跟他们从同窗关系处成了亲人关系。

最后特别感谢我的父母,没有他们的支持,我可能也不会安心学习,他们不断地鼓励我,让我追求我喜欢做的事情,每次都告诉我,家里一切都好,不用担心。他们给了我在学业上进步的坚强后盾,无论在精神上还是在物质上都给了我很大的支持。每次开学离家父母虽然都多有不舍,但是仍支持我安心读书。同时,我还要感谢我的爱人于科先生,在我最需要安慰的时候给我力量,理解我的压力,支持我的选择,守护我的梦想,为我身心健康保驾护航。我总是因只顾写论文忽略照顾亲人而感到内疚,但是他们总是让我放下顾虑,告诉我好好学习、完成梦想就是对家人最好的回报。

含泪写完致谢,我想他们的温暖已经不仅仅是我能用谢谢两个字就能概括的。太华丽的辞藻不适合表达感谢,只适合修饰,最朴素的语言才能传递真情。在首都师范大学的四年,无论从人生哲学还是从学术素养方面,我的成长都是呈现为指数上升的。现在我还记得刚上博士的时候去社中国社会科学院、北京大学、清华大学、北京语言大学这些地方听讲座的场景,第一次能够与书本上的名家对话,激动兴奋,受益良多。在北京读书的好处就是可以接触更多的学术前沿,可以开阔眼界。同时,在读博期间我也努力参加各种学术会议,在此也感谢给我提出问题的老师和同学,正是这些大大小小的思想碰撞触发了我的灵感,让我不断在问题中反思进步,这些都鼓励我在学术路上继续走下去。接下来要想坚定一生的学术追求,就要把写文章当作每日必做的功课,慢慢来、比较快,笔耕不辍,坚守初心。